Winfried Glatzeder
Paul und ich

atb aufbau taschenbuch

Winfried Glatzeder wurde 1945 in Zoppot geboren und wuchs in Berlin auf. Nach dem Schauspielstudium avancierte er schnell zu einem der beliebtesten Schauspieler der DEFA. 1982 Übersiedelung nach West-Berlin, seither Arbeit am Theater und für das Fernsehen.

Manuela Runge, geboren 1959, arbeitet nach jahrelanger Verlagstätigkeit heute als freie Autorin in Berlin.

Mit bissigem Witz und ironischem Charme berichtet Glatzeder von seiner Nachkriegskindheit im Ostsektor Berlins und von den Anfängen seiner Schauspielkarriere. Nach »Zeit der Störche« und »Der Mann, der nach der Oma kam« gelingt Glatzeder 1973 an der Seite von Angelica Domröse im DEFA-Kultfilm »Paul und Paula« der endgültige Durchbruch. Doch seine Arbeit gerät immer wieder in das Blickfeld der Stasi, sein Umfeld wird Opfer von Bespitzelungen. 1982 zieht Glatzeder mit seiner Familie nach West-Berlin, wo er zunächst am Schiller-Theater engagiert ist. Es folgen Krisen, die sich in Alkoholproblemen und Erschöpfung niederschlagen. So erzählt diese Autobiographie auch über künstlerische Identitätsfindung, kreative Reifeprozesse und die Schwierigkeiten eines Schauspielerlebens zwischen Ost und West.

Winfried
GLATZEDER
mit Manuela Runge

Paul und ich
Autobiographie

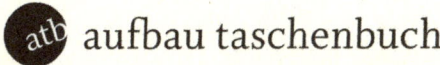
aufbau taschenbuch

Dieser Band entstand mit Unterstützung

Mit 59 Abbildungen

MIX
Papier | Fördert
gute Waldnutzung
FSC® C083411

ISBN 978-3-7466-3504-0

Aufbau Taschenbuch ist eine Marke der Aufbau Verlage GmbH & Co. KG

3. Auflage 2023
Vollständige Taschenbuchausgabe
© Aufbau Verlage GmbH & Co. KG, Berlin 2008
Die Originalausgabe erschien 2008 bei Aufbau,
einer Marke der Aufbau Verlage GmbH & Co. KG
Umschlaggestaltung unter Verwendung eines Motivs von defd
Druck und Binden CPI books GmbH, Leck, Germany
Printed in Germany

www.aufbau-verlage.de

Für Marion, der nach vierzig Jahren noch immer nicht der Geduldsfaden gerissen ist, und für meine Söhne Michael, Robert und Philip.

Inhalt

IV

V

Anhang

I

Vorspiel im Hinterland

Ich wurde auf einem kurzen Fronturlaub gezeugt, zwischen zwei Schlachten in einer heißen Julinacht 1944 irgendwo zwischen Danzig und Lemberg. Auf dem knarrenden Eisenbett einer schmuddeligen Pension voller erschöpfter Soldaten und deren hübsch gemachter Frauen sollte hier mit höchstwehrmachtlicher Erlaubnis der Nachwuchs für das siegreiche »Dritte Reich« produziert werden. Wo Ellen, so hieß meine Mutter, diesen kuriosen Bayern namens Franz, den ich nie zu Gesicht bekam, kennengelernt hatte, verschwieg sie mir ein Leben lang. Von meiner Großmutter, die ebenfalls Ellen hieß, erfuhr ich, Franz hätte ein paar Semester Medizin studiert, danach jahrelang einen Grafen um die Welt begleitet, bevor er als Handelsvertreter für Miederwaren kreuz und quer durch Deutschland reiste und sie den aus dem Leim gegangenen Müttern des »Dritten Reiches« auf Märkten und vor Apotheken aufschwatzte. Irgendwann muss er auch in das mondäne Ostseebad Zoppot bei Danzig gekommen sein, wo der Einundvierzigjährige auf meine Mutter Ellen traf.

Ellen, damals zwanzig Jahre alt, war die Tochter des stadtbekannten Bauunternehmers Gustav Adolf Werner und machte eine Lehre als Handweberin. Sie hatte es nicht leicht, da sie wegen ihrer jüdischen Herkunft vorzeitig das Gymnasium verlassen musste und in dem abgedunkelten Hinterraum einer Ladenwohnung ihre im Sterben liegende jüdische Großmutter pflegte, die sich hier vor dem ständig drohenden Abtransport ins KZ versteckt hielt. Und zu Hause hatte sie ihre liebe Not mit einer temperamentvollen Mutter, die viel redete und noch mehr schimpfte, denn die Nazis hatten die Freie und Hansestadt Danzig mittlerweile fest im Griff und damit ihr Leben zerstört – ein Leben voller Abenteuer, in dem sie als

Frau eines der Honoratioren der Stadt festliche Empfänge und Hausmusikabende gab und auch einen Hausfreund halten durfte (ihr Mann, mein Großvater Gustav Adolf, hatte schließlich auch immer eine Geliebte). Nun verstaubte die Geige auf dem Schrank, und ihr Hausfreund wagte sich nicht mehr zu ihr, denn die Nazis hielten nicht viel von außerehelichen Eskapaden. Den Frust darüber bekamen meine Mutter Ellen und ihre zwei Brüder ab.

Ich stellte mir oft vor, wie die einen Meter achtzig große Ellen eines Tages vor der Apotheke den charmanten Trikotagenvertreter Franz mit den auffallend abstehenden Ohren erblickt, der sich die Seele aus dem Leibe redet, um so viel wie möglich von seinen fleischfarbenen Waren loszuwerden; der, wie ein Zauberer das Kaninchen aus dem Zylinder, aus dem Musterkoffer die Korsetts, Bandagen und Stützbänder hervorzieht und wieder verschwinden lässt. Wie er kurz innehält, weil sein Blick auf meine Mutter fällt, die eigentlich Medikamente für ihre Großmutter besorgen soll, wie er seine Vorführung schnell zu Ende bringt und sie sofort auf ein Eis einlädt.

Mein späterer Vater hatte Erfahrung im Umgang mit jungen Mädchen. Als er erfuhr, dass meine Mutter zudem eine gute Partie war, fackelte er nicht lange und hielt um ihre Hand an. Vermutlich ahnte er, dass seine Gene in den bevorstehenden Schlachten verlorengehen könnten, denn kurz darauf wurde sein »unabkömmlich« annulliert, und er musste an die Ostfront. In der Familie lobte man seine Geschäftstüchtigkeit, denn bei seinen wenigen Heimaturlauben brachte er mal eine lebendige fette Weihnachtsgans, ein andermal einen kostbaren russischen Pelzmantel mit.

Trotz des erbitterten Widerstandes ihrer Eltern wollte Ellen ihre erste und einzige Liebe unbedingt heiraten und setzte sich, starrköpfig wie sie war und ihr Leben lang bleiben sollte, auch durch. Im Kriegsjahr 1942 fand die Hochzeit statt. Die Mutter meines Vaters, die als Kellnerin in einem Münchner Biergarten arbeitete und deren zwei uneheliche Söhne verschiedene Väter hatten, wurde zur Hochzeit nicht eingeladen – die immer näher rückende Front und der weite Weg von Bayern nach Westpreußen waren eine gute Ausrede.

Die Nacht meiner Zeugung war zugleich die letzte Begegnung meiner Eltern. Kurz nach dem Treffen wurde mein Vater von den Russen gefangen genommen und in einem langen Marsch gen Osten von einem Lager ins andere deportiert. Dabei gelang ihm zwar die Flucht, doch er kam unglücklicherweise nur bis zur polnischen Grenze. Dort schnappten ihn die Russen erneut und steckten ihn zur Strafe in einen Keller, wo er 1944 jämmerlich erfror. Das Weihnachtsgeschenk des Roten Kreuzes an meine Mutter, deren Bauch sich bereits mächtig wölbte, als sie die Todesnachricht erhielt, war eine halbe Blechmarke – das Einzige, was von meinem Vater blieb. Keinem anderen Mann (außer mir) gelang es später auch nur annähernd, einen Platz in ihrem Herzen zu erobern, der dem meines Vaters vergleichbar gewesen wäre. Und so blieb ihre Sehnsucht nach Geborgenheit und Liebe bis zu ihrem Tod unerfüllt. Franz war und blieb der ideale Gatte für sie. Wenn auch vielleicht nur, weil sie nie Zeit gehabt hatten, sich richtig kennenzulernen.

Als meine hochschwangere Mutter im März 1945 den Platz ihrer kurz zuvor gestorbenen Großmutter in ihrem Ladenversteck einnahm, um nicht den sexuell ausgehungerten Russen zum Opfer zu fallen, hielt sie die halbe Blechmarke meines Vaters an die Brust gedrückt und betete so viele Vaterunser wie wohl nie mehr danach in ihrem Leben. Sie blieb verschont, und am 26. April, in einer feuchtwarmen Gewitternacht in Oliva bei Zoppot, presste die rücklings auf dem Bauch meiner Mutter sitzende Hebamme ein unansehnliches Bündel auf das weiße Laken.

Von da an schrie ich – drei Monate lang. Denn kaum hatte man mich aus meiner Mutter gezogen, verlor sie den Verstand, und mir ging das Wichtigste in meinem wenige Wochen alten Leben verloren, ihre Liebe, ihre Nähe, ihre Brust. Ein Trauma, wird mir jeder Analytiker bestätigen. Vielleicht erzähle ich deshalb diese Geschichte. Denn in Wasser aufgelöstes Milchpulver aus einer Flasche mit einem grauenvoll schmeckenden Gummistöpsel war ebensowenig ein Ersatz wie das Schütteln des Leiterwagens, in dem mich meine Großeltern bald darauf in Richtung Berlin zogen. Zum Glück hatten meine Großeltern und meine schwangere Mutter im Januar 1945 nicht wie so viele andere aus Angst vor den anrückenden Russen die »Wilhelm Gustloff« bestiegen. Denn auf ihr wäre ich todsicher schon vor meiner Geburt ein Opfer des U-Boot-Kommandanten Alexander Marinesko geworden, der den größten »Kraftdurchfreude«-Dampfer aller Zeiten mit neuntausend Flüchtlingen an Bord kurzerhand versenkte.

Die Angst meiner Großeltern vor den Russen hielt sich in Grenzen. Mein Großvater war sich als ehemaliger Sozialdemokrat sicher, dass die Russen ihn in Ruhe lassen würden. Doch die waren bekanntlich keine Meister ideologischer Differenzierungen. Sozi hin oder her, im März 1945 wurde mein Großvater dennoch interniert und marschierte zusammen mit dreitausend anderen Männern in die hundert Kilometer südlich von Danzig gelegene Festung Graudenz. Dass er nicht in einem sibirischen Arbeitslager verschwand, verdankte er seinen polnischen Arbeitern. Sie legten bei dem russischen Kommandanten von Danzig ein gutes Wort für ihn ein. Und so kam er kurz nach meiner Geburt frei.

Lange konnte er sich nicht darüber freuen. Schon Anfang September, nachdem die Siegermächte in gemütlicher Runde im Potsdamer Schloss Cecilienhof die deutschen, polnischen und russischen Grenzen neu ausgehandelt hatten, musste er wie Millionen andere erneut seine Sachen packen. Die prächtige Sechszimmerwohnung meiner Großeltern mit all den hanseatischen Barockmöbeln und kostbaren Ölgemälden an den Wänden wurde in Gegenwart eines Notars inventarisiert und die Haustür verschlossen. Alles, was meinen Großeltern blieb, war ein Leiterwagen: hoch bepackt mit Töpfen und Daunenbetten, Windeln, Danziger »Goldwasser«, Lapizlazulischmuck sowie den für meine Großmutter unverzichtbaren Flakons des französischen Parfums »Shalimar«. Und ganz

obendrauf lag ich – ein schreiendes Bündel mit dem Famili-
ensilberbesteck in den stinkenden Windeln. Meine Mutter
hatten wir im Irrenhaus zurückgelassen, wo sie, vollgestopft
mit Psychopharmaka, zu allem Überfluss auch noch an Tuberkulose erkrankt war. Und da es damals noch keine geeig-
neten Medikamente dagegen gab, lag sie in den nächsten fünf
Jahren auf Kosten der vermögenden Verwandtschaft in De-
cken gewickelt auf den Galerien wechselnder Lungensanatorien, überwiegend mit Schneeblick.

Zwei Wochen lang liefen oder fuhren meine Großeltern
mit mir durch das zerbombte, ehemals großdeutsche Reich
Richtung Westen. Zum Glück war es noch nicht Winter, was
meine Überlebenschancen erhöhte. Der Schleim aus Wasser,
Milchpulver und Haferflocken, den meine Großmutter am
Wegesrand oder auf Bahnhöfen auf dem Spirituskocher zube-
reitete, hielt mich notdürftig am Leben. Unser unfreiwilliger
Umzug endete an einem kühlen Septemberabend des Jahres
null im französischen Sektor Berlins. In der Hermsdorfer
Olafstraße, wo mein Großvater als Teilhaber einen Baube-
trieb übernehmen sollte, bezogen wir die Dienstbotenwoh-
nung einer Gründerzeitvilla. Ich hatte das erste Abenteuer
meines Lebens bestanden.

Privilegiert unter roten Fahnen

Bereits im Sommer 1951 saß ich wieder in einem Leiterwagen. Ich hatte einen Unfall gehabt. Den eingegipsten Arm weit von mir gestreckt, war ich in eine Haltung gezwungen, die man wenige Jahre zuvor noch den »Deutschen Gruß« genannt hatte. »Die Deutsche Demokratische Republik grüßt die Jugend der Welt«, dröhnte eine Lautsprecherstimme über die Stalinallee. »Vorwärts und nicht vergessen«, grölte es zurück aus hunderttausend Kehlen der im Gleichschritt marschierenden Jugendlichen, die zu den Weltfestspielen nach Berlin gekommen waren. Mein Großvater Gustav Adolf Werner war vor den Gläubigern seines inzwischen in Konkurs gegangenen Bauunternehmens in den Ostsektor der Stadt geflohen und zum Bürgermeister von Berlin-Lichtenberg und Friedrichshain ernannt worden. Auf dem Dachboden unserer neuen Behausung, einer ehemaligen Fabrikantenvilla in unmittelbarer Nähe der Irrenanstalt Herzberge, die ihm bei Amtsantritt zugeteilt worden war, hatte er gleich zwanzig enthusiastische FDJler aus Leipzig auf Strohsäcken untergebracht. Die banden mir ein blaues Tuch um den Hals, überschütteten mich mit Süßigkeiten aus ihren prall gefüllten Verpflegungsbeuteln und zogen mich unter riesigen Fahnen und Hunderten von Papp-Stalins und -Piecks von einer Demonstration zur nächsten. Trotz meines Handikaps genoss ich dieses Jahrmarktstreiben.

Vierzig Jahre später wiederholte sich die Szene in Herwig Kippings Kinofilm »Das Land hinter dem Regenbogen«, einem der letzten DEFA-Filme, in dem ich einen verstockten Großbauern, der sich der Kollektivierung widersetzt, spiele. Da zieht mich mein zehnjähriger Filmsohn über den Stahnsdorfer Friedhof zu einem ewig besoffenen Arzt (Rolf Ludwig),

der seine Praxis in einer mondänen Familiengruft untergebracht hat.

Dank meinem gesellschaftlich engagierten Großvater gehörte ich Anfang der fünfziger Jahre zu den Privilegierten.
Das hatte zwar den Vorteil, dass wir in dieser großzügigen Fabrikantenvilla inmitten einer wunderschönen Parkanlage
wohnen durften, die meine Großmutter mit Hilfe einiger In-
sassen der Irrenanstalt in einen landwirtschaftlichen Nutz-
garten verwandelte – mit riesigen Komposthaufen, Mistbee-
ten und kleinen Kartoffel- und Maisfeldern. Aber wenn mein
Großvater zusammen mit meiner Großmutter Vortragsreisen
durch die DDR unternahm, um von den Errungenschaften
des Sowjetvolkes zu berichten, von Hochhäusern an baumbe-
standenen Straßen, von Rinderoffenställen oder Mitschurins
angeblich frostresistenten Obstsorten, kam ich ins Heim. Da
half kein Schreien und kein Türenschlagen. Mein Köfferchen
wurde gepackt, und ab ging es nach Friedrichsfelde, wo sich
gegenüber dem heutigen Tierpark das Tor des Kinderheims
mit einem unbarmherzigen Knall hinter mir schloss. Ich wurde an ein Bett geführt, das neben neunundzwanzig anderen
in einer endlosen Reihe stand, und eine fettleibige Erziehe-
rin packte meine Sachen in den danebenstehenden kahlen
Blechspind. Von Stund an war ich den Schikanen lauter bös-
artiger Bestien ausgesetzt. Denn ich sah natürlich partout
nicht ein, warum ich mit anderen Kindern Bett und Tisch
und wer weiß was noch teilen sollte, wo ich doch zu Hause
ein Zimmer für mich allein besaß und fast jede Nacht ins Bett
pinkeln durfte, ohne dass mich irgendjemand deshalb aus-
schimpfte. Nun aber schrie mein Bettnachbar morgens, wenn
ich fröhlich aus meinem feuchtwarmen Laken stieg, entsetzt:
»Iih, der stinkt ja!!« Und sofort bildete sich eine höhnisch
kreischende Meute um mich. »Bettnässer, Bettnässer!«, skan-
dierte sie, was mich so wütend machte, dass ich in den folgenden Nächten nur umso leidenschaftlicher ins Bett pinkelte.
Ich hoffte, die Erzieherinnen damit so zu nerven, dass sie
mich schleunigst wieder loswerden wollten. Doch es nutzte

nichts. Wer holt schon wegen eines verstockten Bettnässers verdiente Funktionäre von ihren Agitationsreisen zurück? Wenn es um die Sache des Sozialismus ging, musste ein renitenter Fünfjähriger Geduld haben. Da hatte mein Großvater kein schlechtes Gewissen. Und meine Mutter wurde nicht gefragt, denn sie kurte nach wie vor in verschiedenen Lungensanatorien, aus denen sie gelegentlich für einige Tage nach Hause beurlaubt wurde. Dann sah ich sie, fortwährend hüstelnd, im Garten unter der Rotbuche in ihrem Liegestuhl liegen und hin und wieder wie ein Hubschrauberpilot die Arm- und Rückenlehnen an zwei metallenen Steuerknüppeln hoch- und runterschieben. Um diesen Stuhl beneidete ich sie, kam ihr aber nur ungern näher. Ich kannte sie ja eigentlich kaum.

Die erste Begegnung mit meiner Mutter war ein Schock für mich. Als ich fünf Jahre alt war, hatte mich mein Großvater eines Tages in seinen Dienstwagen gepackt und gesagt: »Wir fahren jetzt ins Sanatorium. Deine Mutter will dich endlich wiedersehen.« Ich verspürte keinerlei Sehnsucht nach einer Frau, mit der mich lediglich der Geschmack des malzigsüßlichen »Ovomaltine«-Instantpulvers verband, das sie mir ständig aus der Schweiz zur Stärkung meiner schwachen Konstitution schickte. Aber es half nichts, ich musste mit. Als ich im Gegenlicht der Nachmittagssonne ein mit ausgebreiteten Armen auf mich zueilendes Schattengespenst sah, erstarrte ich vor Schreck. Dass ich diese Erscheinung, die angeblich meine Mutter war, nun zu lieben hatte, blieb mir unbegreiflich. Im Grunde ein Leben lang. Als sie fünf Jahre später, mehr oder weniger geheilt, nach Hause entlassen wurde, hatte ich zwei Mütter, die obendrein beide Ellen hießen und mich abgöttisch liebten, jede auf ihre kuriose Weise.

Es waren zwei Mütter

Vom leidenschaftlichen Bettnässer entwickelte ich mich bald zum leidenschaftlichen Hypochonder. Noch heute sage ich angekündigten Besuchern ab, wenn ich eine auch nur ansatzweise verschnupfte Stimme am Telefon höre. Menschen mit Krankheiten entzünden in meiner Phantasie sofort Horrorszenarien. Ich leide unter einem regelrechten Verfolgungswahn vor ihnen, so wie meine Großmutter und Mutter erst vor den Faschisten und der Stasi, später vor dem Bundesnachrichtendienst und Einbrechern. Bereits beim Anblick eines Kranken habe ich mein eigenes Ableben vor Augen. Eine Bronchitis wird zur Lungenentzündung, möglicherweise zur Lungentuberkulose, und bohrender Kopfschmerz nach einer durchzechten Nacht kann nur das sichere Anzeichen für einen Hirntumor sein. Dabei genieße ich Krankheiten – so paradox das klingen mag. Nichts ist mir lieber, als krank zu sein. Ich schätze es, wenn sich alle um mich sorgen und für kurze Zeit vergessen, was für ein schrecklich egozentrischer Mensch ich bin. Ich werde geliebt, gepflegt, gehegt und bin aller anstehenden Aufgaben enthoben. Das mochte ich schon als Kind. Ich habe von Natur aus einen gesunden Hang zur Faulheit.

Ein immer wiederkehrender Alptraum für mich ist bis heute, dass ich die Tür eines Raumes öffne, aus dem Milliarden von Erbsen auf mich zustürzen, und meine Aufgabe ist es, sie zu zählen. Aus diesem Alptraum erwache ich schweißgebadet. Das hat natürlich einen Grund. Als Kind musste ich täglich nach der Schule endlose Aufgabenlisten abarbeiten. Diese mit viel Sorgfalt verfassten Zettel fand ich jeden Morgen nach dem Aufstehen auf dem Tisch und musste mit noch nüchternem Magen lesen: »Lieber Winni, der Milchreis ist im Bett. Pass auf, dass Du ihn nicht verschüttest. Nimm Topflappen und iss bitte nicht das ganze Glas Apfelmus auf. Wir haben erst Montag. Bring den Mülleimer runter und hol Kohlen hoch. Geh zum Zahnarzt, lerne Deine Russischvokabeln und bereite den Hausaufsatz vor. Und wechsle Deine Strümpfe. Sie stinken schon. Gruß und Kuss. Deine Mutter.« Nachdem man ihr einen halben Lungenflügel entfernt hatte, war meine Mutter für geheilt erklärt worden – ich glaube, pünktlich zu meinem Schulbeginn. Seither schüttete sie all ihre bis dahin angestaute Liebe über mir aus. Sie kannte kein Maß, vor allem aber keine Form. Sie konnte nicht wissen, wie sie mich lieben, wie sie mich anfassen sollte, schließlich hatte man es ihr jahrelang verboten, denn Tuberkulose ist eine hochansteckende Krankheit. »Fass das Kind nicht an und halt dir die Hand vor den Mund!«, hatte mein Großvater immer geschimpft, wenn sie mich umarmen wollte. Küssen durfte sie sowieso niemanden, und ständig musste sie sich die Hände mit Kaliumpermanganatlösung desinfizieren.

Wenn meine Mutter abends von ihrer Dienststelle, wo sie als Fürsorgerin arbeitete, erschöpft und mit vollbeladenen Einkaufsnetzen nach Hause kam und irgendetwas nicht zu ihrer Zufriedenheit ausgeführt war, bekam ihre Stimme den Klang einer Feuersirene und alarmierte damit auch gleich meine Großmutter nebenan, welch ein hinterlistiges Miststück aus jenem süßen Knaben geworden war, den sie einst von ihrer Brust weg der zweifelhaften Erziehung der Großmutter hatte überlassen müssen.

Ich war tatsächlich ein ziemlich bösartiges Kind. Mit neun steckte ich einmal beim Räuber- und Gendarm-Spiel einen kleinwüchsigen Jungen in einen Gulli. Ich fand, das wäre das ideale Versteck für ihn. Als plötzlich ein Gewitter losbrach, rannte ich wie die anderen nach Hause und vergaß ihn schlicht und einfach. Am späten Abend fanden ihn seine armen Eltern schließlich. Er hatte so lange um Hilfe gerufen, dass er keinen Laut mehr von sich geben konnte. Glücklicherweise. Denn sonst hätte er mich gleich verpetzen können, und der Ausklopfer hinter der Küchentür wäre mir sicher gewesen. So blieb mir eine Gnadenfrist von einer Nacht, in der ich wieder einmal Milliarden von Erbsen auszählen musste.

Als es am nächsten Morgen Sturm klingelte und die Nachbarin mit ihrem kleinwüchsigen Jungen vor der Tür stand – der leider wieder sprechen konnte –, hatte ich vierzig Grad Fieber. In diesem Zustand konnte meine Mutter mich unmöglich verprügeln. Ich war zu einem günstigen Zeitpunkt an Scharlach erkrankt, der eine Hirnhautentzündung zur Folge hatte. Als ich nach drei einsamen Wochen Quarantäne aus dem Krankenhaus entlassen wurde, war alles vergessen. Meine alleinerziehende Mutter hatte ihren Jahresurlaub genommen, saß stundenlang an meinem Bett, kochte meine Lieblingsspeisen, verwöhnte mich und las mir die wunderbaren Schauergeschichten von Edgar Allan Poe vor.

In solchen Momenten ertrug ich die Nähe meiner Mutter, vor der ich mich sonst eher fürchtete, gern. Dennoch blieb mir die große, ungelenke, scheue Frau mein Leben lang zutiefst fremd. Dabei war ich die größte Liebe ihres Lebens – nach Jesus Christus, den sie oft um Hilfe bat, wenn sie meinetwegen nicht mehr ein noch aus wusste. Doch gerade diese aufopferungsvolle Liebe warf ich ihr später häufig vor. Sie schnürte mir die Luft ab. Oft lauschte ich am Schlüsselloch weinend auf ihr Stöhnen, wenn sie nach einer Strafaktion, vor Anstrengung blau im Gesicht, mit dem Teppichklopfer im Nebenzimmer auf dem Bett keuchend nach Luft rang. Ich hatte furchtbare Angst, dass sie sterben könnte und dass ich wieder ins Heim müsste.

Ich war ein Scheusal, zugegeben, aber was sollte ich machen? Selbst den Geruch meiner Mutter mochte ich nicht. Sie war beständig von einem Dunst aus Kernseife und Desinfektionsmitteln umgeben, der in krassem Gegensatz zu dem betörenden Duft meiner Großmutter nach »Shalimar« stand, der schon als kleinem Jungen in mir wollüstige Phantasien geweckt hatte.

Meine Großmutter machte nie einen Hehl aus ihrer großbürgerlichen Herkunft, hatte aber auch nichts gegen den Aufbau des Sozialismus, und das nicht nur, weil er Großvater vor seinen Gläubigern gerettet hatte. Sie schrieb seine Reden und begleitete ihn gern auf seinen Vortragsreisen. Meine Großmutter konnte sich grundsätzlich für alles Neue und Abenteuerliche begeistern. Das entsprach ihrer unkonventionellen, freigeistigen Natur. Mittelmaß und Einförmigkeit stießen sie ab, womit sie in ihrem Ostberliner Bekanntenkreis oft auf Unverständnis stieß.

Als wir aus jener Fabrikantenvilla in eine siebzig Quadratmeter große Zweizimmerwohnung nach Lichtenberg umziehen mussten, einem Lückenneubau mit Bad und Balkon, bedeutete dies für meine Großmutter einen sozialen Abstieg, den sie jedoch mit Gelassenheit ertrug. Notwendig geworden war dieser Umzug nach dem abrupten Ende der Bürgermeisterkarriere meines Großvaters, der sich weigerte, in die SED einzutreten. Für meine Mutter organisierte er die Nachbarwohnung und ließ beide Wohnungen durch einen Mauerdurchbruch verbinden. Diese unmittelbare Nähe sollte sich noch als problematisch erweisen.

Meine Großmutter empfing hier ihre lautstarken jüdischen Freundinnen, die von ihrer Jugend schwärmten, über den sozialistischen Alltag schimpften und anstößige Witze erzählten, was meine Mutter sehr befremdete. Zu diesem amüsanten und trinkfreudigen Freundinnenkreis gehörte auch die Schauspielerin Anneliese Reppel. Sie war die Tochter der berühmten Max-Reinhardt-Schauspielerin Hermine Körner und spielte in der »Dreigroschenoper« am Berliner Ensemble die Mutter Peachum. Als sie mit ihrer knarrenden, tiefen Stimme, mit der sie in russischen Märchenfilmen die Hexen synchronisierte, einmal sagte: »Ich brauche nur einmal ins Mikrophon zu rülpsen, und schon habe ich hundert Mark verdient«, hinterließ dies einen nachhaltigen Eindruck bei mir. Mein Taschengeld betrug damals zwanzig Pfennige pro Woche, und ich bekam eine Ahnung davon, dass die Schauspielerei ein gut bezahltes Vergnügen sein könnte. Obendrein steht man immer im Mittelpunkt.

In gewisser Weise konkurrierten meine dominante Groß-mutter, die schauspielerisch begabt und eine energiegeladene, impulsive Geschichtenerzählerin war, und Anneliese Reppel miteinander, was den Unterhaltungswert ihrer Treffen enorm steigerte. Meine Großmutter überließ anderen nur ungern das Wort. Hatte jemand ihrer Meinung nach zu lange geredet, sprang sie unvermittelt auf und schrie zornig: »Dann kann ich ja gehen!« Ihr Publikum fand sie überall, es konnte passie-ren, dass sie auf einer Parkbank wildfremde Leute in intimste Gespräche verwickelte. Meine Mutter vermied es deshalb möglichst, sie irgendwohin zu begleiten. Ließ es sich doch einmal nicht vermeiden, konnte es durchaus sein, dass meine Großmutter quer über die Straße rief: »Hallo Frau Lehmann, haben Sie schon gesehen? Meine Tochter ist wieder gesund. Hat zwar nur noch eine halbe Lunge, aber sie wird schon wie-der einen Mann finden.«

Nie werde ich vergessen, wie sie einmal einer Nachbarin mit meiner in eine hellbraune Papiertüte gewickelten Unter-hose zuwinkte und laut über die Straße schrie: »Der Winne hat Dünnschiss. Schönen Tag noch!« Ich hatte auf dem Heim-weg von der mir zutiefst verhassten orthopädischen Turn-stunde, die mir zur Stärkung meiner zu schnell wachsenden Knochen verschrieben worden war, plötzlich Durchfall be-kommen, mich gerade noch in ein Gebüsch gerettet und die stinkende Unterhose unter einem Busch im Laub verscharrt. Als meine Großmutter am Abend meine Unterhose ver-misste – ich besaß nur drei –, schleppte sie mich zeternd zu-rück zum Gebüsch, wo ich das fehlende Stück unter den Sträuchern wieder hervorziehen und es in die mitgebrachte Konsumtüte stopfen musste. »Die wird gewaschen, und mor-gen ziehst du sie wieder an!«

Kopf im Gasherd – das Schreckensjahr 1956

Ich liege vor der Schule auf der Straße, merkwürdig verrenkt, ein Mann in dunkelblauer Arbeitsmontur springt aus seinem Transporter, rennt auf mich zu und beugt sich über mich. Vielleicht weil er ein so entsetztes Gesicht macht, kehre ich zurück in meinen Körper, in dieses viel zu lange, dürre, schlaksige Etwas, das ich eigentlich ganz gern verlassen oder getauscht hätte, zum Beispiel gegen den wohlproportionierten Körper meines Kumpels Jürgen. Ich lasse die Augen noch geschlossen, während der Mann mich aufhebt und ins Lehrerzimmer trägt. Soll er doch denken, ich sei tot. Strafe muss sein.

Nach diesem Unfall konnte ich mehrere Wochen das Bett nicht verlassen, wurde gepflegt, umsorgt und geliebt. Allerdings mit der unangenehmen Folge, dass ich die fünfte Klasse wiederholen musste. Daran war vor allem die Sprache unseres großen Bruders schuld, und das trotz größter Bemühungen meiner Mutter, die, um mir zu helfen, sogar selbst noch nach ihrer Arbeit in der Volkshochschule einen Russischkurs absolvierte. Aber auch die Tortur unseres gemeinsamen Vokabelpaukens half nichts, obwohl sie sogar ihren kurzen zwölftägigen Jahresurlaub meinem Fortkommen opferte. Jedes Jahr, Anfang September, fuhren wir gemeinsam an die Ostsee. Eigentlich hatte zu dieser Zeit schon die Schule begonnen, aber meine Mutter ließ mich freistellen, denn die FDGB-Reisen waren in der Nachsaison billiger. Und was hatte ich davon? Statt in der Sonne zu braten und mich zu freuen, dass meine Schulkameraden jetzt büffelten, musste ich meine Schulbücher und -hefte mit an den Strand schleppen, wo meine Mutter mir Nachhilfeunterricht gab. Es nutzte nichts, ich blieb sitzen.

Damit das Sitzenbleiben nicht zum Spießrutenlauf wurde, suchte meine Mutter eine neue Schule für mich. Aber auch das half nicht viel. Schule war und blieb ein Horror für mich. Das änderte sich erst, als alle anderen Jungen meiner Klasse nach dem achten Schuljahr eine Lehre begannen und ich mich zu Beginn der neunten Klasse dreiundzwanzig Mädchen gegenübersah. Ich war das einzige männliche Wesen unter all diesen Schönheiten mit ihren knospenden Brüsten. Von da an ging es steil bergauf. Und mit ein bisschen Beschiss beendete ich die Oberschule sogar mit »Sehr gut«.

Doch noch befinden wir uns im Schreckensjahr 1956 – als nicht nur in Ungarn die Arbeiter auf die Barrikaden stiegen, sondern auch der Kopf meiner Großmutter eines Tages plötzlich im Gasherd steckte, und das kam so: Zwei Jahre zuvor hatte mein Großvater seinen Bürgermeisterposten im Rathaus verlassen müssen. Nachdem er eine Weile zu Hause im Sessel gesessen und aus dem Fenster gestarrt hatte, während ich ihm zu Füßen sitzend eine Pfeife nach der anderen stopfte, erinnerte er sich an sein einstiges Unternehmertum und machte sich so seine Gedanken über den Straßenbau im Sozialismus, denn an den glaubte er nach wie vor. Straßen brauchen Pflastersteine, und die waren damals rar: Flugasche, die bei der Verkokung von Braunkohle übrigbleibt, gab es in den Heizkraftwerken jedoch massenhaft. Mein Großvater erfand ein Verfahren, mit dem die Flugasche zu Pflastersteinen gepresst werden konnte. Zwei Jahre ging er täglich in sein Büro, dann bekam er Darmkrebs. Kurz nach der Operation starb er. Er hatte im Bewusstsein seines unvermeidbaren nahen Todes jegliche Nahrungsaufnahme verweigert.

Kaum war er tot, mauerte meine Großmutter die Wand zwischen unseren beiden benachbarten Wohnungen, die mein Großvater einst niedergerissen hatte, wieder zu. Der Mauerbau hat in meiner Familie demnach fünf Jahre früher stattgefunden. Meine Großmutter wollte endlich ihre Ruhe haben, vor allem vor meiner Mutter. Doch stattdessen brach in der Scheffelstraße der Kalte Krieg aus, denn keine der beiden Ellens konnte es der anderen mehr recht machen. Ein Vierteljahr später zerrten meine Mutter und ich den leblosen Körper meiner Großmutter, dessen Kopf schlaff wie der einer frisch geschlachteten Weihnachtsgans im Gasherd hing, aus ihrer Küche. Hätten wir geklingelt, wäre uns ein gemeinsames Familiengrab sicher gewesen. Aber soweit kam es glücklicherweise nicht, meine Mutter und ich rissen alle Fenster auf und pressten rhythmisch so lange den Brustkorb meiner Großmutter, bis uns der Arzt ablöste und sie mit ins Krankenhaus nahm. Sie überlebte, wiederholte allerdings dieses für alle etwas aufreibende Spektakel noch einmal. Dann entschloss sie sich endgültig weiterzuleben, allerdings war sie so aggressiv und streitsüchtig geworden, dass sich einige Zeit darauf meine Mutter ihrerseits ins Jenseits befördern wollte.

Hauptstreitpunkte waren ich und das plötzlich ausschweifende Leben meiner Großmutter, die sich ein Segelboot kaufte und ein Wassergrundstück pachtete und das Geld nach Meinung meiner Mutter nur so zum Fenster hinauswarf. Obendrein empfing sie immer häufiger Herrenbesuch. Meine Großmutter wiederum fand das freudlos-spießige Fürsorgerinnenleben meiner Mutter unerträglich, die die Wohnung um sechs Uhr dreißig morgens verließ und gegen achtzehn Uhr abends nach Hause kam und an den Sonn- und Feiertagen Wäsche wusch und die Wohnung schrubbte. Am liebsten aber stritten sie sich um meine Erziehung, und ich schürte ihre verzweifelten Kämpfe mit sadistischer Freude. Immerhin war *ich* jetzt Herr im Haus. Wenn sie gar nicht mehr weiter wussten, waren sie sich lediglich darin einig, zur Züchtigung meines renitenten Charakters einen ehemaligen Redakteur des Parteiorgans »Neues Deutschland«, der über uns wohnte, als Verstärkung zu holen. Vermutlich verinnerlichte dieser Mann damals seine erzieherische Rolle so sehr, dass er mich auch später, als ich längst studierte, im Auge behielt. Seine Berichte an die Staatssicherheit der DDR las ich viele Jahre später.

Irgendwann hörten meine beiden Mütter auf, miteinander zu reden. Ratschläge, Anweisungen und gegenseitige Beschimpfungen wurden nur noch schriftlich übermittelt. Ich sehe noch meine Mutter vor mir, wie sie zusammenzuckte und die Augen rollte, wenn wieder einmal der Türschlitzdeckel klapperte und ein Zettel meiner Großmutter auf den Boden des Korridors segelte. Ich weiß nicht, welche Bösartigkeit eines Tages in einem dieser Briefe stand. Jedenfalls lief meine Mutter, nachdem sie ihn gelesen hatte, schreiend aus dem Haus und wollte sich von der Eldenaer S-Bahn-Brücke stürzen. Was blieb mir anderes übrig, als hinterherzurennen und mich an ihre Beine zu hängen. Ich war stärker, und so gab sie sie schließlich auf.

Holzbein, Päderast und Glasauge – meine potentiellen Väter

Ich wuchs und wuchs, war spindeldürr und hatte ständig Hunger. Aus finanziellen Gründen wurde ich sehr gesund ernährt. Meine Mutter verdiente als Fürsorgerin gerade einmal vierhundert Mark im Monat, deshalb gab es vor allem Quark, Butterstullen mit Tomatenmark, in Scheiben geschnittenen sauren Gurken, Petersilie und Schnittlauch sowie unendlich viel gedünstetes Gemüse und Sauerkohl. Fleisch und Wurst kam erst ausreichend auf den Tisch, als meine Großmutter eine Freundin hatte, die einer Konsumfleischerei vorstand. Einmal im Monat wurden wir zu ihr zum Essen eingeladen. Rindersteak, Schweinebraten mit Kruste, Leber mit gebratenen Apfel- und Zwiebelringen oder paniertes Schnitzel! Ich wartete den ganzen Monat auf diesen Tag der Köstlichkeiten und stürzte mich dann wie ein Raubtier darauf, sehr zur Beschämung meiner beiden Mütter. »Junge, iss nicht so schnell!«, ermahnten sie mich immer vorher. Aber ich schlang natürlich trotzdem, als sei ich dem Hungertod nahe, bestärkt durch den etwas süffisanten Zuspruch der Gastgeberin: »Iss doch, Kindchen! Hast ja nichts auf den Rippen.« Den meine Mutter wiederum beleidigt zu kontern pflegte: »Machen Sie sich mal keine Sorgen, der bekommt schon, was er braucht!« Leider hatte nach zwei Jahren die Freundin meiner Großmutter die Lust verloren, uns zu beköstigen. Wir fraßen einfach zu viel. Und so musste ich wieder durch eine vegetarische Durststrecke. Dass diese irgendwann endete, verdankte ich einem meiner potentiellen Väter.

Wurschtpaketehans war eigentlich Hochspannungsmonteur, der die ganze DDR verdrahtete und auf der Durchreise gelegentlich bei meiner Mutter vorbeischaute, bevor er zu seiner eigenen Familie zurückkehrte. Die Fresspakete, die er meiner Mutter als Gegenleistung für ihr erotisches Entgegenkommen auf den Tisch legte, waren riesig. Sie entschädigten mich für die nächtlichen Lustschreie, die mich stundenlang wach hielten.

Eines Tages hatten meine Mutter und ich wieder einmal heftigen Streit miteinander. Ich hatte den Taubenschlag des Hausmeisters auf dem Dachboden unserer Schule geöffnet, die Vögel verscheucht und ihre Eier in den Schulhof geworfen. Am Abend stand der Hausmeister vor unserer Wohnungstür. Kaum war er wieder gegangen, rannte meine Mutter, den Ausklopfer wild schwingend, hinter mir her um den Wohnzimmertisch, während ich mit meinen langen Beinen zusehen musste, dass ich sie nicht überholte. Irgendwann wurde mir das Wettrennen zu dumm. Immerhin war ich schon dreizehn. Ich hielt abrupt an, hob den Tisch hoch, als wollte ich ihn durchs Zimmer schleudern und schrie wie ein Berserker. Worauf meine Mutter zitternd den Ausklopfer fallen ließ und im selben Moment beschloss, ihr Witwendasein endgültig zu beenden. »Das Kind braucht einen Vater. Ich schaff es nicht mehr«, sagte sie zu unserer Nachbarin, um diese auf die nun häufiger wechselnden männlichen Besucher vorzubereiten. Und wer weiß, ob es nicht auch eine gewisse Wirkung auf meine Mutter hatte, dass auf manchen der durch den Briefschlitz flatternden Zettel meiner Großmutter stand: »Bitte nicht klingeln, Heinz oder Max oder Otto ist da.«

Kurz nach unserem Tischrundlauf gab meine Mutter in mehreren Tageszeitungen also folgende Annonce auf: »Alleinstehende Mutter, Ende dreißig, mit halbwüchsigem Sohn, sucht zwecks näherer Bekanntschaft älteren Herrn, möglichst Akademiker, gemeinsame kulturelle Unternehmungen und Reisen angenehm.«

Was sich in den nächsten Jahren an Invaliden durch unsere Wohnung schleppte, glich einem Kuriositätenkabinett. Der erste meiner potentiellen Väter hatte ein Glasauge. Wenn er bei uns übernachtete, ließ er die gläserne Halbschale auf ein sauber gefaltetes Taschentuch fallen und legte sie im Bad auf die marmorne Waschkommode neben das Zahnputzglas, so dass ich mich beim Pinkeln immer irgendwie beobachtet fühlte. Eines Sonntagmorgens ließ ich das Glasauge im Besteckkasten verschwinden, bevor ich mit einem Freund nach draußen zum Räuber- und Gendarmspielen ging. Ich weiß nicht, wie lange die beiden gesucht haben. Jedenfalls kam »Glasauge« nie wieder, und meine Mutter, die ahnte, was geschehen war, sprach mehrere Tage nicht mehr mit mir.

Anschließend versuchte sie es mit einem Chirurgen. Doch der heiratete schließlich seine OP-Schwester. Am liebsten wäre meiner Mutter ein verwitweter Literaturprofessor gewesen, einer, der immer am Schreibtisch gesessen und mit ihr bei einem Glas Wein über Gott und die Welt philosophiert hätte. Sie hätte alle seine klugen Gedanken stenographiert und später auf der Maschine zu Papier gebracht und wäre dafür sicher auch noch mit einer persönlichen Widmung in seinen Büchern belohnt worden.

Die meisten der Männer, die auf die Annoncen meiner Mutter antworteten, kamen vor dem Mauerbau aus Westberlin. Sie brachten mir Schokolade, Kaugummi und die von mir geliebten Micky-Mouse-Hefte mit und versuchten sich damit meine Zuneigung zu erkaufen. Für einen Westler war eine Ostberliner Geliebte ein kostengünstiges Vergnügen. »Onkel Walter, wenn er pupt, dann knallt er« war zum Beispiel Handelsvertreter für Staubsauger und sehr amüsant. Dass der knapp Sechzigjährige eine fünfköpfige Familie zu ernähren hatte, erzählte er meiner Mutter lieber gleich nach der ersten Nacht. Aber die war offenbar so aufregend gewesen, dass sie noch als Siebzigjährige davon schwärmte. Doch auch Onkel Walter ließ nach einigen Monaten nichts mehr von sich hören.

Danach versuchte sich ein Päderast in unser Leben zu mogeln: angeblich der letzte Spross einer langen Fürstendynastie mit einem Millionenerbe in den ehemaligen Ostgebieten des Deutschen Reiches. Nach seinem Antrittsbesuch schrieb er meiner Mutter lange Briefe, wie sehr er sie und mich liebe und dass er mich nach der Adoption zum Prinzen machen und ich ihn einst beerben würde. Aber nachdem es in seinen Briefen immer häufiger um mich statt um sie ging und er um Fotografien von mir bat – »wenn möglich in Badehose« –, schöpfte meine Mutter Verdacht und brach den Kontakt ab.

Als Nächstes humpelte »Holzbein«-Gustav mit Krücken zur Tür herein. Er beglückte meine Mutter einen Sommer und einen Herbst lang. Immer wenn ich nach Hause kam und das Holzbein lehnte am Wohnzimmertisch, hieß das: »Winni, verschwinde in dein Zimmer.« Was der reine Hohn war, denn ich besaß gar kein eigenes Zimmer, mein Bett stand in der Wohnstube. Das war, als meiner Großmutter gerade ihr Wassergrundstück gekündigt wurde, weil sie den dazugehörigen Rasen nicht ordnungsgemäß gepflegt hatte, und sie sich für einen Schrebergarten entschieden hatte. Da wäre ihr ein neuer, kräftiger Verehrer der Tochter gerade recht gewesen. Aber der einbeinige Kriegsversehrte pflegte sich im Garten lediglich auf die Bank zu setzen, sein Holzbein abzuschnallen und sich von den Frauen bedienen zu lassen. Weder beim Rasenmähen noch bei der Obsternte und erst recht nicht beim Kompostumsetzen war er eine ernstzunehmende Hilfe. So kam es, dass wir nach einigen Abmahnungen des Schrebergartenvorstands, weil wir den strengen Normen des Vereins in keiner Weise entsprachen, den Garten wieder abgeben mussten, worüber ich insgeheim sehr dankbar war.

So kamen und gingen die guten Onkel, die eigentlich meine Erziehung übernehmen sollten. Schließlich gab meine Mutter die Suche auf. Es gelang einfach keinem der Männer, ihre Wünsche zu erfüllen, geschweige denn, ihr Herz zu erobern, das immer noch meinem Vater gehörte, dem sanften, romantischen Verführer, der sich nie im Alltag bewähren musste.

Der Kater auf dem heißen Blechdach

Als ich fünf Jahre alt war und wir noch in jener alten Fabrikantenvilla unweit der Irrenanstalt wohnten, saß ich, nur mit einer Unterhose bekleidet, eines Mittags auf dem heißen Blechsims meines Mansardenfensters und ließ die nackten Beine über das Dach baumeln. Ich genoss die Wärme, die in meinen Unterleib stieg. Mein Blick verlor sich in den Wolken, und ich schwelgte in dem angenehmen Kribbeln, das sich in meinem Körper ausbreitete – ein vollkommener Genuss. Da beendete ein Griff ins Genick und eine schallende Ohrfeige meiner Großmutter mein tiefes Glücksgefühl. Ich schrie empört auf und zog mich unter ihrem strengen Blick wieder an. Acht Jahre später stand ich vor der Teppichstange und zog meiner heimlichen Liebe Kathrin die heruntergerutschten Kniestrümpfe hoch. Als meine Hände nicht stoppen wollten, erwischte mich die nächste brennende Ohrfeige einer von mir geliebten Frau.

Verliebtheit ist ein heimtückischer Virus, wenn auch selten ansteckend, deshalb bleibt man damit meist allein. Meine Kindheits- und Jugendlieben blieben immer unerfüllt. Ich gebe zu, dass ich aus heutiger Perspektive an meinen ausgefallenen Annäherungsmethoden zweifle: Als Zeichen meiner Zuneigung schüttete ich zum Beispiel einmal einen Eimer voll Wasser aus dem Fenster auf den Kopf eines Mädchens, das ich verehrte. Schreiend lief es davon. Einem anderen riss ich die schweren Einkaufsnetze aus den Händen, um sie ihm nach Hause zu tragen. Abermals erntete ich eine kräftige Ohrfeige für meinen Annäherungsversuch. Oder ich tunkte die Zopfenden des vor mir sitzenden Mädchens in mein Tintenfass und pinselte damit ihren Namen in mein Schulheft, was mir einige Kratzwunden einbrachte.

Die Herzen des anderen Geschlechts schienen mir rätselhaft und unergründlich. So fühlen die Menschen aneinander vorbei.

»Du hast den Charme eines Holzpferdes«, bescheinigte mir vierzig Jahre später spitz lächelnd meine damals achtzigjährige Kollegin Brigitte Mira. Recht hatte sie. Vielleicht lag es aber auch nur daran, dass ich mich selbst nicht mochte. Ich war lang und dürr und im Sport eine Niete. Während die anderen Jungs aus meiner Klasse Fußball spielten, ging ich zur Festigung meines instabilen Knochengerüsts noch immer zum orthopädischen Turnen. Ich wuchs einfach zu schnell. Und alle Versuche meiner Mutter, mich in Sportvereinen unterzubringen, scheiterten schon nach kurzer Zeit an der dort geforderten Unterordnung und dem Gemeinschaftszwang. Ich brauchte nur die Ausdünstungen meiner künftigen Sportkameraden in Umkleidekabinen und Duschräumen zu riechen, schon wurde mir übel. Außerdem ängstigten mich Menschenansammlungen. Das Eingezwängtsein in Flugzeugkabinen, Fahrstühlen, überfüllten Bussen und Straßenbahnen löst bei mir noch heute Panikattacken aus.

Als ich zwölf war, begegnete ich Anne. Sie war die Tochter des Lungenchirurgen meiner Mutter und eine weitere unerfüllte Liebe meines Lebens. Anne wohnte mit ihren Eltern in einer roten Backsteinvilla in der weitläufigen Parkanlage der Nervenheilanstalt Herzberge. Mein größtes Glück waren ihre Einladungen zu gemeinsamen Fahrradtouren über die romantisch verschlungenen Parkwege. Nur selten nahm Anne mich mit in ihr Zimmer. Da saß ich dann stumm auf einem Stuhl vor ihrem Bett mit dem rosablauen Überwurf, auf dem sie mit ihren langen Beinen wippte und irgendetwas erzählte, während ich in meiner Phantasie allerlei mit ihr anstellte. Bis sie irgendwann bestimmt sagte: »Du musst jetzt gehen!« Eines Tages war Anne verschwunden. Ihre Eltern waren nach Schweden, der Heimat ihres Vaters, zurückgekehrt. »Ein Arzt, der seine Patienten im Stich lässt, ist wie ein Kapitän, der das sinkende Schiff vor dem letzten Passagier verlässt«, sagte unsere

Klassenlehrerin mit säuerlicher Miene, als wir nach den Ferien wieder in unseren Schulbänken saßen. Mich interessierte das wenig. Ich trauerte um Anne.

Danach verliebte ich mich in Elisabeth, die Tochter des Pfarrers. Sie durfte ich immerhin streicheln und küssen. Wir gingen in dieselbe Klasse. Nachdem ich sitzengeblieben war und die Schule gewechselt hatte, galt ich plötzlich als schlau, denn ich kannte den Schulstoff ja bereits und hob immer als Erster den Finger. Elisabeth war beeindruckt, und beim Ernteeinsatz lagen wir eines Abends, als alle anderen zur Nachtwanderung unterwegs waren, in ihrem Zelt. *Wenn die Elisabeth nicht so schöne Beine hätt,* summte ich, und meine Hände wanderten in Gegenden, die mir bis dahin unerreichbar schienen. Ob ich etwas falsch machte, weiß ich nicht, doch sie ließ das nie wieder zu. Ich versank in einsame Schwermut und brauchte Monate, um meinen Liebeskummer zu kurieren. Dunkel ahnte ich, dass es noch einen anderen, zwar unfehlbaren, aber dafür umso beschwerlicheren Weg geben musste, die Herzen der Frauen zu erobern: Geld, Macht und Ruhm!

Zu einer Zeit, als ich besonders unerträglich für meine Mitwelt war, glaubte meine Mutter, meine Bösartigkeit und Unausgeglichenheit durch Musik bändigen zu können. »Du wirst jetzt Geige spielen lernen!«, sagte sie eines Tages, als ich mal wieder beim Klauen erwischt worden war. Ich hatte beim Gemüsemann um die Ecke, wo es immer so wunderbar modrig nach Kartoffeln, Salzgurken und Sauerkraut roch, Apfelsinen mitgehen lassen. APFELSINEN!, eine absolute Rarität im Osten, und das ausgerechnet kurz vor den Weihnachtsfeiertagen.

Ich hatte nichts dagegen, Geigespielen zu lernen, und sah mich schon auf einer Bühne stehen, um die Ovationen eines begeisterten weiblichen Publikums entgegenzunehmen. Doch wie sich bald herausstellte, war dieser Weg für mich völlig ungeeignet. Mein ganzer Körper sträubte sich gegen das Instrument. Ich passte einfach nicht zur Geige. Egal, wie ich mich drehte und wendete, immer war etwas falsch an meiner Haltung, mal war der Arm zu lang und die Geige zu kurz, der Rücken zu krumm oder der Kopf zu schief. Außerdem hatte ich einen alten, dicken und immerfort schwitzenden Lehrer, der mich damit quälte, den kleinen Finger am Ende des Geigenbogens auf eine ganz bestimmte Art abzuspreizen. Er zupfte mit seinen nikotingelben Fingern endlos an mir herum, mit dem einzigen Ergebnis, dass ich noch mehr verkrampfte. Einmal wurde ich so wütend, dass ich mich losriss und mit der Geige nach seinem fetten Leib schlug. Sein hilflos-entsetzter Blick war das heiß ersehnte Ende dieser Quälereien. Ich rührte nie wieder eine Geige an.

Die Aussicht, auf musikalische Weise die Sympathien der Frauen zu gewinnen, hatte sich damit erledigt. Dafür tat sich eine andere künstlerische Chance auf. In Lichtenberg, An der Parkaue, in der Nähe unserer Wohnung, befand sich das »Haus der Jungen Pioniere«, das mein Großvater zusammen mit dem damaligen Ministerpräsidenten Otto Grotewohl einst eingeweiht hatte. Dort wurde ich eines Tages Mitglied der Arbeitsgemeinschaft Theater. Wenige Wochen später stand ich als Schneider Hupf zum ersten Mal auf einer Bühne. Es war die Hauptrolle. Ich gab mein Bestes, denn unten im Zuschauerraum saßen nicht nur meine beiden Mütter und meine geliebte Deutschlehrerin, sondern auch diverse von mir seit längerem angehimmelte Mädchen. Als ich mich nach der Premiere verbeugte und in all die begeisterten Gesichter blickte, spürte ich zum ersten Mal die Erotik des Erfolgs.

Von da an war ich ständiger Zuschauer im »Theater der Freundschaft«, das sich unmittelbar neben dem »Haus der Pioniere« befand. Und ich ließ mich in der Schule zum Kulturfunktionär wählen. Denn dass man mit Ruhm allein die wählerischen Mädchen nicht halten kann, merkte ich schnell. Irgendwie gehörten auch noch Macht und Geld dazu. Dies wollte ich in meiner neuen Funktion als Kulturobmann der Klasse erreichen. Ich hatte die Aufgabe, das Geld für das

Theaterabonnement einzusammeln. Die hoch subventionierten Tickets kosteten für Schüler zwei Mark. Da viele Schüler sich nicht besonders für Theater interessierten, baten sie mich, sie wieder zu verkaufen, was mir ohne große Anstrengung an der Abendkasse und sogar mit einem kleinen Gewinn gelang.

Eine andere Quelle von Geld und Ruhm tat sich in der Vorweihnachtszeit auf. Ein Freund meiner Mutter, der als Betriebsleiter in einem Keramikwerk für kulturelle Höhepunkte zu sorgen hatte, war auf mich aufmerksam geworden. Ich hatte mich bereit erklärt, einen Beitrag zu unserer Schulweihnachtsfeier zu leisten, und mir war die Kiste mit meinen Kasperlepuppen auf meinem Schrank wieder eingefallen, die ich jahrelang nicht mehr geöffnet hatte. Kasper, Gretel, Hänsel, Hexe, Prinz und Prinzessin, kleine grobe Holzköpfe – kostbar, wie ich heute weiß –, und eine aufstellbare Kulisse mit gestreiften Vorhängen. Meine dramatisch-finstere Version von »Hänsel und Gretel« beeindruckte jenen Freund so sehr, dass er mich anschließend fragte, ob ich mit dem Märchen nicht seine Betriebsweihnachtsfeier krönen wolle. »Gegen eine Gage von vierzig Mark«, fügte er mit einem tiefen Blick in meine sich weitenden Augen hinzu. Ich schluckte heftig. Vierzig Mark! Was für ein unvorstellbarer Reichtum! In meinem Kopf ratterten sofort die Ideen, was ich alles damit anstellen könnte. Endlich ein Fahrrad. Neue Schlittschuhe flimmerten vor meinen Augen – bisher hatte ich nur Kufen gehabt, die mit dünnen, ständig rutschenden Lederriemen festgeschnallt wurden, mit denen hatte ich mich auf der Eisbahn bei den Mädchen immer lächerlich gemacht. »Fünfzig«, sagte ich so gelassen wie möglich. »Wenn ich fünfzig kriege, mach ich's.« Ich sah, wie meine Mutter, die danebenstand, vor Scham rote Flecken im Gesicht bekam und mir einen dieser Strafblicke zuwarf, die mich für gewöhnlich disziplinieren sollten. Aber ich blieb dabei. »Fünfzig«, sagte ich, obwohl meine Knie zitterten. Aber der Freund meiner Mutter lächelte anerkennend. »Einverstanden. Junge Künstler muss man unterstützen.« Frechheit siegt. Ich schickte einen triumphierenden Blick in Richtung meiner Mutter – und enttäuschte den Großmut ihres Freundes nicht. Mein Märchen kam so gut an, dass mein Engagement noch einige Jahre verlängert wurde, bis mein Stimmbruch es jäh beendete.

Von meiner »Gage« leistete ich mir nicht nur die heißbegehrten Schlittschuhe. Ich kaufte mir auch Reclambücher mit Theaterstücken. Zum Beispiel Brechts »Dreigroschenoper«. Mackie Messer, dieser fiese Typ, dem die Frauen in Scharen zu Füßen lagen, begeisterte mich. Wochenlang sang ich vor mich hin *Und der Haifisch/der hat Zähne und die trägt er/im Gesicht.* Ich liebte Mackies Grausamkeit, seinen Egoismus, der sich nimmt, was er braucht, und bekommt, was er will. Besonders von den Frauen, auch wenn Kathrin, Anne und Elisabeth mich gelehrt hatten, dass ich bisher von solchen Eroberungen noch meilenweit entfernt war.

Bis eines Tages, ich war gerade vierzehn geworden, der junge Schauspieler Günther Haack im Haus gegenüber einzog. Sein rotes F9-Cabriolet, vollbepackt mit Kisten und Koffern, parkte er unter unserer Gaslaterne. Ich traute meinen Augen nicht. So ein Auto – das war mein Traum! Damit kriegt man garantiert jede Frau rum, dachte ich. Als Haack einmal samstags unten auf der Straße sein Auto wusch, bot ich ihm meine Hilfe an.

Günther Haack war 1956 als falscher Peter I. in »Zar und Zimmermann« über Nacht berühmt geworden und hatte seinen nächsten Erfolg in Kurt Maetzigs Tragikomödie »Vergeßt mir meine Traudl nicht«. Er drehte einen Film nach dem anderen, und bald stand ein neues, größeres Cabrio unter der Gaslaterne. Auf dem Heimweg von der Schule sah ich häufig die Postfrau fluchen, die sich vergeblich bemühte, die unzähligen Briefe in seinen Postkasten zu stopfen. Als die Briefe sich schon im Korridor seiner Wohnung stapelten, bat Haack mich eines Tages, ihm bei der Beantwortung zu helfen, gegen Bezahlung, versteht sich. Ganze Wäschekörbe voller Fanpost schleppte ich zu uns herüber, meist enthielt sie die Bitte um ein Autogramm, aber gelegentlich auch heiße Liebesbriefe und Nacktfotos, die ich ihm beim Abholen der nächsten Fuhre schweren Herzens zurückbrachte. Für fünf Mark pro Wäschekorb fälschte ich Haacks Unterschrift auf seinen Autogrammfotos, steckte sie in Briefumschläge und brachte sie zur Post.

Leider bekam Haack sein kometenhafter Aufstieg zum Publikumsliebling nicht. Vielleicht aus Angst vor einem plötzlichen Ende seiner Karriere betäubte er sich immer häufiger mit Alkohol. Eines Morgens sah ich ihn betrunken grölend aus seinem Fenster hängen, als ihn plötzlich Polizisten zurückrissen und in einer grünen Minna mit ihm davonfuhren. Wie wir später aus der Zeitung erfuhren, hatte er im Morgengrauen mit seinem neuen Cabrio auf der Rummelsburger Chaussee einen Arbeiter, der auf dem Fahrrad unterwegs zur Frühschicht war, übersehen. Statt Hilfe zu holen, hatte er seine Fahrt fortgesetzt. Der Arbeiter starb, und Haack verbüßte seine Strafe anderthalb Jahre im Uranbergwerk der WISMUT. Da war er dreißig und sein Leben ruiniert. Als er wieder draußen war, sang er Kampflieder gegen den Imperialismus und zum Lob der Partei. Kurz nachdem es ihm gelungen war, in neuen Rollen an seine früheren Erfolge anzuknüpfen, kam er bei einem Autounfall als Beifahrer selbst ums Leben. Immer wenn ich später – nach nächtlichen Hörfunkaufnahmen in den Tonstudios des Rundfunks in der Nalepastraße auf der Rummelsburger Chaussee erschöpft nach Hause fuhr, musste ich an Günther Haack, diesen fröhlichen, jungenhaften Lebenskünstler, denken, der mir in der verwirrenden Zeit meiner Pubertät zeigte, dass man sein Leben auch genießen kann.

Was die Ossis im Westen wollten
und die Wessis im Osten

Meine Ellen-Mütter blieben stur. »Wir bleiben hier! Lieber den Spatz in der Hand als die Taube auf dem Dach«, sagten sie zu meiner Westberliner Tante Maja, der Frau von Neurologen-Arno, einem von Großvaters sechs Brüdern, die es nach dem Krieg im Westen wieder zu etwas gebracht hatten, Ärzte, Professoren und Bauunternehmer. »Was ist denn so toll am Osten«, nervte dann Tante Maja meine Mutter. Diesen Dialog hörte ich Ende der fünfziger Jahre jedes Wochenende. »Du als Fürsorgerin würdest im Westen doch doppelt so viel verdienen. Plus Kriegswitwenrente! Und Großmutter Ellen hätte Anrecht auf den Lastenausgleich und eine hohe Witwenrente!« Aber meine beiden Mütter blieben verstockt. »Großvater hat sich für den Sozialismus entschieden und basta«, war ihre stereotype Antwort. »Irgendwer muss ja hier im Osten die Fahne hochhalten.« Damit war aber nicht die schwarzrotgelbe Fahne mit DDR-Emblem gemeint, sondern die rote Fahne, wohl als mahnende Erinnerung an Marx, Engels und Rosa Luxemburg. Am 1. Mai und am 7. Oktober wurde bei uns geflaggt. Nicht nur solange der Großvater lebte, auch später noch. »Dem Apparat muss man Feuer unter dem Hintern machen!«, sagte meine Großmutter. Die Idee des Sozialismus gefiel ihr nun mal. Auch meine Mutter hatte darin ihr Heil gefunden, ohne ihre religiösen Ambitionen aufzugeben. Sie war in ständigem Kontakt mit dem Gemeindepfarrer, besuchte wöchentlich ihren Bibelkreis, und Weihnachten gingen wir vor der Bescherung in die Kirche, wo sie ihre ungestillte Sehnsucht nach Harmonie derart jauchzend und frohlockend hinausposaunte, dass mir jedesmal vor Schreck die Haare zu Berge standen.

Dass wir in Ostberlin blieben, hatte jedoch nicht nur ideologische Gründe. Die Lebensmittel kosteten in der DDR nur halb so viel, die Miete nur ein Viertel von denen im Westen. Und die Schaufenster des KaDeWe interessierten meine Mütter nicht. Sie fuhren nicht in den Westen um einzukaufen, sondern um an heimatliche Rituale anzuknüpfen und Hausmusik zu machen. Tante Majas riesiges Wilmersdorfer Eckzimmer mit Steinway-Flügel verwandelte sich dann in einen Musiksalon. Großmutter spielte beseelt die Geige, und Arnos Finger flogen über die schwarzweißen Tasten. Manchmal kam noch ein weiterer der sechs Brüder, Gustaf-Adolf, Professor für Ästhetik an der Freien Universität, dazu und ergänzte das Duo mit seiner Querflöte. Meine Mutter und ich bildeten vor dem knisternden Kaminfeuer das Auditorium. Wenn unsere Westberliner Verwandten uns besuchten, gingen sie abends in die Komische Oper oder die Staatsoper, um Walter Felsensteins spektakuläre Inszenierungen zu erleben, oder ins Berliner Ensemble. Kultur konsumierten meine beiden Mütter reichlich. Und an die Mangelwirtschaft hatten sie sich gewöhnt. Sie sagten immer: »Hungern müssen wir nicht.« Großmutter verzichtete selbst auf den Lastenausgleich, der eigentlich allen Flüchtlingen zustand, was ihre Schwager und Schwägerinnen nicht verstanden und ihren Sohn Hans zur Verzweiflung brachte. Vor der Vertreibung hatte mein Großvater ein notariell beglaubigtes Protokoll erstellt, auf dem der wertvolle Besitz, wie Gemälde, Möbel, Meissener Porzellan und die Liegenschaften, fein säuberlich aufgeführt waren. »Diese Liste muss doch noch existieren! Die ist bares Geld wert«, barmte die Verwandtschaft. Meine beiden Mütter wussten genau, wo sie war. Sie hatten sie in einer Kassette hinter der Revisionsklappe der Badewanne versteckt. Sie hielten nicht nur wehrhaft die Bastion in Ostberlin, sie weigerten sich auch beharrlich, diese kostbaren Dokumente nach Westberlin zu schmuggeln. Nicht aus Angst, sondern aus Prinzip, weil Großvater es so gewollt hätte, und weil das Entschädigungsgesetz sowieso nur für die Bürger der Bundesrepublik galt, aber meine beiden Mütter nun einmal nicht dort leben wollten. Ihre Sturheit hatte bis an ihr Lebensende Bestand.

Obwohl fast jedes Familientreffen durch diesen Streit vergiftet war, fuhr ich gern mit nach Westberlin. Ich sah Hollywoodfilme, trank Cola, bekam Kaugummi und durfte mit der Modelleisenbahn von Onkel Hans spielen. Von Onkel Dieter, dem dreißigjährigen, geistig behinderten, dicken Sohn von Tante Maja, bekam ich Mickey-Mouse-Hefte. Er kicherte ständig, auch wenn es nichts zu lachen gab, und wurde ganz unruhig, wenn ein weibliches Wesen in seine Nähe kam. Wenn er meiner Mutter seine fleischige Hand auf die Schenkel legte, schlug Tante Maja ihm mit einem Holzlineal auf die Finger. Onkel Dieter hatte einen schönen Tod. Als er dreiundsechzig und Tante Maja beinahe neunzig war, ahnte sie, dass sie bald sterben würde. Da sie nicht wollte, dass ihr Sohn nach ihrem Tod in eine geschlossene Anstalt käme und dort ruhig gestellt vor sich hin siechte, mixte Tante Maja, Gott hab sie selig!, eines Abends einen Cocktail aus Beruhigungs-, Schlaf- und Kreislauf senkenden Medikamenten, die sie noch von ihrem verstorbenen Mann, besagtem Neurologen-Arno, hatte, und beförderte so ihren Sohn auf barmherzige Weise ins Jenseits. Das war 1983, kurz nach meiner Ausreise nach Westberlin. Ich musste noch am nächsten Morgen dem Hausarzt und den Leichenbestattern helfen, ihn in einen Plastiksack zu packen und die zentnerschwere Last die Treppe hinunterzutragen. Niemand schöpfte je Verdacht. Drei Jahre später starb Tante Maja in geistiger Umnachtung.

Mir war es lange Zeit egal, wo ich wohnte, ob im grauen Osten, der nun einmal meine Heimat geworden war, oder im bunten Westen. Solange ich hin- und herpendeln konnte, war meine Welt in Ordnung. Das änderte sich erst nach dem denkwürdigen Ausruf Walter Ulbrichts: »Niemand hat die Absicht, eine Mauer zu errichten!« Ich war mit meiner Mutter am Strand von Prerow, als uns am Morgen des 14. August 1961 an den Kiosken die Titelseite des »Neuen Deutschland«

mit folgender Nachricht überraschte: »Seit dem Anbruch des Sonntags herrschen Ordnung und klare Verhältnisse an den Grenzen der Deutschen Demokratischen Republik, besonders an der Grenze zu den Westsektoren von Groß-Berlin. (…) Geschützt werden jetzt die Kinder vor den Kindesräubern; geschützt werden die Familien vor den erpresserischen Spitzeln der Menschenhandelszentralen; geschützt werden die Betriebe vor den Kopfgeldjägern; geschützt sind die Menschen vor den Unmenschen, die Ordnung vor den Ordnungsbrechern, die Arbeitsamen vor den Arbeitsscheuen und Spekulanten, Ruhe und Sicherheit unserer Bürger vor den kalten Kriegern.«

Meine Mutter fasste diesen Text für mich in dem Aufschrei zusammen: »Die mauern uns ein. Die Grenze ist zu!«, und lief ihrer halben Lunge wegen so blau an, dass ich schon fürchtete, die Sandburg würde ihre letzte Ruhestätte. Für mich war es zunächst einmal nur eine – zugegeben etwas seltsame – Information, deren Tragweite ich noch gar nicht begriff. Von Kindesräubern, Kopfgeldjägern und Spitzeln war mir bisher nur im Staatsbürgerkundeunterricht berichtet worden, was ich aber bisher nicht als persönliche Bedrohung empfunden hatte. Ich hatte immer nur von Leuten gehört, die freiwillig aus dem Osten in den Westen flüchteten, aus welchen Gründen auch immer.

Der Mauerbau war das Ende unserer Ost-West-Passagen. Vorbei unsere Fahrten vom U-Bahnhof Warschauer zur Prinzregentenstraße, meine Kinobesuche am Bahnhof Gesundbrunnen. Vorbei die atemberaubend bunten Bilder der Hollywood-Filme. Ab jetzt gab es nur noch die DEFA und die Zelluloiderzeugnisse der sozialistischen Bruderländer, die wir schon als Schüler unwillig ansahen, weil wir uns in ihnen langweilten, bis auf ein paar unvergessliche Ausnahmen: Wolfgang Staudtes »Der kleine Muck« oder die russischen Märchenfilme. Zum Glück gelangten Mitte der sechziger Jahre auch Filme aus Westeuropa zu uns, etwa »Till Ulenspiegel« mit Gérard Philipe, dessen Schlittschuhlauf mit weit ausholenden Armen über die holländischen Kanäle ich nie vergessen werde – ein Vogel, der im Tiefflug über eine weite weiße Winterlandschaft zu gleiten schien.

Das zwangsgetrennte Kultur- und Verwandtschaftsband wurde erst wieder geknüpft, als Ulbricht 1963 die Mauer an einigen Grenzübergangsstellen für Verwandte aus dem Westen an Feiertagen öffnete, nur mit Passierschein, versteht sich. Absolute Kontrolle über jeden Bürger war in der DDR zur staatserhaltenden Tugend geworden. Hatten wir vor dem Mauerbau in Westberlin unsere Tanten und Onkel fast jedes Wochenende heimgesucht, so saßen sie nun bei uns auf dem Sofa. Plastiktütenweise packten sie Strumpfhosen, Kaffee und Schokolade aus, die dann zur zweiten DDR-Währung für Ärzte, Handwerker und Blumenverkäuferinnen wurden, die sie wiederum an ihre Verwandten verschenkten. Wenn man Pech hatte, bekam man nach einigen Jahren die eigene Schokolade (inzwischen weiß geworden oder mit Madenlarven) zurück. Zu jedem Weihnachtsfest stapelten sich unter der Tanne Berge von Paketen unserer Westverwandtschaft. Doch statt dankbar zu sein, mokierte sich meine Mutter darüber, dass sie immer genau denselben Inhalt in genau der gleichen Packordnung enthielten. Ganz oben lagen die schimmeligen Apfelsinen, der völlig überflüssige Vanillepudding, Schokolade, Kaffee, Kakao sowie Nüsse, Rama, Haferflocken und Backpflaumen. Aber am meisten fühlte meine Mutter sich beleidigt, weil all die Lebensmittel nicht extra in Weihnachtspapier eingepackt waren. Diese Lieblosigkeit ärgerte sie. Mir hingegen war das ziemlich egal. Aber nach ein paar Jahren stimmte auch für mich etwas nicht mehr. Zwar versuchten uns unsere Verwandten mit diesen Präsenten für Ulbrichts eigenmächtige Entscheidung zu entschädigen. Die Trostlosigkeit des DDR-Alltags konnten sie damit jedoch nicht aufheben. Nach und nach entwickelte sich bei mir das Gefühl, Bürger zweiter Klasse zu sein. Das Recht zu genießen war nicht mehr gleich verteilt. Und als dann auch noch die gleichaltrigen Söhne unserer zahlreichen Verwandten zu uns herüberkamen, vor ihren Konzert- oder Theaterbesuchen bei uns Kuchen aßen und immer neue Plastiktüten mit Kaffee, Schokolade und Nylonstrümpfen auspackten, hatte ich plötzlich keine Lust mehr darauf, dankbar den Mund zu halten. »Das nächste Mal bringt mir bitte Jeans von Levi Strauss 501, W27/L36 mit.«

VEB Kühlautomat oder Wie mich die Arbeiterklasse auf die Bühne trieb

Es stinkt nach Kühlemulsion und Öl. Seit sieben Uhr stehe ich an der Drehbank, und glühende Metallspäne fliegen mir um die Ohren. Mit Schutzbrille und der blauen Lehrlingsmontur, aus der meine dünnen Waden staksen, schwitze ich in der glühenden Hitze der Werkhalle. Neben mir fluchen elf weitere Jungs und ein Mädchen, die alle mit mir drei Jahre lang zum Maschinenbauer ausgebildet werden und nebenbei das Abitur machen sollen, um anschließend an einer Ingenieurhochschule zu studieren.

»Der Junge muss unbedingt Abitur machen, damit ihm alle Möglichkeiten offenstehen«, hatte eine Freundin meiner Mutter geraten. »Maschinenbauer mit Abitur.« Obwohl ich glücklich war, dass ich die Schule endlich hinter mir gelassen hatte, fand ich diese Idee gar nicht so schlecht. Ich mochte Motorräder. Mein erstes, eine 125er »Zündapp K 200« (ein Zylinder, Zweitakter, 6,5 PS), musste ich nach einem Motorschaden komplett auseinander- und wieder zusammenbauen. Leider gelang mir das nur mangelhaft. Bei der nächsten Fahrt fraß sich das Kurbelwellenlager fest – ich hatte es falsch montiert. Es machte also Sinn, das Funktionieren von Maschinen fachmännisch zu erlernen. Außerdem würde ich ein Lehrlingsgeld von 125 Mark erhalten, von dem ich allerdings meiner Mutter monatlich 25 Mark Kostgeld zahlen musste.

So kam ich zum VEB Kühlautomat nach Johannisthal. Dort wurden Anlagen gebaut, die auf Fischverarbeitungsschiffen übers Meer fuhren und den Fang auf hoher See gleich vor Ort in Blöcken einfroren. Außerdem gab es noch einen streng abgeschirmten Werkbereich, in dem für das Raumfahrtzentrum in Baikonur auch Druck- und Kühlkammern hergestellt wurden, in denen man später die Kosmonauten auf ihre Tauglichkeit in Extremsituationen testen wollte. Unsere Aggregate brachten es auf 196 Grad minus. Da musste einer schon ein glühender Kommunist sein, um das auszuhalten. Den nannte man dann »Held unserer Zeit«.

Einen solchen wirklichkeitsfremden Helden spielte ich 1974 an der Volksbühne innerhalb eines großen Theaterspektakels, das sich der Intendant Benno Besson als besondere Attraktion ausgedacht hatte. Die Spielstätten waren über das ganze Haus verteilt – vom Heizungskeller über Hof und Straße bis zum Dachboden. Da saß ich nun hinter der Volksbühne auf einem Sandhaufen, der neben den Mülltonnen aufgeschüttet worden war, in Christoph Heins gleichnamigem Stück als hungriger Adolf Hennecke, der in vorauseilendem Gehorsam die Normen unterbot und dafür von der Partei gefeiert wurde und vor den Wutausbrüchen seiner Kollegen geschützt werden musste.

Mein täglicher Anfahrtsweg nach Johannisthal war eine Quälerei. Morgens um sechs stand ich nach einem zwanzigminütigen Fußweg auf dem Bahnsteig des S-Bahnhofs Frankfurter Allee, um mich herum Frauen mit dunklen Augenringen, die schon die erste Schicht hinter sich hatten und ihre noch dösenden Kinder zur Krippe brachten, und Männer, die dumpf vor sich hin rauchten und röchelnd auf den Bahnsteig spuckten. In der überfüllten S-Bahn litt ich unter all den Ausdünstungen, die in meine Nase stiegen, ganz zu schweigen von meiner Platzangst. Vom S-Bahnhof Schöneweide aus musste ich dann noch fast eine halbe Stunde zu Fuß zum Fabrikgelände laufen. Den Bus leistete ich mir nur bei Regen, denn ich sparte jeden Pfennig für ein neues Motorrad.

Als ich nach dem ersten Arbeitstag wieder nach Hause kam, heulte ich Rotz und Wasser, weil mir schlagartig klar geworden war, dass meine Kindheit nun für immer vorbei war. Ich musste viermal die Woche – am Freitag und Samstag hatten wir Unterricht – feilen, bohren und schweißen. Und dabei überall einen entsetzlichen Gestank aushalten – in den

Produktionshallen bei fünfzig Grad im Sommer nach der modrig-milchigen Kühlemulsion, im Umkleideraum nach abgestandenem Schweiß und in den Waschräumen nach braunsandiger Waschpaste, die in dreckigen Brocken an den Becken klebte. Ganz zu schweigen von dem durchdringenden Uringeruch, der von den Toiletten ausging. Das alles war mir dank der Unterrichtstage in der Produktion während meiner Schulzeit noch ungut in Erinnerung. Alle vierzehn Tage hatten wir Schüler damals im VEB Elektrokohle arbeiten müssen. Dort pressten wir Bitumenmasse in Kohlestäbe für Scheinwerfer, die anschließend in dampfenden galvanischen Schwefelbädern verkupfert wurden. Dass dies keine allzu gesunde Sache war, konnte man an den graugelb verfärbten Gesichtern der Arbeiter unschwer erkennen.

Je länger meine Berufsausbildung dauerte, desto weniger konnte ich mir ein Leben als Maschinenbauer vorstellen. Ich nutzte jede Gelegenheit, um diesem Zwangsaufenthalt in der Produktion, als den ich ihn mehr und mehr empfand, zu entfliehen. Manchmal schlich ich mich mit meinem Freund Wilfried Loll in die Garage des Werkdirektors, wo ein blankgewienerter, schwarzer EMW 340 stand, ein sozialistischer Nachbau des legendären BMW 326, dessen kühn geschwungene Kotflügel auf mich keine geringere Anziehungskraft ausübten, als es die Kurven von Brigitte Bardot getan hätten. Wir wussten, wo sein Chauffeur den Zündschlüssel aufbewahrte, setzten uns hinein, ließen den Motor anspringen und fuhren wenige Zentimeter vor und zurück. Das versetzte uns in einen beglückenden Rauschzustand. Bis uns der Fahrer des Direktors eines Tages erwischte und wir uns einen strengen Verweis einhandelten.

Ein anderer Fluchtort aus dem trostlosen Arbeiterdasein war der Kohleberg hinter dem Heizhaus. Wir hatten herausgefunden, dass wir uns der Produktion dadurch entziehen konnten, dass wir »gesellschaftliche« Arbeit leisteten. »Greif zur Feder, Kumpel« hatten wir gelesen. Also gründeten wir eine Kabarettgruppe. Von da an wurde der Kohleberg unsere produktivste Wirkungsstätte. Während die anderen in den Produktionshallen schwitzten und das Volkseigentum mehrten, dichteten wir Lieder und Texte für unser Programm. Braungebrannt führten wir unsere Werke bei Betriebsvergnügen vor und wurden von den Arbeitern stürmisch beklatscht. Dass die meisten von ihnen schon angetrunken waren, störte uns wenig. Wilfried und ich hatten eine Nische gefunden, in der wir uns bis zum Ende der Berufsausbildung verschanzen konnten: Kabarett statt Produktion. Ich konnte mir nichts anderes mehr vorstellen.

II

Flucht ins Abenteuer

»Wat is'n det für'n Spießer!« Jaecki Schwarz stand rauchend vor mir. Er nahm seine riesige schwarze Brille ab, um mein Werk, das ich in unserem Studentenzimmer in der Taubervilla über meinem Bett drapiert hatte, genauer zu betrachten. »Det is doch hier keene verpupte Fischerklause!« Jürgen Klauß, mein Zimmergenosse, streckte hinter dem Rücken seinen Expander aus und ächzte zustimmend.

Ich verstand die Welt nicht mehr. Stundenlang hatte ich mühsam ein löchriges Fischernetz, das ich im letzten Sommer am Prerower Ostseestrand gefunden hatte, an die Wand genagelt, Glaskugeln, Hühnergötter, Muscheln, Korken und Fotos von Albert Einstein mit herausgestreckter Zunge und dem Clown Grock darin befestigt. Ich war schockiert, ich hatte diesem nüchternen Internatszimmer doch nur eine persönliche Note verleihen wollen. Damit hatte ich mich in den Augen meiner Kommilitonen offensichtlich als Spießer enttarnt. Und wenn ich eines nicht sein wollte, dann das. Dieses Attribut gehörte eher zu meiner Mutter, mit ihren weißen Hohlsaumdecken, dem »Mann mit dem Goldhelm« über dem Sofa, der ewig tickenden goldenen Wiener Wanduhr und der Hellerauer Bücherwand, die für sie schon das Höchste an Modernität war, das sie in ihrer Wohnung zuließ. Ich dagegen wollte ein verwegener Abenteurer sein, der mit wehendem Haar auf dem Floß des Lebens hinaus in die Welt segelte und gespannt auf jeden neuen Tag ist. Gekränkt riss ich mein Kunstwerk wieder ab, packte alles in meinen rotbraunen Kunstlederkoffer und schob ihn unter das Bett.

Nachdem ich meine Berufsausbildung mit Abitur beim VEB Kühlautomat hinter mich gebracht hatte, gab es für mich keine Alternative mehr: Ich wollte Schauspieler werden.

Zwar hatte man an mir bisher keine besonderen Fähigkeiten entdeckt, weder war ich musikalisch noch sportlich, aber ich hörte oft, ich sei eine kuriose Erscheinung. Und das war ich wohl auch mit meinen 1,92 Meter Länge, 75 Kilo und einer merkwürdigen Nase, die ich mir bei einer Prügelei hatte breitschlagen lassen. Das war kurz nach dem Abschluss der sogenannten Polytechnischen Oberschule und ausgerechnet im Deutschen Theater. Ich hatte mich in der Pause von »König Lear« vom zweiten Rang auf einen frei gebliebenen Platz im Parkett gesetzt. Das machte man damals so als Schüler, denn das eingeschränkte Budget ließ den Kauf einer teuren Karte fürs Parkett nicht zu. Ein anderer Schüler hatte diesen Platz auch entdeckt, war aber wenige Sekunden nach mir gekommen. Ein Wort gab das andere. Ich blieb sitzen. Sturheit gehört zu meinen wenigen Stärken. Als sich der Vorhang wieder öffnete, musste mein Konkurrent unverrichteter Dinge abziehen. »Wir treffen uns nach der Vorstellung!«, zischte er mir im Weggehen zu. Ich wusste nicht, was es nach dem Stück noch mit ihm zu besprechen gäbe, und vergaß ihn. Als ich nach dem Schlussapplaus das Theater verließ, stand der Typ plötzlich wieder vor mir. Da ich noch etwas irritiert war von diesem merkwürdig faszinierenden Wolfgang Heinz als König Lear, der einfach nicht wahrhaben will, was die Stunde geschlagen hat, war ich nicht Herr der Lage. Ein gezielter Schlag auf meine Nase setzte mich außer Gefecht. Das Blut schoss mir aus der Nase.

Als ich im Weißenseer Krankenhaus aus dem Operationssaal gefahren wurde, stand eine Ärztin neben meinem Bett und versuchte mir schonend beizubringen, dass die Operation zwar erfolgreich verlaufen war, man hätte mir das in viele Stücke zertrümmerte Nasenbein entfernt, die ursprüngliche Form der Nase aber habe man nicht retten können. Es sei jedoch ein Leichtes, sie aus Teilen meines Schienbeinknochens zu rekonstruieren. Ich ging nie wieder hin, was sich unverhofft als Glücksfall erwies. Die eingedrückte Boxernase wurde zu meinem Markenzeichen. Und vermutlich wäre ich ohne

jenes unfreiwillige Duell gar nicht an der Filmhochschule angenommen worden.

Die erfolgreiche Vorbereitung auf die Eignungs- und Auf-
nahmeprüfungen verdanke ich Wolf-Dieter Panse, der am
Deutschen Theater Schauspieler und Regieassistent war und
zudem an der Berliner Schauspielschule als Dozent unterrichtete. In jener schmerzvollen »Lear«-Vorstellung, in der ich die
ursprüngliche Form meiner Nase verlor, hatte ich ihn in der
Rolle des Narren bewundert und anschließend in mein Pro-
grammheft das Urteil »prima, so natürlich, locker und erfri-
schend« notiert. Einige Wochen vor der Babelsberger Eignungsprüfung, im September 1964, lief ich am »Tag der
offenen Tür«, die das Deutsche Theater mehrmals im Jahr veranstaltete, mit zwanzig anderen Interessierten hinter Wolf-
Dieter Panse durch Schnürboden, Unterbühne, Stellwerk,
Maske und Kostümfundus und lauschte andächtig seinen Er-
läuterungen über den technischen Apparat hinter dem Eisernen Vorhang. Nach dem Ende des Rundgangs nutzte ich die
Gelegenheit, ihn zu fragen, ob er jemanden wüsste, dem ich
meine vorbereiteten Monologe für die Prüfungen vortragen
könnte. Irgendwie muss er meinen Mut bewundert haben,
vielleicht hatte er auch nur Mitleid mit mir, jedenfalls lud er
mich kurzerhand für den kommenden Sonntagnachmittag zu
einem Vorsprechen auf die Probebühne der Kammerspiele ein.

Nach seiner behutsamen Kritik überarbeitete ich meine
Rollen, seine nützlichen Hinweise gaben mir für die folgenden Prüfungen die nötige Gelassenheit. Und tatsächlich
schlug ich nicht nur 759 andere Bewerber in der Eignungsprüfung aus dem Rennen, sondern gehörte schließlich zu den
zwölf Überlebenden der Aufnahmeprüfung. Was hatten wir
da nicht alles über uns ergehen lassen müssen! Ob wir in der
Lage waren, auf dem Trampolin einen Salto zu machen – was
ich zur Erheiterung der Anwesenden mehr schlecht als recht
schaffte –, oder reaktionsschnell genug im Fechten waren. Ob
wir einen Sprachfehler hatten, hinkten oder uns ein Finger,
Zeh oder Zahn fehlte. Ein Check auf Herz und Nieren. Ähn-

lich wie beim TÜV in der Autowerkstatt wurde alles genauestens in Augenschein genommen und penibel protokolliert. Zum Glück hatten die Prüfer meine eher schwach entwickelte körperliche Koordinationsfähigkeit übersehen, oder es fehlte ihnen bei der Zusammenstellung des neuen Studienjahres noch genau so ein seltsamer Typ wie ich.

Mit Goethes Egmont, den ich bei der Eignungsprüfung als weltfremden Ideologen vortrug, wäre ich in der nächsten Runde sicher gescheitert. Bis heute kann ich mit diesen strenggläubigen Idealisten nichts anfangen. Ich misstraue dem erzieherischen Hintergedanken der Aufklärer. Ihre Humorlosigkeit stößt mich ab. Aber irgendeine von diesen Rollen musste man bringen, und ich quälte mich also mit Egmont. Nach der Eignungsprüfung riet man mir für das alles entscheidende Aufnahmevorsprechen, für das man drei unterschiedliche Rollen vorbereiten musste, lieber den aufstrebenden Unterstaatssekretär Sir Robert Chiltern aus Oscar Wildes »Ein idealer Gatte« zu spielen, der wegen einer Jugendsünde erpresst wird und um seine gesellschaftliche Stellung bangt. Diesen leidenschaftlichen Kampf um Ansehen und Karriere konnte ich besser nachempfinden. An meiner Arbeiterfigur Heinz B. aus »Der Lohndrücker« von Heiner Müller hatten die Prüfer nichts auszusetzen. Panse hatte mir die Rolle empfohlen. »Ein Vertreter der Arbeiterklasse muss sein, und Müller ist ein Geheimtipp.« Mir war Müller bis dahin unbekannt gewesen, wie überhaupt die meisten kritischen DDR-Dramatiker. Aber wie sich ein Arbeiter bewegte, wie er zupackte, wie er fluchte, das hatte ich am eigenen Leibe während meiner Ausbildung zum Maschinenbauer erfahren. Am überzeugendsten aber war ich wohl mit der Figur des Oswald aus Ibsens »Gespenster«. »Mutter, gib mir die Sonne!«, fordert Oswald im Endstadium der Syphilis in einem verzweifelten Aufschrei gegen den kleinbürgerlichen Mief seiner verlogenen Familie. Auch ich hoffte, die erstickende Liebe meiner beiden Mütter hinter mir lassen zu können und eine abenteuerliche Zukunft vor mir zu haben.

Retter in höchster Not

»Bist du krank?«, fragte besorgt Gerd Staiger, mein Dozent für Szenenstudium. »Wir haben doch lange genug probiert.« Ich stand wie versteinert in meinem schwarzen Priestergewand, das ich mir aus dem Kostümfundus der Filmstudios besorgt hatte, und schaute in die ratlosen und gelangweilten Gesichter der Dozenten. Offensichtlich hatte ich sie mit meiner ersten Vorspielrolle zum Ende des Probesemesters als Pater in Max Frischs »Andorra« von meiner schauspielerischen Entwicklung nicht überzeugen können. Ich hätte es eigentlich wissen müssen, denn von Beginn der Proben an hatte sich alles in mir gegen das bigotte Geschwafel dieser Priesterfigur gesträubt. Mir war dazu nichts weiter eingefallen als Spielbein, Standbein, sonore Stimme, gefaltete Hände. Da ich die Katastrophe auf mich zurollen sah, hatte ich den Regiedozenten gebeten, mit mir eine andere Rolle einzustudieren. Doch Staiger hatte stur auf den Pater bestanden. »Keine erkennbaren Fortschritte!« Werner Wieland, unser Professor für Improvisationsstudien, winkte mich von der Bühne. Durchgefallen. Ich hatte im wichtigsten Fach versagt. Und da ich noch in der Probezeit war, drohte mir damit die Exmatrikulation.

Was hatte ich falsch gemacht? Voller Begeisterung hatte ich mich seit Monaten in dieses Studium gestürzt, war täglich um sechs Uhr dreißig aufgestanden, mit dem Fahrrad durch den Babelsberger Park zum Reitstall gefahren, hatte mein Pferd gestriegelt, seine Hufe gesäubert und pünktlich um acht unter Anleitung von »Schnarri«, unserer Reitlehrerin, auf dem Parcours meine Runden gedreht. Danach begannen die Vorlesungen und Seminare in Geschichte, Englisch, Russisch und Französisch, Ästhetik bei Dr. Korn, der uns tödlich langweilte und so wenig Ästhetisches an sich hatte, da ihm beim Reden

zwischen Ober- und Unterlippe immer Fäden von geronne-
nem weißem Speichel hingen. Zum Glück gab es amüsantere
Dozenten, zum Beispiel unsere Sprecherzieherin »Asbach
uralt«, die humorvolle, über siebzigjährige Ilse Anspach, die
eine filterlose Zigarette nach der anderen rauchte. »Wap! wep!
wip! wop! wup!«, schleuderte ich durch den winzigen Sprech-
erziehungsraum, in dem ich wegen des dichten Qualms kaum
Luft bekam. Während sie, mit dem Rücken zu mir am Fenster
stehend, in den Himmel schaute und meine Anstrengungen
mit kritischen Bemerkungen hustend kommentierte. Hin
und wieder stellte sie sich mit der Zigarette im Mund hinter
mich, legte ihre Hände auf meinen Bauch und sagte: »Und
jetzt mehr Spannung hier unten, Winfried!« So lernte ich reiten, sprechen, fechten, jonglieren, Tennis spielen, Motorrad,
LKW und Ski fahren, sogar segeln.

Einige Tage nach meinem Vorspieldesaster kam ein kleiner
drahtiger Mann auf mich zu, den ich bisher kaum wahrgenommen hatte. Fritz Marquardt, ein hagerer Typ mit buschi-
gen Augenbrauen über tiefschwarzen Augen und einem ver-
wegenen Schnurrbart auf der Oberlippe. Er unterrichtete seit
ein paar Wochen Schauspiel und bereitete gerade sein erstes
Szenenstudium vor. Ich hatte ihn unter den Prüfern gesehen.
Stumm, aber aufmerksam hatte er mit den Fingern ständig
die Enden seines schwarzen Schnurrbartes gezwirbelt und dabei nasale Schnaufgeräusche von sich gegeben. »Dein Vorspiel
war grauenvoll, aber komm morgen um drei auf die Probebühne«, nuschelte er.

Marquardt rettete mich. Ich spielte den Clown Psylus in
»Alexander und Campaspe« von John Lyly, einer Komödie
aus dem sechzehnten Jahrhundert, mit einem spitzen weißen
Hut auf dem Kopf, roten Backen, einen neunmalklugen Bes-
serwisser, in Worten kühn, in Taten feige, der dafür immer
eins draufkriegt. Diese tragikomische Figur machte mir vom
ersten Moment an Spaß. Ich spielte mein Scheitern – was mir
in der damaligen Situation nicht schwerfiel – und das überzeugte die Dozenten bei der Abschlussprüfung, die endgültig

darüber entschied, wer die Hochschule verlassen musste. Sie hofften, dass ich zumindest auf gestisch-komödiantischem Gebiet entwicklungsfähig war.

Ich hatte nie einen Vater gesucht, doch in Fritz Marquardt hatte ich einen gefunden. Er förderte und forderte mich und nahm mich an, wie ich war. In der Arbeit mit ihm entdeckte ich, dass mir eine Rolle nur gelingt, wenn sie mich leidenschaftlich interessiert und berührt. Marquardt war der erste Regisseur, der mir wirklich vertraute, der meine Schwächen ertrug und mir meine Stärken bewusst machte. Wie bei einem Bildhauer entstanden unter seiner behutsamen, manchmal auch brutalen und ungeduldigen Regiearbeit plastische Figuren, deren Wesen man auf den ersten Blick verstand, da er sie aus ihren familiären und sozialen Bindungen heraus entwickelte. »Mit einer Geste kann man mehr zeigen als mit zehn Sätzen«, lehrte er uns und war genauso karg mit seinen eigenen Äußerungen. Seine Art zu inszenieren erinnerte mich an Figuren von Barlach, holzschnittartig und mit hintergründigem Humor. Er selbst sah aus wie ein Waldschrat, zeitlos – nicht jung, nicht alt. Damals wie heute.

Marquardt forderte bedingungslose Hingabe, bei der es nie ein Ende, nie ein schnelles Ergebnis gab. Er lobte sparsam und war fast immer unzufrieden. Wenn ihm doch etwas gefiel, hörte man es an seinem Schnaufen. Er fühlte mit der Nase. An der Schattierung seiner Laute konnte ich den Grad seiner Zustimmung erkennen. Die höchste Form des Lobes war der Anflug eines Lächelns in seinen Augen. Marquardt kämpfte zäh um jede Schattierung unserer Figuren, die nie etwas Beliebiges, sondern immer etwas mit seiner oder unserer Biographie zu tun hatten.

Das Kuriose ist, dass ich meine Rettung an der Hochschule der Ungnade verdankte, in die Marquardt – mit so vielen anderen Künstlern – Mitte der sechziger Jahre wegen des berüchtigten 11. Plenums gefallen war. Die Kulturbonzen um Erich Honecker forderten »unverrückbare Maßstäbe der Ethik und Moral«. »Ewiggestrige«, die die Steine und nicht die Blumen auf dem Weg des Sozialismus zum Kommunismus sähen, nur die Fehler, Mängel und Schwächen zählten, sollten aus dem Kulturbetrieb, aus Literatur, Theater, Film, Malerei und Musik entfernt werden. So wurde neben vielen anderen Frank Beyers und Manfred Krugs Meisterwerk »Spur der Steine« nach wenigen Vorstellungen aus dem Verkehr gezogen – und Fritz Marquardt als Chefdramaturg des Parchimer Theaters entlassen.

Peter Kupke, der Oberspielleiter des Potsdamer Theaters und gleichzeitig unser Fachrichtungsleiter Schauspiel war, hatte Fritz Marquardt daraufhin eine Dozentenstelle angeboten. Da wir Studenten von einer Handvoll in der Theaterpraxis gescheiterter Schauspieler, Dramaturgen und Regisseure gequält wurden, kam uns das sehr gelegen. Mit Marquardt wehte plötzlich ein frischer Wind durch die vermiefte Fachrichtung, und es entstanden atemberaubende Inszenierungen. Auch in meiner Freizeit kam ich Marquardt bald näher. Oft lud er mich, meinen ehemaligen Babelsberger Studienkollegen Berndt Renne und Dieter Montag, dessen trockenen und direkten Humor ich bewunderte, zum Angeln auf dem Mittenwalder See ein. Marquardt hauste dort spartanisch in der Dachbodenwohnung eines Bauernhofs. Mit ihm im Schlauchboot zu sitzen, stundenlang aufs Wasser zu schauen und auf einen Aal oder Hecht zu lauern, war ein Vergnügen. Als es mir gleich beim ersten Angelausflug nicht gelang, einen knapp einen Meter großen Hecht aus dem Wasser zu ziehen, sprang er in voller Montur in den See, packte den Hecht hinter den Kiemen und schleuderte ihn ins Boot, glücklich, aber etwas grimmig, dass nicht er diesen Fang gemacht hatte. Wenn es keine Regenwürmer gab, weil es wochenlang zu trocken war, wühlte Marquardt mit dem Spaten und bloßen Händen im Misthaufen oder rammte zwei Eisenstäbe in die Erde und legte an sie jeweils 220 Volt an, woraufhin die Würmer panisch nach oben krochen und nur noch eingesammelt werden mussten. Ebenso radikal in der Methode inszenierte er auch, gnadenlos kehrte er das Unterste zuoberst, ohne Rücksicht auf Schmerz oder Verluste.

Ab 1967 verbesserte noch ein anderer hochbegabter Zweifler, der Lyriker, Übersetzer und Regisseur B. K. Tragelehn, das Klima unserer Schauspielfachrichtung. Sechs Jahre zuvor hatte man dem ehemaligen Meisterschüler Brechts mit der Inszenierung von Heiner Müllers »Die Umsiedlerin« an der Karlshorster Hochschule für Ökonomie konterrevolutionäre Absichten unterstellt. Er bekam Inszenierungsverbot und wurde als Bandwärter für ein Jahr in den Braunkohletagebau nach Klettwitz verbannt. Mich reizte es, mit Tragelehn Szenen aus Heiner Müllers Stück »Der Bau« zu erarbeiten, das Müller nach Erik Neutschs »Spur der Steine« geschrieben hatte. Frank Beyers Film hatte ich im Juni 1966, bevor er verboten wurde, bei seiner Premiere in Potsdam gesehen. Kurz zuvor hatte ich Müller während eines Seminars kennengelernt, zu dem Fritz Marquardt seinen Dramatikerfreund eingeladen hatte. Diese Begegnung war meine erste Aufklärungsstunde über die kulturpolitischen Zusammenhänge der DDR gewesen.

Bis dahin waren für mich das 11. Plenum und das NÖSPL (»Neues ökonomisches System der Planung und Leitung«) nur Schlagzeilen in der Zeitung gewesen, die ich ohnehin ignorierte. Mir gefiel das Stück um diesen subversiven Bauarbeiter, der kein Blatt vor den Mund nahm und den kleinkarierten Ideologen handfest entgegentrat, der mit anderen Worten genau das tat, was ich mir nicht zutraute. Ich war zu diesem Zeitpunkt nicht nur körperlich, sondern auch politisch zu unreif. Ganz anders als einige meiner Mitstudenten, wie der aufmüpfige Roland Bischoff oder Thomas Brasch, dessen Vater nach der Rückkehr aus der Emigration stellvertretender Minister für Kultur wurde. Brasch war viel umfassender informiert als ich über die politischen Vorgänge und Hintergründe, was sein kritisches Verhältnis zur DDR bestärkte. 1968 solidarisierte er sich mit den Ideen des Prager Frühlings und saß dafür in Untersuchungshaft. Diese beruhigende Gewissheit, dass einem – egal, was man tut – am Ende geholfen wird, hatte ich nie.

Und nun brachte B. K. Tragelehn – dieser sinnenfreudige Mensch, der wie der junge Brecht in Lederjacke und Schiebermütze herumlief, gut und gern aß (am liebsten Schweinshaxe mit Pommes) und die Frauen liebte – mit seinem ansteckenden Lachen mein diffuses Weltbild vollends durcheinander. Obwohl er nie studiert hatte, war er ein hochgebildeter Mann, der zusammen mit seiner Frau Christa Shakespeare übersetzte. Er klärte mich auf, dass etwas faul war im Staate DDR. Zum ersten Mal hörte ich von den sowjetischen Schauprozessen und den Straflagern und dass Stalin alles andere als ein gütiger Menschenfreund gewesen war, wie mein Großvater mir immer erzählt hatte, sondern ein schonungsloser Pragmatiker, skrupelloser Stratege und Verbrecher. Tragelehn und Marquardt gaben mir eine Vorstellung davon, wie eine marktunabhängige, klassenlose Gesellschaft wirklich funktionieren könnte. Und dass es die Aufgabe der Kunst sei, Fragen zu stellen und keine vorgegebenen Antworten zu illustrieren. Ihr Enthusiasmus und ihre tiefe Ernsthaftigkeit faszinierten mich, trotzdem brachte ich in manchen Momenten nicht den Mut auf, meinen Protest zu artikulieren.

Es war im Frühjahr 1968. Roland Bischoff hatte wie Thomas Brasch während der Leipziger Dokumentarfilmtage gemeinsam mit dem Filmemacher Joris Ivens eine Resolution unterzeichnet, um gegen den Einmarsch der sozialistischen Bruderarmeen in Prag zu protestieren. Sein österreichischer Pass, den er sich schon einige Jahre zuvor in der österreichischen Botschaft besorgt hatte, nahm die Partei- und FDJ-Leitung der Hochschule zum Anlass, einen Schauprozess zu veranstalten. Bischoff sollte aus der FDJ ausgeschlossen und exmatrikuliert werden. Bei diesem ersten politischen Verfahren, das ich hautnah miterlebte, gab es eine Abstimmung, wer diesen Ausschluss befürwortete, wer dagegen war und wer sich der Stimme enthielt. Wie gelähmt verfolgte ich das Geschehen, unfähig, aber auch unwillig, eine Position zu beziehen. Mir war klar, dass eine Solidaritätsbekundung für Bischoff an seiner Situation nichts geändert hätte, wohl aber an meiner, wie viele Künstler und Intellektuelle später bei der Biermann-Affäre am eigenen Leibe erfahren haben.

1. Winfried im Kinderheim,
Berlin-Hermsdorf 1946

2. Hochzeit der Großeltern, 1920

3. Die Eltern, Ellen und Franz Glatzeder, 1942

4. Berlins Bürgermeister Friedrich Ebert jr. (Mitte), Großvater Gustav-Adolf Werner (rechts), Großmutter Ellen (2. Reihe, links) und Winfried (ganz links) bei der Wiedereröffnung des Märchenbrunnens, 1951

5. Mit der geliebten Großmutter Ellen,
1954

6. Mutter Ellen, 1956

7. Großmutter Ellen, 1956

8. Ganz Rüpel ...

9. ... und ganz brav, Ende der fünfziger Jahre

10. Jugendweihe, 1960

11. Allein unter Frauen, Schulweihnachtsfeier 1961

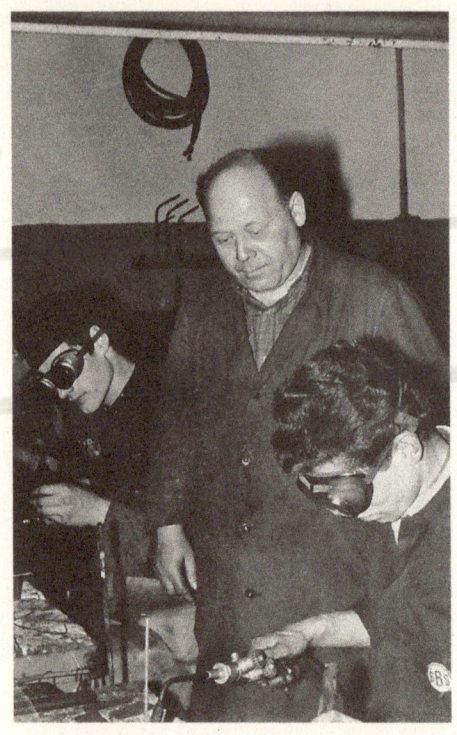

12. Maschinenbaulehre im VEB Kühlautomat, 1963

13./14. »Dienstfahrzeuge«: Winfrieds DKW und Ellens Simson

15. Mit Fritz Marquardt im HFF-Abschlussfilm »Der Onkel ist tot«, 1966

16. Marion, 1966

17. Als Géronte in »Die Gaunerstreiche des Scapin«, 1967

18. »Spur des Falken«, links Hanjo Hasse, Mitte Fritz Marquardt
1967

Rosskur Provinz

Parchim, Mecklenburg, Blutstraße 16. Hier hatten schon Marquardt und Tragelehn ihre Ideen von modernem Theater realisieren wollen. Die wenigen Aufgeschlossenen unter den Einheimischen hatten sich die unkonventionellen Inszenierungen neugierig angesehen, aber schon nach kurzer Zeit waren die Vorstellungen halbleer. Nur einmal im Jahr füllte das Weihnachtsmärchen das Parkett bis auf den letzten Platz.

Damit wir Studenten der Filmhochschule uns nicht zu kapriziösen Egozentrikern entwickelten, schickte uns der erfahrene Theaterpraktiker Kupke während des Studiums für ein paar Wochen in den real existierenden Theateralltag. Nicht zum Spielen – dieser Teil seiner pädagogischen Rosskur folgte erst später –, sondern erst einmal nur zum Hospitieren. Es war das Beste, was er uns antun konnte, um uns jede Illusion zu nehmen und uns ein weiteres Mal auf Herz und Nieren zu prüfen, ob wir den Beruf des Schauspielers später wirklich erleiden wollten.

In Parchim hatte Marquardt von 1963 bis 1965 als Chefdramaturg gearbeitet. Dieses Theater hatte sich von einer »Bunten Bühne« der Nachkriegszeit mit Schauspiel, Kunstradfahren, Turnen und Bällen im ehemaligen »Hotel Moltke« Anfang der sechziger Jahre zu einer Experimentierbühne und nach dem Kahlschlag des 11. Plenums zu einem Schleudersitz für Regisseure entwickelt. In der Ruhe nach dem Sturm sorgte ab 1967 der Regisseur Piet Drescher wieder für solides klassisches Bildungstheater, wonach den bäuerlichen Zuschauern nach einem Zehnstundentag auf dem Feld genauso wenig der Sinn stand wie nach den Experimenten zuvor, da konnten sich die Schauspieler die Seele aus dem Leib spielen.

Eine besondere Herausforderung war es, wenn das Ensemble

auf Tournee ging und die Kulturhäuser und Gasthöfe auf dem platten Land bespielte – Knochenarbeit für die Schauspieler. Türen klappten während der Vorstellung auf und zu, Bierhumpen fielen um, Frauen schrien auf, man lachte, mal an den richtigen, mal an den falschen Stellen, Hauptsache, die Veranstaltung war bald vorbei, damit danach richtig getrunken werden konnte. Mitleidig schauten die Bauern nach der Vorstellung den Künstlern hinterher, die todmüde den Gasthof verließen und in den Bus stiegen, der sie nach anderthalb Stunden wieder im Parchimer Theater ablud. Dort ertränkten die erschöpften Schauspieler und Techniker in der Kantine ihren Frust in Bier und Schnaps, fielen gegen halb drei mit bleiernen Gliedern ins Bett und standen um neun wieder auf, um die laufenden Proben der nächsten Inszenierung über sich ergehen zu lassen. Am Nachmittag stand wieder der Bus vor dem Theater. Durchhalten ließ einen nur die verzweifelte Hoffnung, dass eines Tages das Telefon klingelt und man zu einem Vorsprechen an ein Berliner oder ein anderes größeres Bezirkstheater eingeladen würde, damit die Folter der Provinzbühne endlich der Vergangenheit angehörte. Doch nur für wenige erfüllte sich dieser Traum. Die meisten der vielleicht einstmals begabten Schauspieler ergaben sich nach einigen Jahren dem Alkohol und versanken resigniert in kraftloser Routine. Diese Qualen eines Provinzschauspielers in Parchim mit ansehen zu müssen saugte mir jegliche Kraft aus den Gliedern, und ich schwor mir: Du gehst niemals an ein Kleinstadttheater.

Drei Jahre später, im September 1969, landete ich am Hans-Otto-Theater in Potsdam und war glücklich, dieses Engagement überhaupt bekommen zu haben. Peter Kupkes Parchimer Rosskur hatte mir den Bandwurm der Spielleidenschaft nicht austreiben können, zwar fielen ihr ein paar Glieder zum Opfer, aber der Kopf blieb. Meine erste Rolle war der Räuberhauptmann in einem Weihnachtsmärchen, mit dem ich in der Adventszeit vierundsechzig Mal von einem Dorf zum anderen gekarrt wurde. Um zehn begann die erste Vorstellung, um zwei die nächste und um fünf die letzte. Zwischen den Aufführungen blieb ich gleich auf der Bühne und lag wie gelähmt auf einer Holzpritsche, vollkommen erschöpft und genervt von diesem lärmenden Haufen Kinder, die während der Vorstellung durch den Saal liefen und schrien, die Mädchen neckten, heulten, mit Bonbonpapier knisterten und nur ab und zu unserem verzweifelten Spiel folgten.

Zwei Jahre blieb ich am Hans-Otto-Theater in Potsdam. Mit Marquardt und Tragelehn hatte ich dort schon während des Studiums auf der Bühne gestanden. Fritz Marquardt besetzte mich in seiner Hochschulinszenierung von Molières »Die Gaunerstreiche des Scapin« (in der Übersetzung von Tragelehn) als Geronte, ein hinterhältiger Geizkragen, der seine Tochter gegen eine schöne Mitgift unter die Haube bringen will. Bei dieser Aufführung im Stil der *commedia dell'arte* bauten wir Studenten wie das fahrende Volk längst vergangener Zeiten vor der Vorstellung selbst das Bühnenbild auf. Wenn die Vorstellung beginnen sollte, waren wir bereits schweißgebadet, und anschließend bauten wir bis in die Nacht hinein alles wieder ab. Das war zwar erbarmungslos, wir spürten jeden einzelnen Knochen, doch trotzdem waren wir glücklich, denn die Zuschauer feierten uns überschwänglich. Es gelang uns sogar, die aus Berlin angereisten, als borniert verschrienen Studenten der dortigen Schauspielschule zu begeistern, während ihre Dozenten uns – vermutlich aus pädagogischen Gründen – als grimassierende Marionetten aburteilten. In Schöneweide legte man bei der Rollengestaltung Wert auf eine konsequente Psychologisierung im Stile Stanislawskis. Unser Spiel stand eher in der Tradition des russischen Theatertheoretikers Meyerhold, des polnischen Experimentalgurus Jerzy Grotowski und des *teatro piccolo* von Giorgio Strehler.

Figuren von clownesker Einfachheit wurden meine Spezialität. Vor allem zusammen mit Tragelehn erarbeitete ich eine meiner Lieblingsrollen, die auch in meine Hochschulabschlussarbeit über Shakespaeres Clowns einging: den Lanz in »Zwei Herren aus Verona«. Ein »Schulbeispiel« solle dieser mosaikartig zusammengesetzte Lanz werden, »bei dem die größten Clowns Pate gestanden haben«, lobte überschwänglich eine Kritik, was möglicherweise meinem selbstgebastelten Papphund zuzuschreiben war. Er konnte dank eines Tricks auf einer von mir vorher bestimmten Stelle einen Haufen machen, den ich aus zwei zerknüllten und in Kakao eingeweichten Exemplaren des »Neuen Deutschland« geformt hatte.

Teil meiner praktischen Abschlussarbeit war auch der Narr Probstein in Heiner Müllers Übersetzung von »Wie es euch gefällt«, gehorsam katzbuckelnd am Hofe, aber eitel und großmäulig, sobald er seine Herren in der Ferne weiß. Leider war der Aufführung kein langes Leben vergönnt. Sie wurde wegen der »obszönen« Inszenierung, insbesondere der drastischen Kostüme Ilona Freyers, schon nach kurzer Zeit verboten. Was heute völlige Normalität ist, war damals ein Skandal: Stanzblech vom Schrottplatz als Königskrone, Kleider aus Plastikfolien, Metalltrichter, die zu Brüsten, Fußbälle, die zu Hinterteilen umfunktioniert worden waren, all das war in den Augen der sozialistischen Kulturästheten vom Klassenfeind kopierter, »dekadenter Müll«, den man »unseren Werktätigen« nicht zumuten dürfe. Tragelehns wie Marquardts grotesk-entlarvendes Spiel, ein Abbild der ebenso grotesken DDR-Spießigkeit, war kein »gepflegtes Konversationstheater« mehr. Hier konnten wir die sozialen Verwerfungen der Gesellschaft im subversiven Gewand des Narren auf der Bühne bloßstellen, die Zuschauer auf das dünne Eis des entwickelten Sozialismus führen und – einbrechen lassen.

Über den Mut zur Feigheit

»Ich bin schwanger.«

»Was?!«

»Wir bekommen ein Kind, Winne!«

Mein Magen krampfte sich zusammen. Kraftlos ließ ich den Hörer fallen und lehnte meinen Kopf gegen die trübe Scheibe der stickigen Telefonzelle. Ich war einundzwanzig, meine Freundin zwanzig. Wir kannten uns erst seit drei Monaten und hatten die Sommerferien auf einem Spreewaldkahn verbracht. Ein romantischer Urlaub, mein erster überhaupt mit einer Frau. Er war aufregend und unbeschwert, obwohl uns die zahllosen Mücken plagten. Danach war sie in ihre kleine Stadt nach Mecklenburg zurückgefahren, und seitdem hatten wir uns nicht wiedergesehen. Ich hatte mich hin und wieder gern an sie erinnert, aber verliebt? Nein, verliebt war ich nicht.

Ich nahm den Hörer wieder auf. »Willst du jetzt wirklich ein Kind?!«, fragte ich.

Meine Freundin schwieg, was auch eine Antwort war. Vor mir tat sich ein Abgrund auf.

Ein Kind. Nein. Das wollte ich auf gar keinen Fall! Wenn mich damals etwas wirklich interessierte, dann war es mein Studium. Im zweiten Studienjahr hatte ich gerade die erste Chance bekommen, mich in einer Inszenierung zu beweisen. Nicht im Traum dachte ich an eine feste Beziehung. Schon bei dem Gedanken daran überrollte mich eine Welle von Angst und Panik. Jetzt, wo ich endlich der mich allzu umklammernden Umarmung meiner beiden Mütter entronnen und in meiner Unabhängigkeit glücklich war, sollte ich die Last der Verantwortung für eine Familie übernehmen? Obwohl ich wusste, dass eine Frau mit einem unehelichen Kind in einer Kleinstadt Mitte der sechziger Jahre wie eine Aussätzige behandelt wurde, konnte ich mir nicht im Entferntesten vorstellen, sie zu heiraten.

Eindringlich flehte ich sie an, das Kind abtreiben zu lassen, was nur in Polen gegen Bezahlung möglich war. Aber meine Freundin wollte das Kind und auch die Heirat. Ihr Vater, ein hoher Funktionär, dessen verächtlicher Blick mich schon bei der Verabschiedung in den Urlaub getroffen hatte, als würde ich seine Tochter, die sein Ein und Alles war, auf die Osterinseln entführen wollen, lud mich zu einer Aussprache vor.

»Ich fordere Sie auf, wenigstens Ihrer moralischen Verantwortung gerecht zu werden«, sagte er kalt. »Und wenn Sie meiner Tochter noch einmal vorschlagen, das Kind abtreiben zu lassen, zeige ich Sie an!«

Kurz nachdem das Kind geboren wurde und ich im Gericht die Vaterschaft anerkannt hatte, heiratete meine Sommerliebe einen Offizier der DDR-Grenztruppen und zog mit ihm in ein Siedlungshaus im Sperrgebiet unweit der Mauer. Ich sah den Jungen ein einziges Mal während seiner Kindheit. Da ich den für das Betreten des Grenzgebietes nötigen Passierschein nicht hatte, schlich ich mich in der Dämmerung zu dem Haus meiner Exfreundin und beobachtete meinen Sohn beim Spielen. Dass ich sein Vater sei, sagte ihm seine Mutter erst, als er zwölf Jahre alt war.

Erst 1992 begegneten mein Sohn und ich einander – zufällig in einem Westberliner Kaufhaus. Wenn mein Sohn mich nicht aus dem Kino gekannt hätte, wären wir aneinander vorbeigelaufen. Er war fünfundzwanzig, älter als ich bei seiner Zeugung. Verlegen schwiegen wir uns an, beobachtet von seinen Freunden, die neugierig hinter ihm standen. Worüber sollten wir reden? Er war mir fremd und ich unsicher, was diese Begegnung für uns bedeuten könnte. »Vielleicht gehen wir mal ein Bier trinken?«, fragte mein Sohn schließlich. Ich nickte und wusste doch, dass wir es nie tun würden.

Man nennt mich Belmondo

Ich lag in den Armen von Marion, meiner neuen Freundin, von der ich mich alle drei Monate trennte, um dann doch wieder nach stürmischen Versöhnungen in ihrem Bett zu landen – als es an der Tür Sturm klingelte. »Hast du was verbrochen?«, fragte ich Marion. »Das klingt ja, als stünde die Polizei vor der Tür.«

Es war meine Mutter, die ganz in der Nähe wohnte. Als Marion aufmachte, stürzte sie an ihr vorbei ins Zimmer und schrie mit ihrer kurzatmigen Stimme: »Das Potsdamer Theater hat angerufen. Sie warten auf dich. Puntila! In einer halben Stunde geht die Vorstellung los.«

Ich wurde bleich, denn ich hatte diese Vorstellung vollkommen vergessen. Und das zu Beginn meines Engagements am Potsdamer Hans-Otto-Theater, in meiner ersten Rolle als Kellner in Brechts »Herr Puntila und sein Knecht Matti«. Obwohl ich wusste, dass ich es zum Beginn der Vorstellung unmöglich schaffen konnte, da der Weg (damals musste man noch mit dem Sputnik halb Westberlin umrunden) mehr als zwei Stunden dauerte, fuhr ich sofort los.

Als ich am Theater ankam, stand Peter Kupke ganz allein vor dem Bühneneingang und lächelte mild: »Na, Herr Glatzeder, das wird teuer!« Man hatte den Regieassistenten in mein Kostüm gesteckt und die Vorstellung begonnen. 150 Mark zahlte ich für die Umbesetzung. Eine Menge Geld, wenn man nur 375 Mark im Monat verdient. Doch Schaden macht nicht immer klug. Beim nächsten Mal war das Ganze schon teurer. Ich hatte gerade an der Volksbühne begonnen und spielte meine erste Hauptrolle, den Flieger Yang Sun in »Der gute Mensch von Sezuan«. Diesmal stand Benno Besson vor dem Bühneneingang. »Sie kommen zu spät, Herr

Glatzeder! Wir haben eine Stunde auf Sie gewartet und mussten die Vorstellung absagen. Sie wissen, was das bedeutet?« Ich wusste es, eine Monatsgage Strafe. »1200 Mark«, sagte ich kleinlaut. So viel verdiente ich inzwischen. »Nein, Herr Glatzeder, 6000!« Besson sagte es leise, fast freundlich. »Sie müssen nur einen Teil der verlorengegangenen Einnahmen von 20000 Mark bezahlen«, fügte er hinzu. Seitdem gibt es noch einen Alptraum, der mich regelmäßig heimsucht. Ich renne verzweifelt durch ein großes Theatergebäude und finde durch das Labyrinth der Gänge den Weg zur Bühne nicht. Durch die Lautsprecher dröhnt die Stimme des Inspizienten: »Herr Glatzeder, wir warten! Ihr Auftritt!« Ich renne und renne und komme nicht an.

Geld war in den ersten Jahren meines Schauspielerlebens Mangelware. Ich hatte plötzlich weniger zur Verfügung als während meiner Studentenzeit, in der ich mein Stipendium – wie meine Kommilitonen auch – als Kleindarsteller und Kaskadeur in Kino- und Fernsehfilmen, die in den Babelsberger DEFA-Studios gedreht wurden, aufbesserte. 8000 Mark konnte man schon als Student bei der DEFA in einer Hauptrolle innerhalb von sechs Wochen verdienen. Das war eine geradezu utopische Summe für einen Studenten. Damals bekam ich 190 Mark im Monat. Davon gingen zehn Mark Miete ab und zehn Mark Essengeld für die Kantine. Als Leistungsstipendium bekam ich noch 30 Mark zusätzlich. Und in den Synchronstudios verdiente ich auch nicht schlecht. Wir Studenten synchronisierten oft Massenszenen, für die wir Hintergrundgeräusche – Ahs und Ohs, höhnisches Gelächter oder Schmerzensschreie – produzierten.

Einer meiner ersten Filme, in denen ich als Kleindarsteller mitspielte, war der erste DDR-Indianerfilm »Spur des Falken«, mit dem muskulösen Gojko Mitić in der Hauptrolle. Der Höhepunkt meines Auftritts war eine Szene, in der ich als verrückter besoffener Cowboy zusammen mit Fritz Marquardt im Saloon eine flotte Sohle aufs Parkett legte. Irgendwann begann eine wüste Prügelei, in deren Verlauf ich mit dem Gesicht in der Glut eines Kamins landete. Als Gaunerduo hatte ich mit Marquardt schon in Alfredo Lugos Abschlussfilm »Der Onkel ist tot« Erfahrungen gesammelt. Darin stahlen wir einer Leiche den Diamantring und flohen vor der wütenden Trauergemeinde durch den Park Sanssouci. Hierbei verdiente ich zwar kein Geld, aber es war meine erste nützliche Erfahrung, das spezielle Handwerk eines Filmschauspielers zu erlernen, den Umgang mit Regie, Kamera, Ton, Maske, Requisiten und Beleuchtung.

1969, zum Ende des Studiums hin, wurde meine schlaksige Gestalt zum ersten Mal dem Fernsehpublikum bekannt – mit dem Mehrteiler »Unbekannte Bürger« in der Regie von Ulrich Thein, in dem ich den Schauspielstudenten Belmondo spiele. In einer Rezension bescheinigte man dem Film »Poesie und Humor mit Mut zum Gefühl und außerordentlicher Lebensnähe« in der Darstellung der Jugend. Wichtige Fragen würden darin zur Sprache kommen: »zur sozialistischen Ehe und dem Arbeitsethos unserer jungen Generation«, ihren Heldentaten bei der Gestaltung der sozialistischen Wirklichkeit und der Herausbildung ihrer vollkommen entwickelten Persönlichkeiten zu Kämpfern für Sozialismus und Völkerfreundschaft. Als ich diese Kritik las, überkam mich das Gefühl, dass ich in einem ganz anderen Film mitgespielt hatte. Ich hatte mich in der Figur des Belmondo als ganz normalen jungen Mann empfunden, der offensichtlich aber als Typ dem Zeitgefühl entsprach. Seit diesem Film und dank meiner breitgeschlagenen Nase wurde ich von den Journalisten »Belmondo des Ostens« genannt.

Obwohl die Dreharbeiten mit Ulrich Thein für mich eine neue, abenteuerliche Erfahrung gewesen waren, fühlte ich mich auf der Bühne mehr zu Hause als vor laufender Kamera. Beim Film, in dem die Szenen ohne Rücksicht auf die Chronologie gedreht werden, ist man dem Regisseur bedingungslos ausgeliefert, der Einfluss auf das Gesamtergebnis ist viel geringer als beim Theater. Nicht zu vergessen das überwältigende Gefühl, wenn man nach einer gelungenen Vorstellung den Applaus entgegennimmt. Ich wünschte mir, eines Tages in ähnlichen Aufführungen mitspielen zu können, wie ich sie bewundert hatte: Bessons Inszenierungen am Deutschen Theater »Der Frieden«, »Ödipus«, »Tartuffe«, »Der Drache« und »Don Juan«. Ich bewunderte den unaufwendigen Humor des Komödianten Fred Düren und den etwas derberen Witz Rolf Ludwigs oder aber Wolf Kaisers süffisant-sinnliche Darstellung des Ganoven Mackie Messer. Das war für mich anspruchsvolles und unterhaltsames Theater zugleich!

1970 saß Karl-Heinz Müller, Chefdramaturg von Besson an der Volksbühne, im Zuschauerraum des Potsdamer Theaters. Ich spielte in Peter Kupkes Inszenierung von Gorkis »Nachtasyl« den heruntergekommenen, arbeitslosen Schauspieler, der in seinem Suff endlose Passagen aus »King Lear« oder »Hamlet« rezitiert – und zwar wahrhaftiger, als es ihm nüchtern je gelungen war. Ich war darin offensichtlich so glaubwürdig, dass Müller, der ein gutes Gespür für eigenwillige Charaktere hatte, nach der Vorstellung zu mir sagte: »Wenn Sie wollen, können Sie bei uns in der ›Weiberkomödie‹ einen Clown spielen. Fritz Marquardt wird Regie führen.«

Und ob ich wollte.

Die Frau meines Lebens

»Bis dass der Tod euch scheidet!« Die Standesbeamtin klappte ihre schwarze Mappe zu und schaute uns besorgt an, nachdem sie uns die Zehn Gebote der sozialistischen Moral vorgebetet hatte. Marion in ihrem selbstgestrickten weißen Kleid, das ihr nur knapp über den Po reichte, stand klein und zerbrechlich, aber kerzengerade neben mir. Damit ich nicht wie in einer schlechten Inszenierung entrüstet hinausrennen konnte, hielt sie meine Hand fest. Zum Glück hatten wir zu diesem bürokratischen Verwaltungsakt niemanden eingeladen. Als wir später vor das Eingangsportal des Lichtenberger Rathauses in das Licht der warmen Maisonne traten, konnte ich endlich wieder atmen. Wir hatten es hinter uns. Mit ihrer grenzenlosen Geduld hatte Marion mich die Angst vor einer festen Bindung vergessen lassen. Erlöst schaute ich auf sie herab. »Sind wir jetzt wirklich verheiratet?« Sie nickte, aber ihre bernsteinfarbenen Augen blickten traurig. Ich wusste, dass sie sich eine große, turbulente Hochzeit mit vielen Gästen gewünscht hätte. Auf Partys war sie immer der singende und tanzende Mittelpunkt, während ich verloren in einer Ecke saß, da ich mit all den Menschen um mich herum nichts anfangen konnte und mir meist wie ein verschrobener Einsiedler vorkam.

»Warum hast du mich Ungeheuer geheiratet?!« Ich musste Marion diese Frage stellen, zu kurios war mir der Hochzeitsakt erschienen. Ihre Antwort klang fest und entschlossen: »Weil ich eine hoffnungslose Romantikerin bin und dich leider liebe!« Und plötzlich schrie sie laut auf. »Mama!«, sie riss sich von mir los und fiel ihrer Mutter, deren blonden Dutt sie hinter mir auf der anderen Straßenseite am Zeitungskiosk entdeckt hatte, schluchzend in die Arme. Schlagartig wurde mir bewusst, dass ich ab sofort drei Müttern ausgeliefert sein würde: neben meinen beiden nun auch noch Marions Mutter, der resoluten Tochter eines früheren Großbauern und späteren LPG-Vorsitzenden.

Keine der drei Frauen, die auf so unromantische Weise ins Schwiegermutterdasein katapultiert wurden, war so recht glücklich an diesem Tag. Das von meinen beiden Müttern ausgerichtete Hochzeitsmahl empfand Marion jedenfalls als beschämend: Broiler, Bratkartoffeln, Rotkäppchensekt und saure Gurken. Ein subtiler Racheakt dafür, dass mich Marion ihrem mütterlichen Zwangskorsett nun endgültig entrissen hatte. Hätten wir in den folgenden Jahren unsere Ehe nicht konsequent vor unseren Müttern geschützt, wären wir heute wohl nicht mehr zusammen.

Ich hatte Marion im Januar 1967 kennengelernt, genau in der Zeit, als ich von meiner ungewollten Vaterschaft erfuhr. Sie gehörte zu einer Gruppe von Mädchen aus dem Potsdamer Lehrerbildungsinstitut, die sich in unseren Studentenclub wagten wie Gazellen in die Höhle des Löwen. Marion hatte etwas Zerbrechliches in ihrer androgynen Zartheit, ich bewunderte die enorme Energie, die von ihr ausging. Als ich später in »Die Legende von Paul und Paula« die Tanzszene spielte, in der sich Paul und Paula ineinander verlieben, dachte ich an den Abend unseres Kennenlernens im Studentenclub. Marion und ich tanzten jeder mit anderen Partnern. Doch plötzlich trafen sich unsere Blicke und die Welt um uns herum versank. Irgendwann setzte sie sich zu mir. Und ich erzählte ihr von der Misere, in der ich damals steckte. Marion verstand mich auf Anhieb. Meine offensichtliche Verzweiflung rührte sie. Da saß weder ein Don Juan vor ihr noch ein Casanova, sondern ein dürrer, ängstlicher, großer Junge, der sich dagegen wehrte, erwachsen zu werden.

Trotz aller Romantik, was ihre Liebe zu mir betraf, hatte Marion keine Illusionen. Sie kannte meine Abgründe, die den ihren ähnelten. Nur hatte sie sie besser verarbeitet. Wir waren beide Einzelkinder und ohne Väter aufgewachsen. Der eine starb an den Folgen des Konzentrationslagers, der andere an den Torturen des Kriegsgefangenenlagers. Unsere Mütter hatten beide an Lungentuberkulose gelitten und unserer frühen Kindheit nur aus der Ferne beigewohnt, da sie in wechselnden Sanatorien auf Genesung hofften, während wir das Trauma ständiger Einweisungen in Kinderheime durchlitten. Doch während ich menschenscheu, egozentrisch, zwanghaft ordentlich und in meiner Arbeit perfektionistisch wurde, entwickelte Marion sich zu einem aufgeschlossenen und humorvollen Menschen, der mit Chaos und Unordnung gut umgehen kann. Während ich lange im Voraus plane, um nicht in Panik zu verfallen, lässt sie alles gelassen auf sich zukommen und kann dann nächtelang bis zur Erschöpfung durcharbeiten. Wir sind grundverschieden und fühlen und handeln doch aus den gleichen Wurzeln heraus. Das ermöglichte uns von Anfang an ein Verstehen, das zu einem tiefen Vertrauen zueinander führte. Das ist vielleicht die beste Grundlage für eine lange währende Beziehung.

Es dauerte drei Jahre, bis ich bereit für diese Ehe war. Ich hatte mich schon mehrmals zuvor von Marion getrennt – endgültig, wie ich glaubte, noch ein halbes Jahr vor unserer Hochzeit. Doch immer wieder faszinierte sie mich mit ihrer Fröhlichkeit, ihrer Abenteuerlust und ihrer Unbeschwertheit. Ihr Einfallsreichtum war grenzenlos, sie nahm mich mit auf Erdbeerfelder und Kirschplantagen und kletterte lachend über den Zaun ins Grenzgebiet, wo sich die Hochschulgebäude befanden, um mit uns Studenten im Hochschulkino ausländische Filme aus dem Giftschrank des Politbüros zu sehen.

Eines Tages brachte Marion einen Weidenkorb mit ins Internat, aus dem sie fröhlich eine karierte Tischdecke, Kaffeegeschirr und einen selbstgebackenen Marmorkuchen auspackte, all das, was zu einem gemütlichen Familiensonntagnachmittag gehörte. Sie glaubte, ich Muttersöhnchen, für das sie mich trotz allem hielt, würde das in meinem Studentendasein vermissen. Ich war etwas irritiert, als wir uns dann bei Kaffee und Kuchen wie ein altes Ehepaar gegenübersaßen, und mich überfiel Panik. Ich sah mich in einer Einraumwohnung mit Kachelofen und Außentoilette bei dem vergeblichen Versuch, eine Rolle zu lernen, während im Kinderbett ein Baby schrie und Marion schwitzend in der Küche vor dem brodelnden Windelkochtopf stand. Vorbei Karriere, Abenteuer und glückliche Ungebundenheit. Nur noch Verpflichtungen, Geld verdienen, eine Familie ernähren. »Das will ich nicht«, sagte ich zu Marion, packte all ihr Geschirr, die Tischdecke und den Rest des Kuchens wieder in den Korb und sagte ihr, dass ich wieder etwas Abstand brauchte.

Ein halbes Jahr später – ich hatte gerade mein Studium beendet – saß ich allein in der engen Dachmansarde, meiner neuen Behausung in der Potsdamer Wilhelm-Pieck-Straße, einem drei Meter langen und drei Meter breiten Zimmer im zweiten Stock eines Hinterhofs mit schrägen, nicht isolierten Wänden und darüberliegendem Teerdach. Im Sommer litt ich unter 35 Grad Hitze und brauchte neben dem Bett einen Ventilator, um schlafen zu können. Während ich im Winter in den kleinen Kanonenofen ständig Kohlen schütten musste, um es gerade einmal 18 Grad warm zu haben. Ich spürte, wie der Wind durch die Ritzen des Putzes pfiff, und im Nebenraum gefroren mein Bier und das Wasser in der Waschschüssel.

Ich hatte viel im Theater zu tun, doch ich fühlte mich entsetzlich einsam. Marion fehlte mir, obwohl sie mir immer weiter geschrieben hatte. Ihre Briefe aus dem Rhinluch, wo sie ihre erste Stelle als Lehrerin angetreten hatte, klangen traurig. Wir sehnten uns nacheinander. Eines Tages, es war kurz vor Weihnachten, lud ich sie zu mir ein. Zwei Tage lang verließen wir das Bett nicht, und am Sonntagabend brachte ich sie wieder zum Busbahnhof. Wenige Tage später schrieb ich ihr in einem Brief, dass ich unsere Beziehung endgültig beenden müsse, die Gründe dafür würde ich ihr am nächsten Wochenende persönlich erklären. Nach diesem Treffen hörte ich nichts mehr von Marion. Ich war scheinbar erlöst. Doch bereits nach wenigen Wochen begann ich sie wieder zu vermissen, und nach zwei Monaten fehlte mir Marion so sehr, dass ich mich auf keine Arbeit mehr konzentrieren konnte. Keine andere Frau hatte jemals solche Sehnsucht in mir ausgelöst. Mir war plötzlich klar, dass ich das Kostbarste, was mir bisher in meinem Leben geschenkt worden war, von mir gewiesen hatte.

Im März – Marion war während der Frühjahrsferien bei ihren Eltern in der Nähe von Dresden – rief ich sie an:

»Magst du mich überhaupt noch?«

Schweigen. Es rauschte und knisterte in der Leitung.

»Was soll die Frage, Winne?«

Zwei Tage später trafen wir uns in Berlin. »Bitte lass uns ganz schnell heiraten«, sagte ich. Ich wusste jetzt, dass das für mich der einzige Weg war, um nicht immer wieder davonlaufen zu müssen.

»Bist du dir wirklich sicher?«

»Ja.«

Freud und Leid eines Hauptdarstellers –
»Zeit der Störche«

Fünf Monate später, im Sommer 1970, war Marion schwanger, und ich bekam meine erste Hauptrolle in Regine und Siegfried Kühns Kinofilm »Zeit der Störche«. Der Stoff – eine romantische Liebesgeschichte zwischen Christian, einem jungen Bohrarbeiter, und einer linientreuen Lehrerin, Kandidatin der SED – hatte bereits eine wechselvolle Geschichte hinter sich. Herbert Otto hatte Anfang der sechziger Jahre das Drehbuch verfasst, das die DEFA jedoch ablehnte. Daraufhin arbeitete Otto den Stoff in eine Erzählung um, die die Zensur des Kulturministeriums überstand und viele Leser fand. Die Drehbuchautorin Regine Kühn war fest davon überzeugt, dass die Geschichte dieses sinnlichen und respektlosen Aussteigertyps Christian, der in weißem Hemd und Lederjacke auf einem alten Motorrad durch die Gegend fährt und sich nimmt, was ihm gefällt, ins Kino gehört. Zusammen mit ihrem Mann Siegfried schrieb sie daraufhin ein neues Drehbuch.

Diesmal ließ die Studiodirektion der DEFA den Stoff durchgehen, obwohl der Bohrarbeiter Christian auch in dieser Drehbuchfassung nur an sein privates Vergnügen denkt, keinesfalls nach sozialistischen Moralprinzipien lebt und sich von niemandem bevormunden lässt – eine Neuausgabe von Manfred Krugs Balla aus »Spur der Steine«, der dem 11. Plenum zum Opfer gefallen war. Christian war ein unbekümmerter Individualist, der die privaten und gesellschaftlichen Bevormundungen nicht akzeptiert, aber nicht mit politischem, sondern mit innerem Anarchismus opponiert. In dieser Rolle fand ich viele meiner eigenen Sehnsüchte und Träume wieder. Christian glaubt nur an sich selbst und fordert das Recht ein, Fehler machen zu dürfen. Er ist ein »Blaublütiger«, wie ich die Kinder der DDR-Nomenklatura nannte, der als Sohn eines Mathematikprofessors mit Dienstvilla, Dienstboten und ohne jegliche Geldsorgen eine Kindheit verbracht hat, die auch ich gern gehabt hätte. Einer, der sich seine Rebellion gegen sein Elternhaus ebenso wie gegen die Macht des Apparates leisten kann. Denn wenn er in Ungnade gefallen wäre, konnte er sicher sein, dass er schon nach kurzer Zeit wieder auf die Füße fallen würde.

Dieser schlaksige, unkonventionelle Typ traf den Zeitgeist der frühen siebziger Jahre. Die Ära Ulbricht ging zu Ende, und eine neue Generation hatte die Hoffnung, selbst ihr Glück bestimmen zu können. Christian trug Jeans, eine abgewetzte Lederjacke, rauchte filterlose »Karo«, die damals stärkste Zigarettenmarke der DDR (ein übles Kraut, nebenbei bemerkt) und fuhr ein altes BMW-Motorrad. Nach Ansicht der ersten Filmmuster wurde Siegfried Kühn von der Studioleitung aufgefordert, die Attribute des sozialistischen Alltags zu benutzen – statt der BMW also ein MZ-Motorrad und »schicke« Jugendmode –, um das neue Lebensgefühl besser widerzuspiegeln. Kühn versicherte, diese berechtigten Einwände berücksichtigen zu wollen, ohne jedoch auch nur im Mindesten daran zu denken.

Beim Drehen genoss ich zum ersten Mal die Privilegien eines Hauptdarstellers. Nicht nur, was die Gage betrifft – immerhin fast 10 000 Mark für sechs Wochen Abenteuerurlaub. Ich wurde wie ein Star behandelt, ein Chauffeur brachte mich – meist nutzte ich die Fahrt für ein kleines Nickerchen – vom Drehort zum Theater und von dort zurück zum Hotel. Ich spielte parallel zu den Dreharbeiten in Potsdam »Nachtasyl«. Gleichzeitig hatten in Berlin an der Volksbühne die Proben zu »Weiberkomödie« begonnen. An den Theatern empfingen mich jedesmal lange Gesichter, denn man sah es nicht gern, wenn ein Kollege nebenher noch drehte.

Die Dreharbeiten für »Zeit der Störche« fanden in Rehbrücke, Torgau und in dem storchenreichen, mecklenburgischen Dorf Parey statt, wo man noch nie ein Filmteam gesehen hatte und uns wie Außerirdische bestaunte. Mir machte es Spaß, mich in den Drehpausen mit den Bauern zu unterhalten, die auf uns Schauspieler neugierig wie Kinder waren. Sie luden mich zu einem Schnaps in ihre Häuser ein, und zum ersten Mal sah ich, mit welcher leidenschaftslosen handwerklichen Meisterschaft ein Schwein geschlachtet, ausgenommen und zu Wurst verarbeitet wurde. Meine Filmpartnerin Heidemarie Wenzel lief schreiend davon, als sie das viele Blut und die dampfenden, herausquellenden Därme sah. Mich hingegen interessierte das alles brennend. Ich legte immer großen Wert darauf, meine Phantasie am realen Leben zu überprüfen, um meine Rollen mit der größtmöglichen Widersprüchlichkeit ausfüllen zu können. Schon Wochen vor Drehbeginn hatte ich die Produktionsleitung gebeten, mich für einige Zeit auf einem Bohrturm mitarbeiten zu lassen. Bis dahin hatte ich ja noch nicht einmal gewusst, dass in der DDR Öl und Gas gefördert wurde. Der auf der Bohranlage als Schichtführer arbeitende Peter Hick brachte mir in einem Schnellkurs alle wesentlichen Handgriffe bei und doubelte mich, sobald mir der Produktionsleiter angeblich lebensgefährliche Aktionen verbot, so zum Beispiel wenn man im Falle eines unkontrollierten Gasausbruchs aus fast zwanzig Metern Höhe an den Bohrturmgestängen entlang in die Tiefe rutschen musste, um sich in Sicherheit zu bringen. Mich beeindruckten diese Menschen, die sommers wie winters täglich in Schlamm, Gas, Erdöl, Zement, bei Kälte und Hitze, Regen und Wind schufteten und dabei ihren trockenen Humor bewahrten. Peter Hick war von der Zusammenarbeit mit unserem Drehteam so begeistert, dass er Jahre später seinen Bohrjob an den Nagel hängte und einer der meistbeschäftigten Stuntmen bei der DEFA wurde. Nach der Wende baute er gemeinsam mit seiner Frau die Störtebeker-Festspiele auf Rügen auf, für die er sogar das Bundesverdienstkreuz bekam.

Meine Neugierde trieb mich in den Drehpausen auch oft in verfallene Herrenhäuser oder auf die Dachböden der Bauern. So mancher überließ mir ein altes Möbelstück, das er für Plunder hielt, das für mich aber solide Handwerkskunst war und den Charme einer vergangenen Zeit hatte. Wie ein Detektiv suchte ich nach Messingbetten, Schaukelstühlen, Eichentruhen und Ledersesseln, wie meine Großeltern sie vielleicht einst in Zoppot besessen hatten. In einer Kneipe kaufte ich einem Wirt seinen alten Stammtisch mit klobigem, gedrechseltem Mittelfuß ab, den er zerhacken und verbrennen wollte. Jedes Stück, das ich in den folgenden Jahren während der Dreharbeiten entdeckte, hatte eine ganz besondere Geschichte, die mir die Vorbesitzer erzählten. Ich mag es bis heute, mich mit diesen Dingen und ihrer Vergangenheit zu umgeben.

Während wir für eine ganz bestimmte Szene wochenlang auf die Störche warteten, die sich Ende August zu Hunderten sammeln, um einen Monat später gemeinsam in den Süden zu fliegen, erfuhr ich neben den Privilegien auch die Leiden eines Hauptdarstellers. Schon nach wenigen Drehtagen glaubte ich zu spüren, dass mein Regisseur und meine Filmpartnerin Heidemarie Wenzel ineinander verliebt waren. Ich war irritiert und eifersüchtig. Ich wusste natürlich, dass zwischen jedem Regisseur und seinen Hauptdarstellern eine sehr intensive, beinahe liebesähnliche Beziehung aufgebaut werden muss, damit ein Grundvertrauen entsteht, das die extreme Öffnung und Preisgabe von Gefühlen vor einem dreißigköpfigen Team und ganz besonders der Kamera überhaupt erst möglich macht. Wenn aber am Drehort tatsächlich eine wirkliche Liebesbeziehung zwischen dem Regisseur und einem der Darsteller entsteht, tritt diese immer in eine höchst problematische Konkurrenz zur Arbeitssituation.

Damals entwickelte ich eine gewisse innere Aggression, vielleicht sogar Abneigung gegen meine Filmpartnerin. Vielleicht war es gerade diese besondere spannungsvolle Arbeitsbeziehung, die auf der Leinwand als brüchige und dennoch intensive Liebe ihre Wirkung entfaltete. Statt im Regisseur fand ich damals im Kameramann Erich Gusko einen Vertrauten, der mich darüber hinaus auch in die Möglichkeiten technischer Details einweihte, etwa dass man bei unterschied-lichen Objektivbrennweiten durch Abstufungen der Intensi-tät sein Spiel wirkungsvoll dosieren kann.

Wenn Marion, deren Bauch sich allmählich rundete, mich in Krempen besuchte – Momente, die ich immer sehnlichst herbeiwünschte – fiel ich dennoch in mich zusammen. Das schwangere, zarte Geschöpf wehte wie eine weiße Tüllgardine durch die mecklenburgische Landschaft, kaum in der Lage, sich seiner ständigen Übelkeit zu erwehren. Sosehr ich Ma-rion vermisste, war ich deshalb auch froh, wenn sie wieder ab-fuhr und ich mich allein auf die kraftraubenden Dreharbeiten konzentrieren konnte.

Am 3. September 1971 – dem Tag, als das Viermächte-Ab-kommen über Berlin unterzeichnet wurde, sechs Monate nach dem »freiwilligen« Rücktritt Ulbrichts – wurde »Zeit der Störche« erst einmal in einer internen Vorstellung gezeigt. Die Kulturbürokraten und Zensoren waren angetan und schickten den Film auf eine Premierenfahrt durch die DDR, nach Großenhain bei Dresden, Leipzig, Karl-Marx-Stadt und Rostock.

Meine erste Filmpremiere war die kurioseste meines ganzen Lebens. Zusammen mit neun Mitarbeitern vom Progress-Filmverleih hatten sich die Stadtväter von Großenhain etwas ganz Besonderes für die Delegation aus der Hauptstadt ausge-dacht. Ein Spreewaldkahn sollte uns an diesem kühlen, aber sonnigen Oktobertag vor dem abendlichen Premierenhöhe-punkt über den See auf eine kleine Insel bringen, wo für das ganze Team seit Stunden ein Wildschwein am Spieß röstete. Auf dem pontonähnlichen Boot begleiteten uns zwei Jäger mit Flinten, die unterwegs, zur Komplettierung des Menüs oder auch nur als kuriose Beigabe, Enten schießen sollten. Der Himmel war blau, und die Sonne ließ das Herbstlaub leuchten. Wie schön kann doch das Künstlerleben sein, dachte ich – in Gedanken schon bei dem kross gebratenen Schwein, das uns am anderen Ufer erwartete. Doch leider erreichten wir diese Delikatesse nie, denn schon nach zwanzig Metern kippte das hoffnungslos überladene Boot um, und wir fanden uns allesamt schreiend, lachend und prustend im herbstlich kalten Wasser wieder. Die hochschwangere Heidemarie Wenzel schrie so gellend, dass ich ihr zu Hilfe schwamm. Der Grund ihrer Panik waren jedoch nur ihre kostbaren indischen Sandalen, die sie verloren glaubte. Zum Glück erreichten alle – auch die Sandalen – wohlbehalten das Ufer. Nur unsere Premierenkleidung – insbesondere der teure weiße Anzug unseres Kameramanns – triefte vor Schlamm und Nässe. Während eine Spezialeinheit der Polizei in einem Großeinsatz den See nach den versunkenen Jagdgewehren absuchte, damit sie nicht in unbefugte Hände gerieten, zogen wir frierend und tropfend ins Großenhainer Kaufhaus.

Gekleidet in handelsübliche DDR-Konfektion verließen wir es wieder. Unsere ausgesucht individualistische Extravaganz, mit der wir eigentlich zur Premiere hatten erscheinen wollen, tropfte aus den HO-Tüten. Erich Gusko hatte sich angewidert in einen braunen Präsent-20-Anzug gezwängt, Heidemarie Wenzel einen Malimo-Bananenrock aus Oberfrohna erstanden, während ich nach zahllosen Anproben schließlich in einem Anzug mit viel zu kurzen Hosen und Ärmeln vor meinem ersten Kinopublikum stand.

Am 7. Oktober 1971, dem Tag der Republik, kam der Film ins Kino. Besonders Jugendliche fanden sich in dem ruppigsensiblen Bohrarbeiter Christian wieder, der sich gegen Mittelmaß und Spießertum zur Wehr setzt. »Wie haben Sie das Draufgängerische dieser Figur so überzeugend spielen können?«, fragte mich die Filmkritikerin Rosemarie Rehahn in einem Interview für die »Wochenpost«. »Weil ich gern so wäre«, antwortete ich. Und plötzlich bekam ich wie einst Günther Haack Fanpost, keine Wäschekörbe voll, aber immerhin so viel, dass man bei der Poststelle der Volksbühne, die sie entgegennehmen musste, ziemlich sauer über die zusätzliche Arbeit war.

»Der Mann, der nach der Oma kam«

Kurz nach Beendigung der Dreharbeiten von »Zeit der Störche« kam unser Sohn Robert auf die Welt. Eigentlich war mir nicht klar, in welcher Rolle ich Marion aus dem Krankenhaus Friedrichshain abholte: als Draufgänger Christian, als Clown aus der »Weiberkomödie«, als Verführer aus »Die sieben Affären der Doña Juanita«, am passendsten war wohl die des »Kindermädchens« Graffunda aus »Der Mann, der nach der Oma kam«.

Ich fuhr in unserem alten Opel »Olympia«, Baujahr 1936, zum Krankenhaus, einem ständig reparaturbedürftigen Oldtimer, den uns Marions Vater (mit einem Hundertmarkschein für die erste Reparatur) zur Hochzeit geschenkt hatte. Dieser Opel wäre beinahe auch zu unserem Familiengrab geworden. Als wir mit Robert, den wir in eine kleine blaue Plastebadewanne gelegt hatten, zum Auto kamen, sah ich eine große Pfütze unter der Hinterachse. Ich schaute zum Himmel. Keine Wolken zu sehen. Da wusste ich Bescheid. Benzin! Hätte ich meine brennende Karo nicht kurz zuvor weggeworfen, wären wir vermutlich allesamt in die Luft geflogen.

Als ich unseren Sohn das erste Mal auf den Arm nahm, fragte ich mich hilflos, wie um alles in der Welt wir aus so einem winzigen Wesen einen ausgewachsenen Menschen machen sollten. Wochenlang hatten wir uns auf die Zeit nach der Geburt vorbereitet. Wir hatten inzwischen in Weißensee eine Anderthalbzimmerwohnung mit Küche und Ofenheizung zugewiesen bekommen, die Gemeinschaftstoilette befand sich eine halbe Treppe tiefer. Ich hatte den Schreibtisch aus meiner Studentenzeit zu einem Wickeltisch umfunktioniert, in der 1,50 Meter schmalen Küche eine Badewanne mit einem darüberhängenden Elektroboiler installiert und einen Klapptisch an die Wand geschraubt. Und wie einst in meinen Angstträumen, brodelte auf dem Gasherd ein riesiger Windelkochtopf.

Als meine beiden Mütter uns das erste Mal besuchten und ihren Enkel sahen, begannen sie zu schluchzen. Sie schauten auf den schreienden Robert, den ich in meinem Arm hielt, gingen in die Küche und brachen in Tränen aus. »Das schaffen die nie!« Ich spielte und probierte in dieser Zeit mehrere Rollen gleichzeitig und kam nur zum Umziehen nach Hause. Marion studierte inzwischen an der Humboldt-Universität Kunst und Germanistik. Da wir Robert nicht der sozialistischen Massenkinderhaltung in einer Krippe überlassen wollten – das hätte vor allem Marion niemals zugelassen –, waren wir auf die Hilfe unserer Mütter angewiesen. Und hatten damit viele neue Probleme am Hals. Marion wollte ihre Kinder gemäß den Prinzipien der in den siebziger Jahren populären antiautoritären Erziehung aufwachsen lassen, die den Vorstellungen unserer Mütter naturgemäß stark widersprachen. 1969 war Alexander Sutherland Neills Buch »Theorie und Praxis der antiautoritären Erziehung« erschienen. Paradoxerweise machen uns unsere Söhne Robert und Philip heute Vorwürfe darüber, dass wir zu nachsichtig gewesen seien. Sie sind offenbar der Meinung, dass sie ihr Leben besser in den Griff bekommen würden, wenn sie damals öfter den Mülleimer hätten runterbringen müssen.

Meine eigenen schmerzvollen Erfahrungen mit dem Vatersein waren jedoch die besten Voraussetzungen, den Graffunda in Roland Oehmes Film »Der Mann, der nach der Oma kam« glaubwürdig darstellen zu können. Die literarische Vorlage für den Film stammte von Renate Holland-Moritz. Ihre Erzählung mit dem Titel »Graffunda räumt auf« beginnt mit dem Satz: »Ich heiße Graffunda, und jeder Mensch, der mich kennt, wird zugeben, daß ich ein fleißiger und gewissenhafter Mensch bin.« Nach ihr entwickelten die Autoren Roland Oehme, Renate Holland-Moritz und ihr Mann Lothar Kusche sowie Maurycy Janowski ein Drehbuch, das die Vorlage für einen der erfolgreichsten DEFA-Lustspiel-filme wurde. Renate Holland-Moritz, damals die bekannteste und gefürchtetste Filmkritikerin des Landes, schlug mich für die Rolle vor.

Graffunda, dieser ehrgeizige Student der Gesellschaftswis-senschaften, erscheint auf eine Annonce hin wie ein rettender Engel im Haushalt der Künstlergroßfamilie Piesold, in der nach dem Weggang der Großmutter, die sich um alles geküm-mert hatte, das reinste Chaos ausgebrochen war. Nicht nur der Fernsehkomiker Piesold, gespielt von Rolf Herricht, und dessen Frau, eine Opernsängerin (Marita Böhme), sondern auch seine drei Kinder, eine pubertierende Tochter, ein bösar-tiger Sechsjähriger sowie ein schreiendes, sechzehnpfündiges Baby, wollen jeden Tag versorgt und gehätschelt werden, ein-schließlich Hund, Karnickel, Hamster, Schildkröte und einer Wüstenspringmaus – und alle befinden sich buchstäblich am Rande des Nervenzusammenbruchs. Graffunda arbeitet mit der Ruhe eines Auftragskillers, wobei ihm das theoretische Wissen eines Studenten hilft, der über die »Rolle der Frau in der entwickelten sozialistischen Gesellschaft« seine Doktor-arbeit schreibt und eigentlich nur daran interessiert ist, seine Theorien anhand der Praxis zu überprüfen. Der ganz normale Wahnsinn nimmt seinen Lauf.

An der Figur des Graffunda reizte mich der Widerspruch zwischen dem Anspruch an sich selbst und dem hoffnungslo-sen Scheitern an der Realität. Die Waschmaschine läuft über, das Baby spuckt den Spinat in hohem Bogen aus, der Sechs-jährige schießt, als Indianer verkleidet, Pfeile auf ihn ab, und die pubertierende Tochter legt es, statt ihre Hausaufgaben zu machen, darauf an, den Studenten zu verführen. Zumindest glauben das die mit Feldstechern bewaffneten Nachbarn. Und dennoch wird Graffunda von allen geliebt, weil er alles geduldig erträgt.

Neben den bekannten Schauspielern – wie Rolf Herricht, Herbert Köfer, Marianne Wünscher, Marita Böhme, Agnes Kraus, Carmen-Maja Antoni, selbst Gojko Mitić hatte seinen obligatorischen Indianerauftritt mit freiem Oberkörper – zu bestehen, war eine handwerkliche Herausforderung für mich. Ich wollte vor allem nicht witzig sein, sondern jede Situation so ernst wie möglich nehmen. Komik entsteht für mich vor allem dann, wenn ein Mensch durch einen unerwarteten Zufall aus einer scheinbar hoffnungslosen Lage gerettet wird. So hat es der Clown Grock vor siebzig Jahren mit seiner berühmten Stuhlnummer vorgemacht, in der er übermütig seine Geige nimmt, sich auf den Stuhl stellt, damit ihn auch wirklich alle sehen – und plötzlich bricht er durch den Sitz. Eine kurze Pause der Verzweiflung, während das Publikum voller Schadenfreude lacht, dann springt er auf und setzt sich mit übereinandergeschlagenen Beinen auf die Lehne – eine artistische Meisterleistung – und spielt weiter, als wäre nichts geschehen. Als er eines Tages zu dieser Leistung nicht mehr in der Lage war, hörte Grock auf.

Das Lachen des Publikums hat hundert verschiedene Schattierungen, und es gibt ebenso viele Techniken, dieses Lachen hervorzurufen. Es ist viel leichter, jemanden zum Weinen zu bringen als zum Lachen. Die Komödie verlangt dem Schauspieler sehr viel handwerkliches Können ab, das erfordert ein Gefühl für Rhythmus und präzises Timing. Obwohl alles auf exakte Verabredung hin geschieht, muss beim Zuschauer der Eindruck entstehen, dass es sich um spontane Improvisation handelt. Nicht zuletzt deshalb habe ich nie verstanden, dass Komödien geringer geachtet werden als Tragödien.

Roland Oehme hatte es bei den Dreharbeiten schwer, diesen Haufen von eigenwilligen Komödianten zu disziplinieren. Als der Film fertig war, hatten wir meiner Meinung nach nur einen Bruchteil dessen erreicht, was der Stoff über diesen wahnsinnigen Balanceakt, Beruf und Familie gleichermaßen gerecht zu werden, eigentlich hergegeben hätte. Ich hätte mir gewünscht, dass die Geschichte nicht so harmlos erzählt, sondern auch das hoffnungslos verzweifelte Scheitern dargestellt worden wäre, in der Art der geist- und temporeichen Bissigkeit eines Billy Wilder oder Ernst Lubitsch.

Dennoch sprach man in den Kritiken, die nach der Premiere am 10. Februar 1972 erschienen, von einem »Meilenstein in der Entwicklung der großen sozialistischen Komödie« nach Frank Beyers »Karbid und Sauerampfer«. Das DDR-Publikum war begeistert. Alle Generationen, vom Vorschulkind bis zur achtzigjährigen Großmutter, amüsierten sich köstlich. Und im Fernsehen wurde »Der Mann, der nach der Oma kam« so oft wiederholt, dass manche Passanten mich auf der Straße mit »Hallo, Graffunda!« begrüßten.

Vor einigen Jahren tippte mir bei einer Premiere meines Sohnes Robert im Berliner Ensemble jemand von hinten auf die Schulter. Ich drehte mich um, und vor mir stand eine attraktive Frau mit üppigem rotem Haar und blauen Augen, die mir irgendwie bekannt vorkam. Woher kennst du die bloß!?, überlegte ich verzweifelt. Sie half mir. »Sie haben mir schon mal den Hintern gepudert. Wissen Sie das nicht mehr?« Und da erinnerte ich mich. Es war die Schauspielerin Deborah Kaufmann. Ich hatte ihr den Hintern nicht nur gepudert, sondern manchmal auch kräftig hineingekniffen, wenn sie laut Regieanweisung schreien sollte. Sie war das ewig greinende Baby aus »Der Mann der nach der Oma kam«.

Vom »Unruhestifter« zum »Liebling« – oder wie die Stasi mein Regisseur zu werden versuchte

Ich stand vor dem Schwarzen Brett des Potsdamer Hans-Otto-Theaters und schaute auf die Besetzungsliste von O'Caseys »Das Freudenfeuer für den Bischof«. Vergeblich suchte ich dort meinen Namen. Rolf Winkelgrund, einer der Regisseure, hatte mich offensichtlich vergessen. Dabei hatte ich mich nach seiner mündlichen Zusage schon auf diese Zusammenarbeit gefreut. Winkelgrund und ich hatten zuvor bei dem Lustspiel »Der Lorbaß« von Horst Salomon gute Erfahrungen miteinander gemacht, und ich war in derselben Rolle auch am Deutschen Theater für den erkrankten Klaus Piontek eingesprungen. Außerdem hatte ich in Kupkes »Nachtasyl«-Inszenierung erfolgreich mitgespielt. War meine schauspielerische Karriere etwa schon zu Ende? Ich machte auf dem Absatz kehrt, ging in die Kantine und fragte Winkelgrund, was das zu bedeuten habe. Er gab mir eine ausweichende Antwort, und sein Blick war merkwürdig unruhig.

Dreißig Jahre später wusste ich, warum. Die Stasi hatte mein Regisseur werden wollen. Sie hatte mich für eine andere Inszenierung vorgesehen. Ein dreiteiliges dickes Drehbuch sollte entwickelt werden, in dem für mich eine interessante, eine widersprüchliche und möglicherweise sogar eine lebensgefährliche Hauptrolle vorgesehen war. Der erste Teil hieß »Der Unruhestifter«. Zeit der Handlung: um 1970, meine Rolle: ein »subversives Element«. Historischer Hintergrund: der Prager Frühling und seine Folgen. Der geheime Spielleiter erhoffte sich einen genauen Überblick darüber, wie die Schauspieler am Potsdamer Theater zu den politischen Ereignissen in Prag standen.

Ich habe das Jahr 1968 eigentlich in wunderbarer Erinnerung. Im Winter, bevor die Panzer durch Prag rollten, waren wir, von der Babelsberger Filmhochschule delegiert, mit einigen Studenten der Berliner Schauspielschule zu einem Skiurlaub ins Riesengebirge gefahren. Wir waren Gäste der Prager Kunstakademie, die deutsche und tschechische Studenten zum künstlerischen und politischen Gedankenaustausch versammelte, was wir intensiv nutzten und was ebenso gewissenhaft von den mitgereisten Informellen Mitarbeitern protokolliert wurde, wie ich vierundzwanzig Jahre später in meiner Stasiakte nachlesen konnte. Wir wurden einmal sogar absichtlich während einer Skiwanderung in die Irre geführt, offenbar weil man herausfinden wollte, wie wir uns in einer existentiell bedrohlichen Situation verhalten würden. Es war das Übliche: Wir hatten Hunger und Durst, und als es dunkel wurde und ein Schneesturm in unsere Gesichter peitschte, Todesangst, denn wir wussten nicht, ob wir die Baude, in der wir campierten, jemals wieder erreichen würden. Während wir durch den Schnee irrten, dampften vor meinem inneren Auge wie eine Fata Morgana Bratkartoffeln und Broiler, und als wir dann kurz vor Mitternacht endlich die bis zum Dach zugewehte Baude erreichten, gab es tatsächlich gegrilltes Huhn mit Ketchup. Nie wieder habe ich mit solchem Heißhunger gegessen.

Während dieses Skiurlaubs verliebte ich mich in eine tschechische Violinstudentin – (kurz zuvor hatte ich mich gerade wieder einmal von Marion getrennt). Schon war ich Anwärter auf die subversive Schurkenrolle, die der Stasi-Regisseur zu vergeben hatte. Im Laufe des politisch aufregenden Frühjahrs wechselte ich mit meiner Geigerin hoffnungsvolle Liebesbriefe über beabsichtigte Treffen in Prag oder Berlin. Diese Briefe schienen den Stoffsammlern der Stasi raffiniert verschlüsselte Geheimdossiers zu sein, und sie kopierten und archivierten alles gewissenhaft. Aber mich interessierten damals weniger die revolutionären Ideen eines reformierbaren Sozialismus als die Frage, wo und wann ich meine Geigerin möglichst bald wieder treffen könnte. Doch wir sahen uns nie wieder.

Erst zwei Jahre später, ich war bereits am Potsdamer Theater engagiert, begann ich, die sozialistische Kulturpolitik in Frage zu stellen und mich für das Mitbestimmungsmodell der westdeutschen Theater zu interessieren – was meinem geheimen Spielleiter gar nicht gefiel. Er wurde darüber am 21. April 1970 in seinem turnusmäßigen Treffen informiert. Das Protokoll nannte mich einen »Unruhestifter« und stellte abschließend die Frage, »wie diese Erscheinungen einzuordnen seien und welche praktischen Schritte einzuleiten sinnvoll« sei. Daraufhin beschloss die Stasi, mich genauer in Augenschein zu nehmen. »Nicht ansprechen«, heißt es in der »Ermittlungsakte zur Anlegung eines operativen Vorgangs«, die helfen sollte, mein Rollenprofil genauer zu erstellen. Still und heimlich schwärmten die Stoffsammler aus, befragten meine Nachbarn und diverse andere, mir eher fernstehende Personen, um anschließend zu protokollieren, dass ich maoistische Tendenzen aufwiese (ich hatte Maos Werke nie in den Händen gehabt), Nietzsche läse (den ich nach zehn Seiten in die Ecke warf!), mich mit Systemkritikern solidarisch erklärte und Rauschgiftorgien veranstaltete (was ich schon aus Neugier ganz gern einmal ausprobiert hätte, aber bis dahin leider nie Gelegenheit dazu hatte). Obendrein würde ich Kritik an der künstlerischen Arbeit des Theaters üben und einen neuen Führungsstil fordern. Diese Einschätzung hatte einen Maßnahmenkatalog zur Folge, der meine berufliche Entwicklung nachhaltig behindern sollte.

Und so stand ich eines Tages fassungslos vor jenem Schwarzen Brett mit den Besetzungslisten der neuen Inszenierungen. Wenn nicht vier Wochen später Bessons Chefdramaturg Karl-Heinz Müller als mein Schutzengel aufgetreten wäre, hätte mich am Potsdamer Theater womöglich das trostlose Dasein eines gescheiterten Provinzschauspielers erwartet. Aber es kam ganz anders. Müller machte mir ein Angebot für die Volksbühne, und noch am selben Tag bat ich um die vorzeitige Auflösung meines Vertrages.

Der zweite Teil der mir gewidmeten Schmierentrilogie

hieß: »IM Liebling«. Diesmal setzt die Handlung um 1972 ein, Ort des Geschehens: Berlin, Volksbühne-Ost. Der Titel passte, denn inzwischen war ich als Graffunda und als arbeitsloser Flieger Yang Sun neben Ursula Karusseit als Shen Te in Bessons Inszenierung »Der gute Mensch von Sezuan« tatsächlich so eine Art Publikumsliebling geworden. »In Glatzeder hat die Karusseit einen Partner«, hatte Rainer Kerndl im »Neuen Deutschland« geschrieben, »der es ihr ermöglicht, den Glauben an einen geliebten Menschen ganz groß zu spielen, so groß wie die Verzweiflung über dessen egoistischen Verrat.« So kam man nicht umhin, mich Neuling mit auf die erste Tournee der Volksbühne ins nichtsozialistische Ausland zu nehmen. Dass zehn Jahre nach dem Mauerbau so etwas möglich wurde, war eine Errungenschaft, die das Ensemble nicht nur Honeckers gierigem Blick in den Westen zu verdanken hatte, sondern vor allem Bessons künstlerischem Marktwert und seinem geschickten Verhandeln mit dem für die Kultur zuständigen Politbüromitglied Kurt Hager.

Vor der Tour hatte es Tumult im Theater gegeben, weil sich das Gerücht verbreitete, einige Mitarbeiter der Inszenierung dürften nicht mit auf die geplante Gastspielreise nach Finnland. Alle wurden auf ihre ideologische Zuverlässigkeit überprüft. Nachdem bekanntgegeben wurde, wer würdig war, die DDR im Ausland zu vertreten, gab es so manchen empörten Aufschrei. Zum Beispiel den einer Kostümbildnerin, die nicht mitfahren durfte, weil sie Schwierigkeiten mit ihrem Mann hatte. Wie sie Jahre später erfuhr, wollte man sie »nicht in Versuchung bringen, ihr Eheproblem mit einer Flucht zu lösen«. So versuchte die Stasi die Menschen vor sich selbst zu schützen.

Mich ließ man ohne Beanstandung mitfahren. Offensichtlich waren die Dossiers der Potsdamer Stoffsammler noch nicht in Berlin angekommen. Vor allem aber hatte man etwas anderes mit mir vor, denn mittlerweile war ich für die Stasi zu einer interessanten Informationsquelle geworden. Am 23. November 1972 erhielt ich einen Brief, der mich sehr irritierte:

»Mein lieber Winne, mein lieber Belmondo, nimm zur Kenntnis, deine Bühnen- und Filmtage sind gezählt.« Keine Unterschrift, kein Hinweis auf den Absender, außer dem Poststempel »Berlin. Alexanderplatz«. Ich hielt den anonymen Brief für einen Kollegenscherz und vergaß ihn schnell wieder. Wie sollte ich auch wissen, dass er ein wichtiger Baustein für mein neues Rollenprofil war, an dem mein geheimer Regisseur mit Umsicht und Akribie arbeitete. Eines Tages war es dann so weit. An einem nasskalten Februarmorgen des Jahres 1973 – der Film »Die Legende von Paul und Paula« wurde gerade nach heftigen Einwänden der Zensoren umgeschnitten – standen zwei Stasileute vor unserer Tür, um mich auf die mir zugedachte Rolle emotional vorzubereiten.

Ich öffnete und blickte in zwei freundlich lächelnde Gesichter. »Tach, Herr Glatzeder. Wir kommen im Auftrag ...« Dann murmelten sie irgendetwas Unverständliches und zogen aus ihrer Brusttasche eine Art Plastekärtchen, das sie sofort wieder verschwinden ließen. Noch ehe ich einen klaren Gedanken fassen konnte – »Wir dürfen doch, oder?« –, standen sie im Wohnzimmer. Obwohl es bei uns sehr warm war – Marion fror ständig, und der Kachelofen musste immer bullig heiß sein –, legten die Herren ihre graublauen Windjacken nicht ab. Während der eine sich neugierig umblickte und sich für den Inhalt unseres Bücherregals interessierte, hatte der andere im Sessel Platz genommen. Er holte aus seiner Aktentasche ein Kuvert hervor und sagte: »Wir finden«, dabei wechselte er mit seinem Kollegen einen bedeutungsvollen Blick, »das hier sollten Sie kennen.«

Der Brief, den er mir dann reichte, war an den Vorsitzenden der Gewerkschaft Kunst gerichtet. Poststempel 20. November 1972. Staunend las ich folgende, mit Schreibmaschine verfassten Zeilen, die ich hier auf ein zumutbares Maß gekürzt habe:

Es ist verpönt, anonym zu schreiben. Aus beruflichem Interesse tue ich hiermit Verpöntes. Es gibt im Berliner Theaterleben einen Schauspieler – richtiger wäre angeblichen Schauspieler – namens Glatzeder.

91

Dieser junge, sogenannte Schauspieler wurde durch unsere Filmin-
dustrie hochmanipuliert, da er ein typischer DDR-Belmondo ist.
Nun – von seinen schauspielerischen Leistungen abgesehen – hat er
auch alle ideologischen Haltungen dieses Stars aus dem Goldenen
Westen. Er läßt sich als Star feiern, beherrscht aber die Rolle des be-
scheidenen Jünglings sehr schlecht. Er schaut andere Menschen nur
von oben herab an, da diese ja wie er nicht eine solche Begabung be-
sitzen, da sie ja nicht solche Menschen sind, wie er einer zu sein
glaubt. (…) Er ist ein Arbeiter. Haha! Er ging bestimmt nicht in die
Lehre, um Arbeiter zu werden, sondern um als solcher angesehen zu
werden und einen entsprechenden Studienplatz zu bekommen. Nun-
mehr ist er wer. (…) Der liebe Herr Glatzeder will berühmt werden,
er will einer der besten Schauspieler – wenigstens gespielten Rollen
nach – werden. Aber warum das? Nur so? Nein, nein, er will noch
einmal groß in ein anderes Filmgeschäft einsteigen, er will als Großer
aus dem Osten ganz groß im Westen einschlagen. (…)

Sie können nun mit dem Schreiben anfangen und verfahren, wie
Sie möchten. Zur Information werde ich auf jeden Fall einen Durch-
schlag an die Staatssicherheit schicken. (…)

Unterzeichnet war der Brief von einem »*Bürger der DDR*«,
der angeblich noch viel mehr wüsste und wenn er diese
Kenntnisse offenlegte, so meinte er, wäre meine Karriere beendet.

Ich muss ausgesehen haben wie ein Patient, dem gerade
mitgeteilt wurde, dass er an einer unheilbaren Krankheit leide.
Die graublauen Herren lächelten aufmunternd – »Wir sind gekommen, um Ihnen zu helfen, Herr Glatzeder« – und nahmen mir den Brief wieder ab. »Solchen Verleumdungen müssen wir nachgehen. Sie könnten tatsächlich das Ende Ihrer
gerade begonnenen Karriere bedeuten. Überlegen Sie doch
mal, wer als Absender in Frage kommen könnte, und wir werden uns um ihn kümmern. Um den Kreis der Verdächtigen
einzugrenzen, benötigen wir die Namen aller Ihrer Freunde,
Bekannten und Verwandten, der Kollegen der DEFA, der
Volksbühne und die Ihrer ehemaligen Kommilitonen und
Dozenten.«

Wen habe ich so vor den Kopf gestoßen, dass er mich auf so bösartige Weise dafür bestrafen will?, überlegte ich währenddessen. Und da fiel mir plötzlich jener andere anonyme Brief vom November wieder ein. War er vielleicht doch kein Scherz, sondern der Anfang einer ernstzunehmenden Verleumdungskampagne gewesen, die nun ihre Fortsetzung fand? Ich berichtete meinen Besuchern von dieser ersten Verleumdung, die ich damals zerrissen und gleich in den Müll geworfen hatte. Die beiden Herren nickten verständnisvoll und verabschiedeten sich mit einem Blick auf Marion, die die ganze Zeit stumm auf dem Sofa gesessen hatte, und der eindringlichen Bitte, diesen Besuch für uns zu behalten. Sie würden sich in meinem Interesse der Sache annehmen. Einer der beiden graublauen Herren steckte mir einen Zettel mit seiner Telefonnummer zu, und dann waren die beiden verschwunden.

Marion blieb bei alldem erstaunlich gelassen: »Wir haben uns nichts zuschulden kommen lassen. Die machen nur ihre Arbeit.«

Nach einer schlaflosen Nacht ergriff ich die Flucht nach vorn. Ich ging zum stellvertretenden Intendanten der Volksbühne Dieter Klein und erzählte ihm von diesem beunruhigenden Besuch und dem Brief. »Da will mich jemand fertigmachen«, sagte ich. »Kannst du mir helfen?«, fragte ich ihn. Klein sah mich ratlos an und zuckte mit den Achseln. Ich verließ sein Büro und ging in die Kantine. Wir probten gerade mit Fritz Marquardt die russische Komödie über den Traum von Geld und Ruhm »Der goldene Elefant«. Nach zwei »Nordhäuser Doppelkorn« erzählte ich auch meinen Kollegen die Geschichte. Und das war meine Rettung.

Einige Tage später erschienen die graublauen Herren abermals. Vorwurfsvoll ermahnten sie mich: »Herr Glatzeder, Sie haben sich nicht an unseren Rat gehalten, mit niemandem über unser Gespräch zu reden. Wie sollen wir Ihnen da helfen?« Ich schwieg und sah sie ausdruckslos an. Auf ihre erneute Bitte um die Namen potentieller Verleumder ging ich nicht ein. Ich wollte sie nur noch schnell loswerden und verabschiedete sie, indem ich einen wichtigen Termin vorschob. Sie kamen nie wieder.

Die Auflösung dieser beunruhigenden Geschichte las ich dreißig Jahre später in der Vorlaufakte zu der mir zugedachten Rolle als Inoffizieller Mitarbeiter der Staatssicherheit mit dem Decknamen »Liebling«. Ein anonymer »Spiel-Brief« in zweifacher Ausfertigung sei zu verfassen, der den Kandidaten um den Fortbestand seiner Karriere und Existenz fürchten lässt. »Perspektive nach der erfolgten Anwerbung: Kandidat soll zur Aufklärung der Berliner Theaterkreise eingesetzt werden und besonders in der Volksbühne den Kreis junger Schauspieler beobachten, die sich mit revisionistischem Gedankengut beschäftigen.«

Dieses Mal hatte ich mir selber geholfen. »Glatzeder ist ungeeignet für unsere Arbeit«, heißt es im Abschlussbericht. Ich taugte nicht zum »Liebling« der Stasi.

Steil nach oben – als Flieger Yang Sun
an der Volksbühne

Mit meiner Ankunft an der Berliner Volksbühne hatten sich meine kühnsten Träume erfüllt. »Er ist der Größte an diesem Ensemble«, meint Hannes Würtz am 16. Juli 1971 in der »Jungen Welt« nach der Premiere der »Weiberkomödie«. Es gab tatsächlich keinen Kollegen, der meine 1,92 Meter übertraf. »Reckt er die Hände, so vermeint man, er reiche bis an den Schnürboden. Das ist symbolisch gemeint: Da will sich ein Talent strecken.« Dass ich mich an einem Theater beweisen durfte, das sein Publikum nicht langweilen und belehren, sondern mit Spaß und Originalität unterhalten wollte, war für mich ein schicksalhafter Glücksfall.

In Heiner und Inge Müllers Komödie über die Schwierigkeiten der Emanzipation der Frauen von den Männern spielten Dieter Montag und ich zwei Außenseiter in einer Baubrigade, die den ganzen Tag Bier soffen und gern krankfeierten. Die sozialistische Planerfüllung interessierte sie einen Dreck und über die schwitzenden Kollegen machten sie sich lustig. Einen solchen Typen glaubhaft darzustellen fiel mir nicht schwer. Ich musste nur an die Zeit beim VEB Kühlautomat denken, als mein Freund Wilfried Loll und ich uns mit Kabaretttexten hinter die Kohlenberge zurückgezogen hatten, während unsere Kollegen in den Werkhallen bei tropischer Hitze oder arktischer Kälte schufteten.

Nach der Premiere der »Weiberkomödie« bot mir Benno Besson ein Engagement in seinem Ensemble an. Ich unterschrieb einen Arbeitsvertrag über eine monatliche Gage von 650 Mark der DDR mit der Zusatzvereinbarung, nach 150 gespielten Vorstellungen im Jahr ein Extrahonorar von 42 Mark pro Abend zu erhalten. In der Volksbühne herrschte Anfang der siebziger Jahre unter Besson, der mit dem Schutzpanzer der Identität eines Schweizer Kommunisten relativ freie Hand hatte, eine künstlerische Aufbruchstimmung. Die von ihm engagierten Regisseure Fritz Marquardt, Manfred Karge, Matthias Langhoff und Berndt Renne sowie die Bühnenbildner Achim Freyer, Manfred Grund und Ezio Toffolutti sowie die an das Haus gebundenen Dramatiker Kurt Bartsch, Erich Köhler und Heiner Müller erarbeiteten Inszenierungen zeitgenössischer und klassischer Autoren, die zu europäischen Exportschlagern wurden.

Als Besson mich kurz vor der Premiere fragte, ob ich die Rolle des Fliegers Yang Sun in seiner Inszenierung von Brechts »Der gute Mensch von Sezuan« übernehmen wolle, wusste ich nicht, ob ich lachen oder heulen sollte. »Sie haben nur drei Wochen Zeit, Herr Glatzeder. Die Proben beginnen morgen früh. Da ich nach Paris muss, werden Sie von meinen Assistenten eingewiesen. Zur ersten Hauptprobe bin ich wieder da.« Ein Jahr zuvor, in der Volksbühnen-Inszenierung von 1970, hatte bereits Rolf Ludwig diese Rolle gespielt – und war nach dem Einspruch von Helene Weigel gegen seinen Willen umbesetzt worden. Arno Wyzniewski, der die Rolle danach probte, hatte nach kurzer Zeit das Handtuch geworfen. Und nun sollte ich in drei Wochen eine Rolle einstudieren, für die man damals normalerweise sechs bis acht Monate Zeit hatte und an der bereits zwei wunderbare Kollegen gescheitert waren. Noch dazu lediglich mit den Assistenten des Regisseurs und mit dem Schreckgespenst der launischen Brecht-Erben im Genick. Mit dieser Wiederaufnahme sollte das Ensemble anschließend auf jene erste, im Vorfeld so dramatisch diskutierte Tournee nach Finnland gehen. Keinem anderen Theater in der DDR – außer dem Berliner Ensemble – war es nach dem Mauerbau damals gelungen, einen Blick hinter den Eisernen Vorhang zu werfen.

Im Bewusstsein dieser verlockenden Aussichten begann ich mit den Proben. Bleib locker, sagte ich mir. Den Menschen, den du zu spielen hast, kennst du genau: ein leidenschaftlicher Mann, der alles tut, um seinen geliebten Beruf wieder ausüben zu können, der die grenzenlose Liebe einer Frau ausnutzt, damit sein Traum in Erfüllung geht. Wenn mich nicht Bessons damalige Frau Ursula Karusseit, die meine Geliebte Shen Te spielte, und alle anderen Kollegen mit grenzenloser Geduld unterstützt hätten, wäre ich vermutlich gescheitert: Vor allem Gisela Morgen als meine resolute Mutter nahm mich fürsorglich an die Hand. Oder Marion van de Kamp, die eine aggressive, abgeklärte Nutte spielte und mir gleich am ersten Probentag zuraunte: »Det schaffste schon, Klee- ner!« Am geduldigsten aber war unser Korrepetitor und Or- chesterleiter, der Pianist Henry Krtschil, der mir behutsam bei der komplizierten Einstudierung der Songs von Paul Dessau half. Manchmal sah ich Rolf Ludwig im Zuschauerraum sit- zen, der skeptisch beobachtete, was ich da oben in seinem Kostüm, das ihm überhaupt nicht gefallen hatte, auf der Bühne mit seiner Rolle anstellte.

Den Bühnen- und Kostümbildner dieser Inszenierung Achim Freyer kannte ich bereits von der Filmhochschule, wo er und seine Frau Ilona unsere Abschlussinszenierung von »Wie es euch gefällt« ausgestattet hatten. Die Zusammenarbeit mit ihm war ein Genuss, seine Kostüme abenteuerliche Krea- tionen, mit denen er die körperlichen Besonderheiten der Schauspieler überdeutlich verstärkte. Für »Der gute Mensch von Sezuan« bekam Marianne Wünscher, die etwas füllig war, als Wirtin noch ausladendere Hüften, Fellini-Brüste sowie einen monströsen Elefantitiskopf. Angelica Domröse, die die Nichte vom Lande spielte, trug über ihrem hübschen Gesicht eine graue Strumpfmaske, ihre grazilen Waden und Hüften waren mit Schaumstoff ausgestopft. Diese phantastisch-drasti- sche Überhöhung der Figuren wie in der Muppet-Show fan- den die meisten Schauspieler unpassend und übertrieben, manche sogar berufsschädigend. Auch Ludwig hatte vor allem gegen sein Fliegerkostüm opponiert. Ich empfand die notdürf- tig durch Flicken zusammengehaltene Montur, die um meine Beine schlotterte, darüber ein rosa Korsett mit Strumpfhaltern und eine viel zu kleine schwarze Kunstlederjacke als einen sehr passenden Ausdruck meiner damaligen Lebensumstände.

Die Legende von Paul und Paula

Die Rolle des Paul habe ich dem Tod einer Frau zu verdanken. Ingrid Reschke hatte ursprünglich als Regisseurin Ulrich Plenzdorfs Buch verfilmen sollen. Vierzehn Tage vor Drehbeginn kam sie mit nur fünfunddreißig Jahren bei einem tragischen Autounfall auf dem Adlergestell ums Leben. Angelica Domröse und ich hatten nicht auf ihrer Besetzungsliste gestanden. Anschließend bekam Heiner Carow den Auftrag von der DEFA, diesen Film zu realisieren, und schrieb zusammen mit Plenzdorf das Drehbuch um.

Als ich den Text zur Vorbereitung der Probeaufnahmen, zu denen man mich unter vielen anderen eingeladen hatte, las, war ich begeistert. Endlich hatte eine Geschichte mit dem wirklichen Leben zu tun – Legende hin oder her –, ich las Sätze, die man tatsächlich sprechen konnte (was bei Drehbüchern keinesfalls selbstverständlich ist)! Die Probeaufnahmen allerdings waren mühsam. Ich musste mit mindestens zwanzig Frauen – die wenigsten von ihnen waren Schauspielerinnen – die Garagenszene wiederholen. Heiner Carow liebte es, Laien zu besetzen. Auch ich hatte schon fünfzehn Jahre zuvor bei Probeaufnahmen vor ihm gestanden. Damals suchte Carow für seinen Film »Sie nannten ihn Amigo« einen zwölfjährigen Jungen, doch daraus war nichts geworden. Selbst Marion hatte er in ihrer Studentenzeit in Potsdam einmal für »Die Russen kommen« in die engere Wahl gezogen.

Irgendwann hielt ich während der Probeaufnahmen für »Paul und Paula« im Babelsberger Tonstudio Angelica Domröse in den Armen. Wir waren beide Ensemblemitglieder der Volksbühne, hatten aber nicht gewusst, dass wir zusammen eingeladen worden waren. Angelica kämpfte um diese Rolle wie um keine andere zuvor. »Ich bin die Paula«, hatte sie nach dem Lesen des Drehbuchs Carow beschworen, für den sie wegen ihres Alters, damals war sie bereits vierunddreißig, eigentlich nicht die Idealbesetzung war, denn Paula sollte Anfang zwanzig sein. Als sie mit Alexander Lang vom Deutschen Theater die Szene vor der Kamera probte, sollen die beiden ausgesehen haben wie ein bereits zweimal geschiedenes Ehepaar. Ich hingegen stand staunend vor Angelica, die ihre Figur so überzeugend und glaubhaft spielte. Als Kollegin hatte ich Angelica nie so unverkrampft und aufgeschlossen erlebt, sonst war sie immer freundlich und distanziert. Andere Kollegen wurden meist irgendwann zu vertrauten Kumpeln, sie hingegen blieb die unnahbare Dame.

Angelica war zwar auf der Straße groß geworden, hatte sich aber zu einem Gesamtkunstwerk stilisiert, an dem nichts dem Zufall überlassen war. Wenn sie sich »schlampig« anzog, dann mit teuersten, ausgefallensten Sachen. Auch ihre scheinbar wie in größter Eile hochgesteckte Frisur war wohlkalkuliert. Erst als Paula ließ Angelica ihre ursprüngliche Natürlichkeit wieder zu. Das machte sie so faszinierend. Mir fällt dazu die Garagenszene ein, in der Paul ihr seinen Oldtimer vorführt, ganz versunken in seine Leidenschaft für dieses Auto. Doch Paula interessiert sich für etwas ganz anderes, sie will Paul verführen und ist auf ihre direkte und entwaffnende Art so zielstrebig, dass die beiden unversehens auf der klapprigen Campingliege landen, die unter der Wucht ihrer Liebe zusammenbricht.

Sie hat mich überrumpelt, nicht nur als Paul, sondern auch als Schauspieler. Meine Unsicherheit, Unentschlossenheit und Verkrampftheit gewannen in der Figur des Paul ein Maß an Authentizität, das ich auch Angelicas leidenschaftlichem und natürlichem Spiel zuschreibe. Meine ständige Sorge, neben ihr schauspielerisch nicht bestehen zu können, gab meiner Figur erst ihre Glaubwürdigkeit.

Als Carow, Plenzdorf und der Kameramann Jürger Brauer die Probeaufnahmen sahen, waren sie sich einig: Die sind es! Dieser schlaksige, ungelenke, ehrgeizige Funktionärstyp und die schöne kleine Straßengöre werden ein wunderbar subversives Liebespaar abgeben. Mit der Musik der Rockband »Die Puhdys«, die Peter Gotthardt komponiert hatte, bekam der Film auch den unverwechselbaren Sound der siebziger Jahre, in dem sich die Zuschauer mit all ihren Sehnsüchten wiederfanden. *Geh zu ihr/Und laß deinen Drachen steigen/Halt sie fest, denn du lebst nicht nur vom Muss allein …*

»Wo sind meine Stiefel!«, brüllt Paul in seiner Kampfgruppenmontur verzweifelt am Morgen nach jener berühmten orgiastischen Brautnacht, die er jetzt bitter bereut. Und die Romantik ist hin. Der Gestus dieses Satzes war ursprünglich ganz anders vorgesehen. Paul sollte sich eigentlich still und unverbindlich davonmachen. Dass ich so laut wurde, ergab sich beim Proben, und Carow war begeistert, er spürte sofort, dass man diese Szene nicht so klammheimlich beenden durfte. Dass er genau solche spontanen und ungewöhnlichen Regungen zuließ, machte den Film am Ende glaubwürdig.

Während endloser Drehtage mühten wir uns, unter der sengenden Hitze der Scheinwerfer schwitzend, mit dieser Bettszene ab. Immer aufs Neue schüttete Angelica Salz und Pfeffer in meine Schlüsselbeinhöhlen, wieder und wieder mussten wir in die Schaschlikspieße beißen, die Hühnerschenkel begannen schon zu riechen, und das Gemüse welkte dahin, so dass uns spätestens nach der zwölften Wiederholung dieser Einstellung übel wurde. Doch Carow war erbarmungslos. Immer wieder schrie er hinter der Kamera: »Aus. Alles auf Anfang.« Dann kam er zu mir und sagte leise: »Winne, mehr Gier! Es muss aussehen, als wolltest du Paula verschlingen!«, und zu Angelica: »Gestalte nicht so viel! Nicht so kokett! Lass dich fallen! Gib dich hin!«

Ich liebte Carow für solche knappen Anweisungen. Er arbeitete mit viel sinnlicher und humorvoller Impulsivität. Selbstvergessen an den Nägeln kauend, saß er auf einem kleinen Hocker neben seinem Kameramann Jürger Brauer, verfolgte hochkonzentriert jede unserer Regungen und überraschte uns dann oft mit seinen spontanen Einfällen für die

Entwicklung einer Szene. Meist ging er dann von einem zum anderen, als wäre der eine der Räuber und der andere der Gendarm, und gab wie auf dem Spielplatz jedem separat Anweisungen. Oft ließ er uns auch innerhalb der festgelegten Positionen, die wir für die Kamera einhalten mussten, improvisieren. Man fühlte sich von ihm geliebt und behütet, das gab mir den Mut, das Spiel zu vergessen und authentisch zu sein. Wenn eine Szene nicht so funktionierte, wie Carow es sich gedacht hatte, wurde er nie unwillig, er war eher enttäuscht, ja fast gekränkt. Selbst nach zwölf Stunden erschöpfender Dreharbeit verstand er es noch, uns durch seine Leidenschaft mitzureißen. Wenn dann eine Szene seiner Meinung nach gelungen war, sprang er auf, hüpfte umher und lachte lauthals vor Freude.

So war es auch bei der Brautnachtszene und in all den anderen, wo es Carow immer wieder gelang, Angelicas Streben nach handwerklicher Perfektion auf die Einfachheit der Gefühle zu reduzieren und meine spröde Unfertigkeit für die Rolle zu nutzen. Nie ungeduldig. Während Angelica ihren makellosen Körper selbstbewusst präsentierte, genierte ich mich für meine Nacktheit, die damals an die traurige Gestalt eines Don Quichote erinnerte. Es dauerte lange, bis ich mich so, wie ich nun einmal bin, akzeptierte.

Manchmal frage ich mich, was eigentlich aus Paul und Paula geworden wäre, wenn Paula die Geburt ihres gemeinsamen Kindes überlebt hätte? Hätte auch ihre Liebe überlebt? Wahrscheinlich nicht. Paula musste sterben, damit der Glaube an die Unsterblichkeit der Liebe in der Sehnsucht der Zuschauer weiterlebt. Damit es immer wieder so verrückte Frauen wie Paula gibt, denen es mit grenzenloser Hingabe gelingt, die Verkrustungen des Lebens aufzubrechen, weil sie die Leidenschaft nicht fürchten, sondern den Augenblick genießen und festhalten wollen: »Wir lassen es dauern, solange es dauert. Wir machen nichts dagegen und nichts dafür. Und wir fragen nicht nach allerhand Zeugs. Bloß die Namen. Ich bin Paula.« – Und Männern wie mir nichts anderes übrigbleibt, als zu antworten: »Paul.«

29. März 1973. Der Abspann läuft. Der Vorhang schließt sich. Stille. Eine Minute vergeht, nichts rührt sich im Zuschauerraum des Berliner Filmtheaters »Kosmos«. Eine Stimmung wie vor einem Gewittersturm. Wieder vergeht eine Minute, vereinzeltes Klatschen, und wie durch eine unsichtbare Grenze geteilt, bricht in den hinteren Reihen des Saals plötzlich ein Beifallssturm aus, während sich in den Reihen vor uns, wo die geladenen Funktionäre sitzen, nichts rührt. Wie festgenagelt auf ihren Klappsitzen stieren sie auf den geschlossenen roten Vorhang. Ich schaue zu Heiner Carow, der neben mir sitzt. Nervös knabbert er an seinen Fingernägeln. Als Regisseur, Kameramann und wir Schauspieler nach vorn gebeten werden, bricht in den Reihen hinter den Protokollgästen der Jubel erst richtig los, während ich in den ersten zehn Reihen nur verkniffene Gesichter sehe.

Bei einer internen Voraufführung war den greisen Genossen des Politbüros klargeworden, welche Sprengkraft in dieser scheinbar so leicht daherkommenden Liebesgeschichte steckte, woraufhin sie diesen Film in letzter Minute verbieten wollten. Das war aber gar nicht so einfach, wie sich zeigte. Erst einmal versuchten sie, den Film mit ihren geschulten Mitarbeitern und Genossen bei der Premiere durchfallen zu lassen. Dass Autor und Regisseur der »Legende von Paul und Paula« Mitglieder ihrer Partei waren, schmerzte die Kulturbeauftragten des Greisenkabinetts dabei besonders. Carow und Plenzdorf hatten sich zur Premiere extra ihre Parteiabzeichen und Orden anstecken müssen, um zu demonstrieren, dass hier ein linientreuer Film gedreht worden war, der die Gesellschaft der DDR nicht in Frage stellen, sondern verbessern wollte. Allerdings gingen die Meinungen der geladenen Gäste heftig auseinander, wie sich bei der Pressekonferenz im Foyer zeigte. Deprimiert saßen Angelica, Heiner Carow mit seiner Frau, der Kameramann Jürgen Brauer, Marion und ich anschließend im Künstlerclub »Möwe«. Wie würde es weitergehen? Wir fürchteten, dass unser Film nach dieser merkwürdigen Premierenveranstaltung nicht in die Kinos kommt, sondern schon wie Jahre zuvor viele andere Filme, darunter Carows Film »Die Russen kommen«, in den Kellern der DEFA verschwindet. Eine trostlose Aussicht.

Doch dann geschah das Wunder. Innerhalb von einer Woche meldete der »Progress«-Filmverleih Invasionen von Zuschauern in zuvor gähnend leeren Kinosälen. Und erstaunlicherweise waren ausgerechnet bei diesem Film Honecker und sein Volk einmal einer Meinung. »Der läuft!«, hatte der Staatsratsvorsitzende nach einer weiteren internen Begutachtung des Films die Verbotsvorschläge seines Greisenkabinetts entschieden abgelehnt – mit kleinen Auflagen: Die Szene, in der Paul im Kampfgruppenanzug die Mütze vom Kopf geschlagen wird, musste entfallen. Dieses Attribut der Volksverteidigung mit dem Emblem der DDR durfte nicht dem Gelächter preisgegeben werden.

»Paul und Paula« flimmerte durch die Kinosäle der ganzen Republik, und begeisterte Zuschauer lachten und weinten zugleich. Nur die störrischen SED-Bezirkschefs von Rostock und Erfurt ließen sich davon nicht beeindrucken und verhinderten die Aufführung des Films in ihren Einflussbereichen. Lange hielten sie diesen Solidaritätsakt mit den Hardlinern des Politbüros aber nicht durch. Nach vierzehn Tagen mussten sie angesichts der überwältigenden Begeisterung ihren Widerstand aufgeben.

Dreißig Jahre später gab ich einmal in der Friedrichshainer Singerstraße ein Fernsehinterview, und zwar genau vor dem Neubau, in dem sich damals Pauls Wohnung befunden hatte. Plötzlich kam ein älterer Mann in graublauer Windjacke aus der Tür und sagte in breitem Sächsisch: »Mänsch, Sie sind doch der Winfried Glatzeder! Wissen Se, dass *ich* dafür gesorgt habe, dass ›Baul und Baula‹ überhaupt gezeigt werden durfte? Ich war damals im Zentralgommidee in der Abbdeilung für Filmempfehlungen.« Er hätte sogar die Freigabe für den Einsatz des Films im Westen befürwortet.

»Paul und Paula« wurde tatsächlich zum Exportschlager. Der Westberliner Filmproduzent Manfred Durniok hatte mit seinem Gespür für gute Geschäfte die Rechte für diesen Film sofort dem DEFA-Außenhandel gegen begehrte Devisen abgekauft. Endlich hatte das westdeutsche Publikum die Möglichkeit, DDR-Alltag ohne propagandistische Agitation zu sehen. Mit dem Satz, den Rolf Ludwig als Paulas Frauenarzt sagte: »Ideal und Wirklichkeit gehen nie zusammen. Ein Rest bleibt immer!«, konnten sich auch die Zuschauer jenseits der Mauer identifizieren.

Gern hätte ich die darauf folgenden Einladungen zu Filmpremieren in Österreich, der Schweiz und der Bundesrepublik angenommen. Aber meine abendlichen Vorstellungen im Theater und die gerade begonnenen Dreharbeiten zu Rainer Simons Film »Till Eulenspiegel« verhinderten dies. Nur einmal stellte mich Simon für vierundzwanzig Stunden frei. Im April 1974 fuhren Carow, Domröse und ich zur Premiere nach München und waren angenehm überrascht, dass uns auch hier im Westen in einem überfüllten Kino das Publikum begeistert zujubelte. In der Presse irritierte uns allerdings die harte Kritik von Aktivistinnen der Emanzipationsbewegung. Unser Film sei eine »massive Charme-Schnulze zwischen bezaubernder Absurdität und trivialster Abgeschmacktheit«, ein Aufguss der seit Jahrhunderten von Kirche und Staat gepredigten Vorstellung von der Rolle der Frau als Liebende und Gebärmaschine.

Wie die »Rocky Horror Picture Show« wurde auch »Die Legende von Paul und Paula« Kult. Noch heute läuft der Film oft in Programmkinos. An der Rummelsburger Bucht in Berlin-Friedrichshain, wo unser blumengeschmückter Kahn einst ankerte, gibt es seit einigen Jahren ein vier Kilometer langes »Paul-und-Paula-Ufer« mit einem gusseisernen Straßenschild, das immer wieder erneuert werden muss, weil es zum heißbegehrten Souvenir wurde. Und es geht das Gerücht, dass auf der Bank unter dem Schild schon so mancher Paul und manche Paula gezeugt wurden.

Im Juni 2003 wurde der Film im Freilichtkino am Volkspark Friedrichshain vor über Tausend Zuschauern mit uns

Hauptdarstellern und den Puhdys als Gästen gezeigt. Manche der Frauen und Männer, die in den Siebzigern Anfang zwanzig waren, hatten bereits ihre Enkel mitgebracht. Es war wie ein Volksfest. Babys kreischten, Hunde bellten, und viele der Lieder wurden mitgesungen.

Ich saß in der ersten Reihe und sah auf Angelica und mich auf der Leinwand, und mit Erschrecken stellte ich fest, dass seither schon dreißig Jahre vergangen waren. Ich schaute mich um: graues Haar, in Falten gelegte Gesichter, müde Blicke und spannungslose Körper. Nur an Angelica schien die Zeit kaum Spuren hinterlassen zu haben. Sie war immer noch die unnahbare Schöne. Und ich vermisste Carow, der sechs Jahre zuvor gestorben war.

»*Ich hab mich in ihren Schatten gelegt.*« Das alte Haus auf der Leinwand wird gesprengt. Abspann. Jubel. Ich gab Autogramme, schüttelte Hände, war noch einmal Paul, und war es doch schon lange nicht mehr.

Der Traum vom Glück

Ich ging mit Achim Freyer am Ufer des Lago Maggiore entlang und staunte über blühende Oleander, Bougainvilleen, Orangen- und Zitronenbäume, die einen betörenden Geruch verströmten. Der warme Nieselregen störte uns nicht. Wovon so viele DDR-Bürger damals nur träumen konnten, für uns war es Wirklichkeit. Im April 1972 fuhr das Ensemble der Volksbühne mit »Sezuan« quer durch Italien – Mailand, Perugia, Genua, Florenz. Es war ein genussvoller Kulturschock für mich. Die atemberaubende Schönheit der Landschaft, jahrhundertealte architektonische Eleganz, Kunst, kulinarische Genüsse nur einen Steinwurf entfernt von Armut, Prostitution und übel riechenden Müllbergen. Ein Sturzbach der Gefühle, der mich wie ein neugieriges Kind mit sich riss.

Am wohlsten fühlte ich mich in dem farbenprächtigen, duftenden, lauten Treiben der Märkte. Schon am frühen Morgen, wenn die Straßen noch menschenleer waren und die Sprengwagen den Dreck des vergangenen Tages vor sich her spülten, beobachtete ich die Händler und sah ihnen beim Aufbau der Stände zu. Wie sie dabei mit ihren Nachbarn laut schwatzten, lachten und später in den umliegenden Cafés ihren Espresso kippten, bevor sie dann schreiend ihre Waren an den Mann brachten.

Achim Freyer war ungewöhnlich offen an jenem Nachmittag am Lago Maggiore. Was mich überraschte. Zwar waren wir Kollegen, aber befreundet waren wir nicht. Ich hatte das Gefühl, dass ihn etwas belastete, das er loswerden wollte. Traurig und wütend zugleich erzählte er, wie satt er die DDR habe, in der er seine künstlerischen Phantasien nicht realisieren konnte, wo jegliche Kritik an den gesellschaftlichen Verhältnissen unterdrückt wurde, wo es nicht erlaubt war, dorthin zu reisen, wohin man wollte, wo es nur aberwitzige Verbote, Maßregelungen und Verordnungen gab, die einem die Luft abschnürten. »Ich kann das alles nicht mehr ertragen, Winne! Ich bin müde geworden, daran zu glauben, dass sich das jemals ändern wird.« Seine Stimme klang wie immer ruhig und bedächtig, aber es war auch eine Festigkeit und leidenschaftliche Gewissheit darin, die ich so von ihm nicht kannte. Dann erzählte er mir von Picasso, der seine spanische Heimat verließ und nach Paris ging, wo er sich viel intensiver mit den sozialen und künstlerischen Widersprüchen auseinandersetzen konnte und mit einer gleichgesinnten internationalen Künstlerelite im Wettbewerb stand.

Ich blickte über den Lago Maggiore, der mit der einsetzenden Dämmerung langsam im Dunst versank, und hörte ihm schweigend zu. Seine Worte beunruhigten mich. Aber was sollte ich sagen? Meine berufliche wie private Situation sah ich damals nicht in einem so düsteren Licht. Ich stand erst am Anfang des Weges, den Freyer schon bis ans Ende gegangen war. Noch sah ich die Steine nicht, über die ich später stolpern sollte. Ich spielte die unterschiedlichsten Rollen, der Eiserne Vorhang hatte sich für mich geöffnet, ich war glücklich mit Marion und Vater geworden. Mich erstickte die Enge der DDR nicht – noch nicht.

Am nächsten Tag war Achim Freyer nicht am Mailänder Flughafen. Wir stiegen in die wartende Interflugmaschine, und er kam immer noch nicht. Als wir alle auf unseren Plätzen saßen, stellte sich unser Intendant Karl Holán in den Gang, bat um Ruhe und verlas eine Erklärung, in der er sich im Namen des Ensembles von dem republikflüchtig gewordenen Achim Freyer, der den Arbeiter- und-Bauern-Staat verraten habe, distanzierte und diesen Schritt verurteilte. Schweigen. Niemand wagte, etwas zu sagen. Jeder behielt seine Gedanken für sich. Auch ich hielt es für sinnvoll zu schweigen, obwohl ich der Meinung war, dass jeder Mensch selbst darüber bestimmen sollte, wo und wie er lebt, und Freyers Entscheidung insgeheim sogar bewunderte.

Acht Monate später, kurz nach Beendigung der Dreharbeiten zu »Paul und Paula«, spielte ich an der Volksbühne zusammen mit Angelica Domröse als meiner Frau Marfa den alten Kolchosbauern Motschalkin in Fritz Marquardts Inszenierung der russischen Komödie »Der goldene Elefant« von Alexander Kopkow: Paul und Paula ein Eheleben später, ein Paar, dessen Verliebtheit sich durch das lange Zusammenleben längst verflüchtigt hat. Doch dann findet Motschalkin eines Tages in einem kleinen Wäldchen eine Kiste mit einem goldenen Elefanten. Und ein Virus macht sich in ihm breit. Der Virus des Reichtums. Endlich wird das Leben wieder aufregend für ihn. Voll sinnlicher Leidenschaft und panischer Angst, jemand könnte ihm den Schatz wieder wegnehmen, umschlingt er wie eine Krake seinen Besitz und beginnt zu träumen und Visionen zu haben, wie er dem öden Alltag im sozialistischen Russland entfliehen und in Amerika sein Glück machen könne. Eines Tages steigt er mit seinem Hund und dem goldenen Elefanten in die Gondel eines riesigen Fesselballons, den er für seine Flucht gebaut hat, während seine Frau, seine Kinder und die ganze Kolchose an den Seilen hängen und ihn zurückzuhalten versuchen. Es gelingt ihm, sich loszureißen und sich wenige Meter über die Zurückgebliebenen zu erheben. Kurz darauf stürzt er kopfüber in eine Jauchegrube.

Bei den Proben habe ich oft an Achim Freyer denken müssen und an seine Frau Ilona, die mit ihren zwei Kindern die DDR noch im selben Jahr in einem speziell dafür präparierten Fluchtwagen verließ. Ich fragte mich, ob ich wie Motschalkin oder die Freyers auch diesen Mut aufbringen würde, für eine ungewisse Zukunft alles hinter mir zu lassen.

Till, der Anarchist

Till Eulenspiegel hält den Schwanz einer Kuh in der Hand und schwenkt ihn auf und ab wie bei einer Pumpe. Endlich klatscht – in Großaufnahme – der erwartete Fladen in die Pfanne. Till brät ihn in der Burgküche und setzt ihn dann Raubritter Kunz, der eine Speise verlangt hat, die er noch nie zuvor gegessen habe, als einmalige, köstliche Delikatesse vor. Der verspeist sie arglos und genüsslich – bis er erfährt, was er da zu sich genommen hat.

Diese Szene gleich zu Beginn des Films »Till Eulenspiegel« von Rainer Simon wurde heftig diskutiert. Schließlich fiel nur der Kuhfladen in Großaufnahme der Zensur zum Opfer. Dass die anschließende Fressszene verschont blieb, war ein Zugeständnis, dem – wie auch bei anderen Szenen – zahllose Diskussionen, Briefe und Stasiprotokolle vorausgingen. Rainer Simon, der bis dahin mit eigenwilligen Interpretationen der Grimmschen Märchen »Wie heiratet man einen König« und »Sechse kommen durch die Welt« die Oberen verunsichert und die Zuschauer begeistert hatte, war mit seiner Sicht auf Till schon bei der Entwicklung des Drehbuchs eine Figur gelungen, die das Misstrauen der Zensoren erregte.

Der Film nach dem Buch von Christa und Gerhard Wolf war eine subtile Parabel auf die Zustände der DDR, in der jeder Streich des Rebellen Till doppeldeutig war. Er zeigte die Einfalt und ideologische Verführbarkeit des Volkes und sein gnadenloses Ausgeliefertsein gegenüber Kaiser, Fürsten, Landvögten und Bischöfen – die Parallelen zum feudalen Fürstenhof DDR waren offensichtlich – so mancher SED-Bezirkschef soff wie ein mittelalterlicher Landesfürst, fraß, bestellte sich die Schönen des Landes ins Bett und konnte mit einem Federstrich eine Existenz auslöschen. Im Film ist es der Land-

vogt, der sich die Bauerntöchter kommen lässt und sie verge-
waltigt – eine Szene, die aufgrund ihrer Brutalität ebenfalls
zensiert wurde. Der Film beschönigt die mittelalterliche Grausamkeit nicht. Da wird gefressen und gesoffen, gepinkelt und
gekotzt, gevögelt, gelogen, betrogen und gehenkt, da werden
Hühnern und Gänsen die Köpfe abgerissen, da wird ein Pferd
abgestochen und die Dummheit der Mächtigen bloßgestellt –
ein gnadenloses Sittengemälde über Macht und Ohnmacht
des Einzelnen, dem sich nur ein Narr entziehen kann. Simons
Film ist keine witzig-amüsante Historienkomödie. Er ist die
bitterböse, persönliche Abrechnung eines Regisseurs mit den
gesellschaftlichen Zuständen in der DDR in historischem Gewand. Sein Eulenspiegel ist kein volksnaher Possenreißer,
auch kein revolutionärer Volksheld, sondern ein Individualist, ein Anarchist, der keine Autorität anerkennt, der alles
und jeden in Frage stellt und bei all seinem subversiven Handeln seinen bösen Spaß hat.

Diese eigenwillige Interpretation der Eulenspiegel-Figur
stand in krassem Gegensatz zu den Vorstellungen der dog-
matischen Ideologen des Propagandaapparates der DDR, die
Eulenspiegel gern wie den Bauernführer Thomas Müntzer als
glühenden, mittelalterlichen Vorkämpfer für eine gerechtere
Gesellschaft missbraucht hätten. Dazu wäre Simon, obwohl
Mitglied der SED, nie bereit gewesen.

1972 hatte Simon nach langjähriger Stoffvorbereitung von
der DEFA die Zusicherung erhalten, nach Christa und Gerhard Wolfs Erzählung einen zweiteiligen Kinofilm drehen zu
können. Doch sechs Wochen vor Drehbeginn, im Frühjahr
1973, wurden auf Anweisung der DEFA-Direktoren, allen voran Professor Albert Wilkening, die vorbereitenden Arbeiten
gestoppt. Ein Alptraum für einen Regisseur, der zuvor schon
die Zu- und wieder Absage einer Koproduktion mit Frank-
reich und den Darstellern Alain Delon bzw. Omar Sharif als
Till hatte ertragen müssen. Als Gründe für den Abbruch wurden finanzielle und Kapazitätsprobleme, die angeblich den
Studiobetrieb der DEFA zum Erliegen gebracht hätten, vor-

geschoben (was vermutlich gar nicht so weit hergeholt war). Dies war eine ausdrückliche taktische Empfehlung des dafür zuständigen Stasi-Oberleutnants gewesen.

Die Anweisung, die Produktion des Eulenspiegel-Films zu stoppen, war das frühe Signal einer neuen politischen Eiszeit. Honeckers Greisenkabinett und seine Landvögte wollten sich die subversive Sprengkraft von Filmen wie »Die Legende von Paul und Paula«, Egon Günthers »Der Dritte« oder Konrad Wolfs »Der nackte Mann auf dem Sportplatz« nicht mehr gefallen lassen. Christa und Gerhard Wolf versuchten, den Film zu retten. Aber selbst eine Audienz beim Kulturminister brachte nicht das erhoffte Ergebnis.

Schließlich wurde ein Kompromiss ausgehandelt. Wenn innerhalb von vierzehn Tagen ein Drehbuch für einen einteiligen Spielfilm geschrieben würde, könnte Simon mit der Realisierung beginnen, wobei sie wohl davon ausgingen, dass er das niemals schaffen würde. Doch ihre Rechnung ging nicht auf. Simon und sein Regieassistent Jürgen Klauß, mit dem ich einst im Internat der Babelsberger Filmhochschule das Zimmer geteilt hatte, gelang es dennoch, innerhalb der vorgegebenen Zeit ein neues Drehbuch zu schreiben, in das er sogar die ihm wichtigsten Szenen hinüberretten konnte. So blieb den DEFA-Direktoren und ihren Führungsoffizieren nichts anderes übrig, als mit zusammengekniffenen Arschbacken die Realisierung des Films zu genehmigen und hilflos zuzusehen, wie das Unheil seinen Lauf nahm.

Simon hatte die Rollen mit den bekanntesten Theater- und Filmschauspielern der DDR besetzt sowie vielen Laien, darunter etliche seiner Freunde, oppositionelle Maler, Musiker und Schriftsteller: neben mir als Till spielte der polnische Filmschauspieler Franciszek Pieczka den Raubritter Kunz, Eberhard Esche den Fürsten, Cox Habbema die Bauerntochter, Jürgen Gosch den Kaiser, Michael Gwisdek einen Landsknecht und Jörg Gudzuhn den Henker.

Die Figur des Till Eulenspiegel, die mich in der Verkörperung von Gérard Philipe als Kind begeistert hatte, war eine

113

enorme Herausforderung für mich. Noch während der Kämpfe um die Drehgenehmigung lernte ich ein halbes Jahr lang in der Berliner Artistenschule, auf dem Seil zu balancieren, mit Äpfeln und Birnen zu jonglieren, verbesserte meine Reitkünste und sah mir Filme von Charlie Chaplin, Karl Valentin und Ernst Lubitsch an, um herauszufinden, wie Charaktere und Situationen gebaut sein müssen, damit dem Zuschauer das Lachen im Halse steckenbleibt, wenn er sich mit Schrecken wiedererkennt.

Je intensiver ich mich mit dem Eulenspiegel beschäftigte, desto mehr wich meine anfängliche Furcht, meinen eigenen Vorstellungen nicht gerecht werden zu können, der Gewissheit, dass die Figur mir näher war, als ich angenommen hatte. Wie Eulenspiegel konnte auch ich nichts mit Ideologie anfangen. Wie er suchte ich in den Qualen des Alltags den Genuss, während die vermeintlich schönen Seiten des Lebens mir oft einen Schrecken einjagten. Eulenspiegel stellt das System auf den Kopf und macht es lächerlich. Er hat Spaß daran, in den faulen Wunden zu stochern – doch nicht nur in denen der Reichen und Mächtigen. Till Eulenspiegel macht vor niemandem halt. Er quält, verunsichert und beklaut die Bauern und Handwerker ebenso wie den Kaiser, die Adligen und Kaufleute. Gerade das hatte ja den Mächtigen der DDR missfallen. Eulenspiegel will es sich vor allem gut gehen lassen, fressen und saufen, und als er sieht, dass ihm keiner freiwillig etwas abgeben will, beschließt er, auf seine Art und Weise zu überleben. »Ich begreife nicht«, sagt Till, »wie ein Mensch freiwillig arbeiten kann, wenn er auch so versorgt wird.«

Rainer Simon, Claus Neumann hinter der Kamera und die Schnittmeisterin Helga Gentz schufen mit grandiosen Bildern und packenden Szenen einen unverwechselbaren Film. Etwa die surrealistische Malerszene mit dem Schauspieler Horst Lebinsky. Eulenspiegel, der keinerlei Ahnung von Malerei hat, bewirbt sich am Fürstenhof für den Auftrag, die Wände des Festsaals mit den Details höfischer Macht zu bemalen. Seine Mitbewerber hatte Simon mit verfemten DDR-

Malern besetzt, die bei keiner staatlichen Kunstausstellung der DDR zugelassen waren. Eulenspiegel, der schließlich den Auftrag bekommt, sichert sich zuvor mit einem hinterlistigen Satz ab: »Eine Kleinigkeit noch, Fürst, meine Bilder kann nur verstehen, wer im einzig rechtmäßigen Glauben unserer allein seligmachenden heiligen Mutter Kirche ist.« Arglos stimmt der Fürst zu, und Eulenspiegel hat freie Hand in allem, was er tut. Keiner wird sagen können, seine Bilder seien schlecht, denn das wäre Gotteslästerung. Monatelang frisst sich Eulenspiegel mit seinem Gehilfen voll und säuft, was er nur kann. Erst in der Nacht, bevor der Fürst die in Auftrag gegebenen Bilder begutachten will, machen sich Eulenspiegel und sein Gehilfe im Vollrausch an die Arbeit. Es wird ein sinnenfreudiges Happening, Realität, Traum und Alptraum verschmelzen. Eulenspiegel schwingt an einem Seil, reitet rücklings auf einem Esel oder den Schultern seines Gehilfen und klatscht Farbe und Eier an die Wand, die dann mit bloßen Händen oder allerlei Gerät verschmiert werden. Am Ende schüttet er die Farbeimer über sich selbst aus und landet erschöpft in einem Wassertrog, um mit dem Schwanz des Esels ein Kreuz zu schlagen. Amen. Weder der Fürst noch seine Höflinge wagen das Ergebnis dieser orgiastischen Nacht als das zu bezeichnen, was es ist. Sie schweigen betreten, und Eulenspiegel bekommt seinen Lohn.

Im Gegensatz zum schweigenden Hofstaat des Fürsten bezeichneten die Mächtigen des Kulturapparats der DDR »Till Eulenspiegel« nach der Vorführung als »einen schlimmen Horrorfilm«, eine Beleidigung ihrer moralisch-ästhetischen Prinzipien. Nach langwierigen haarsträubenden Diskussionen, bei denen Christa Wolf eine schwere Herzattacke erlitt, wurde der Film mit der Auflage, einige Szenen herauszuschneiden, schließlich freigegeben. Erstaunlicherweise war die letzte Szene nicht dem Zensor zum Opfer gefallen: Bevor Eulenspiegel gehenkt werden soll, bittet er um die Erfüllung seines letzten Wunsches: Kaiser, Räte und der Bischof sollen ihn nach seinem Tod sieben Tage lang jeden Morgen »nüchtern auf den nackten Arsch küssen«. Eulenspiegel reißt sein Büßerhemd hoch, und das Volk – über tausend Kleindarsteller wirkten in der Szene mit – lacht auf. Und damit der Kaiser nicht zum Gespött wird, begnadigt er Eulenspiegel.

Im Mai 1975 kam der Film mit nur wenigen Kopien in die Kinos, versehen mit einer geheimen Gebrauchsanweisung für die Lichtspieldirektoren: »Vorsicht, schwieriger Film, bei besonderen Vorkommnissen ist Meldung zu erstatten.« Eltern wurden gewarnt: »Kein Film für Kinder. P18.«

»Wie es euch gefällt«

»Ich hab was für Sie. Eine Bombenrolle«, kündigte der Regisseur Lothar Bellag mir am Telefon an. Als er mich dann zu Hause besuchte, drückte er mir ein Drehbuch in die Hand. Auf dem Titelblatt las ich »Helmut Sakowski ›Daniel Druskat‹«. Zu Sakowski fiel mir sofort das Nachkriegsepos »Wege übers Land« ein, dessen Verfilmung als Fernsehmehrteiler die halbe DDR acht Jahre zuvor in Atem gehalten hatte. Als Vorreiter des Bitterfelder Weges hatte Sakowski mit seinen Werken die Dorfstraßen so breitgetreten, dass ihm danach viele linientreue Autoren folgten. »Sie spielen den fortschrittlichen LPG-Vorsitzenden und Parteisekretär Druskat, der eine Leiche im Keller hat. Manfred Krug Ihren Rivalen, den schlitzohrigen Vorsitzenden aus dem Nachbardorf, der sich der Kollektivierung verweigert. Die Domröse spielt Ihre Frau. Es wird ein Fünfteiler.«

Lothar Bellag kannte ich flüchtig von einer geselligen Runde bei meiner Großmutter. Er war einer der meistbeschäftigten Fernsehregisseure mit großem handwerklichen Können und der Zähigkeit, die Dreharbeiten für einen Mehrteiler durchzustehen. In den fünfziger Jahren war er Regieassistent am Berliner Ensemble, später Vizepräsident des Verbandes der Film- und Fernsehschaffenden gewesen. »Es sind Sondergagen genehmigt worden«, machte Bellag mir die Sache schmackhaft. »Das Ganze ist ziemlich hoch angebunden.« Was soviel hieß wie: Betreut und überwacht von der Abteilung Agitation und Propaganda beim Zentralkomitee.

Ich überlegte. Bellag war kein Carow, sondern eher jemand, der sich in der Zwangsjacke des politisch Machbaren durchaus locker bewegte und noch nie Anstoß erregt hatte. Was wollte ich? An der Volksbühne hatte ich gerade den Bergmann Adolf Hennecke gespielt und mir größte Mühe gegeben, den heroischen sozialistischen Normenbrecher als einen normalen und fehlbaren Menschen zu zeigen. Das reichte mir vorläufig an Heldenrollen. »Ich überleg's mir«, sagte ich und verabschiedete Bellag, der wohl mehr Begeisterung für dieses lukrative Angebot von mir erwartet hatte.

Das Drehbuch war, wie ich befürchtet hatte, eine Verherrlichung der Zwangskollektivierung, pure Ideologie, wenn auch spannend geschrieben. Aber es interessierte mich nicht. Was mich reizte, war eher, dass ich wieder mit Angelica Domröse, meiner Paula, spielen könnte. Ich wusste, dass Angelica die politische Tendenz des Drehbuchs genauso plakativ fand wie ich. Doch ihr damaliger Ehemann, der Schauspieler Jiří Vrštála, riet ihr eindringlich, die Rolle in diesem »hoch angebundenen« und besetzten Fernsehprojekt auf jeden Fall anzunehmen, allein schon aus Gründen der Popularität. Sie war so klug zuzusagen. Krug ebenfalls, ihm war die Rolle des jovialen, gewitzt-hinterlistigen Gegenspielers von Druskat sowieso auf den Leib geschrieben. Die Entscheidung fiel mir nicht leicht. Besson stellte gerade an der Volksbühne seine Besetzung für Shakespeares »Wie es euch gefällt« zusammen. In diesem Stück hätte ich gern den melancholischen Zyniker Jacques gespielt. Aber bisher war ich für diese Inszenierung nicht vorgesehen.

»Das hier habe ich von Bellag angeboten bekommen«, sagte ich Besson ein paar Tage später und legte ihm den ersten Teil des Drehbuchs auf den Intendantenschreibtisch. »Er will mich für den Druskat«, sagte ich nach einer kurzen Pause, während Besson gelangweilt darin blätterte. »Aber eigentlich«, sagte ich, »würde ich viel lieber bei Ihnen den Jacques spielen.« Besson hob den Blick, schaute mich mit seinen unter den schwarzen Brauen hervorblitzenden Augen lächelnd an und sagte: »Ich habe schon Angelica freigegeben.«

Ich wusste, wie sehr er und viele andere Intendanten es hassten, ihre Schauspieler mit den Film- oder Fernsehregisseuren zu teilen. Sie reagierten auf solche Konkurrenz mit der gleichen Empörung, als hätten sie erfahren, dass ihre Ehefrau fremdgeht. Wie oft schlich ich mich deshalb heimlich von der Probe weg, um rechtzeitig zu meinen Drehterminen zu kommen. Das Vereinbaren von Dreharbeiten und Theaterproben erforderte eine präzise Terminplanung, die Regisseure zur Raserei bringen konnte. Besson hatte sich deshalb schon mit der Gewerkschaft angelegt: »Was heißt hier, wir proben von zehn bis zwei! Seid ihr Büroangestellte? Wir machen so lange, bis ich Schluss sage!« Fritz Marquardt rastete regelmäßig aus, wenn er nicht das probieren konnte, was er sich vorgenommen hatte, weil die Hälfte der Schauspieler in den Filmstudios vor der Kamera stand. Wenn jedoch er selbst mit einer Hauptrolle besetzt wurde, wie zum Beispiel als Bahnwärter in »Das zweite Leben des Friedrich Wilhelm Platow« unter der Regie von Siegfried Kühn, wurden alle Probenpläne ohne Diskussion nach seinen Wünschen über den Haufen geschmissen.

»Und du willst wirklich bei mir den Jacques statt bei Bellag den Druskat spielen und auf so viel Geld verzichten?«, fragte Besson ungläubig.

Ich bekam den Jacques. »Wie es euch gefällt« war Teil eines dreitägigen Klassikmarathons, der am 16. April 1975 Premiere hatte, eine von Besson satirisch-grotesk überhöhte Komödie um Macht, Bruderhass und unsterbliche Liebe. Nur Jacques, der ehemalige Weiberheld, der jetzt altersschwach und syphilitisch die Liebe verachtet, zieht sich mit dem verbannten Herzog in den Wald von Ardenne zurück und räsoniert pessimistisch über die Sinnlosigkeit allen menschlichen Strebens: »Die Welt ist eine Bühne/Männer und Weiber, alle, Schauspieler nur ...«

»Wie es euch gefällt« war eigentlich meine erste intensive Arbeit mit Besson. Beim »Sezuan« hatte ich ihn nur bei wenigen Proben kurz vor der Premiere erlebt, denn ich hatte ja mit den Assistenten vorliebnehmen müssen. Später war er nie wieder so humorvoll bissig und entspannt wie während dieser Inszenierung. In der Entwicklung des Jacques fanden wir eine gemeinsame Sprache. Uns reizte es, die Figur von allem Bildungsbürgerlichen zu befreien und das Selbstgefällige, Zynische und Pessimistische seines Charakters zu betonen. Diese Sichtweise passte zu Bessons ungewöhnlichem Inszenierungskonzept, in dem er alle Figuren ironisch brach und auf einzelne Aspekte ihrer Charaktere zuspitzte – wobei er vor allem bei Orlando und Rosalind bis an die Schmerzgrenze ging: Der vierzigjährige eigenbrötlerische, ruppig-verknautschte Hermann Beyer spielte den schönen Jüngling, und die fünfzigjährige, mächtige 1,90 Meter große Souffleuse Gisela Rubbel die zarte Herzogstochter. Besson philosophierte nie lange herum, was eine Rolle oder eine Situation zu bedeuten oder welchen psychologischen oder historischen Hintergrund sie hatte. Darüber hatten wir uns kurz im Vorfeld der Proben verständigt. Die Klärung der historischen und philosophischen Fragen um das Stück überließ Besson meist Dramaturgen und anderen Fachleuten, wie dem Historiker Ekkehard Schwarzkopf. Das verhinderte, dass wir uns später bei den Proben in endlosen Diskussionen verloren. Unsere Arbeit war eine lustvolle Suche nach der einfachsten Lösung, was – wie jeder Eingeweihte weiß – das Schwerste überhaupt ist. Aber wenn wir sie dann gefunden hatten, freuten wir uns wie Kinder darüber.

Besson äußerte sich in einer sinnlich-bildhaften Sprache, wenn er Vorschläge machte, und genau das war das Besondere an ihm. Als wir bei den Proben zu Jacques' erstem Auftritt nach tagelangen wiederholten Anläufen nur noch auf der Stelle traten, hatte Besson den erlösenden Einfall, ihn als einen altersschwachen, aber mit letzter Kraft um sein Revier kämpfenden röhrenden Platzhirsch darzustellen, einen vom Leben zerschlissenen, syphilitischen Draufgänger, der mit seinen erotischen Bemühungen ständig scheitert. Mit dieser bildhaften Vorstellung konnte ich etwas anfangen. Und als melancholisch röhrender Hirsch brachte ich das Publikum später bei jeder Aufführung zu schadenfrohem Lachen.

19. Als »Belmondo« mit Ulrich Thein in »Unbekannte Bürger«,
1970

20. Mit Thomas Langhoff in »Nachtasyl« am Hans-Otto-Theater
Potsdam, 1970

21. Mit Dieter Montag in Heiner Müllers »Weiberkomödie« an der
Volksbühne Berlin, 1971

22. Marion und Robert an der Ostsee, 1971

23. Mit Ursula Karusseit in »Der gute Mensch von Sezuan«, 1971

24. Mit Heidemarie Wenzel in »Zeit der Störche«, 1970

25. Szenenfoto aus »Zeit der Störche«

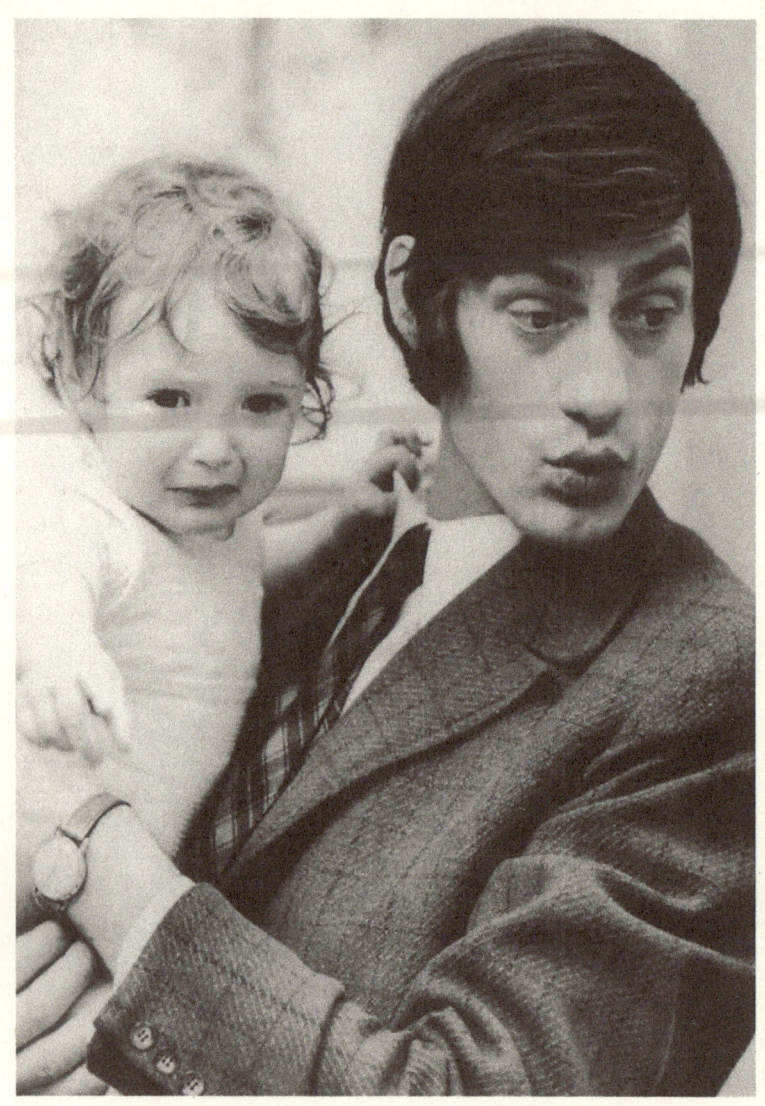

26. Mit Deborah Kaufmann in »Der Mann, der nach der Oma kam«, 1971

DIE
LEGENDE
VON PAUL
UND
PAULA

FILM
FÜR SIE

27./28./29. Mit Angelika Domröse in »Die Legende von Paul und Paula«, 1972

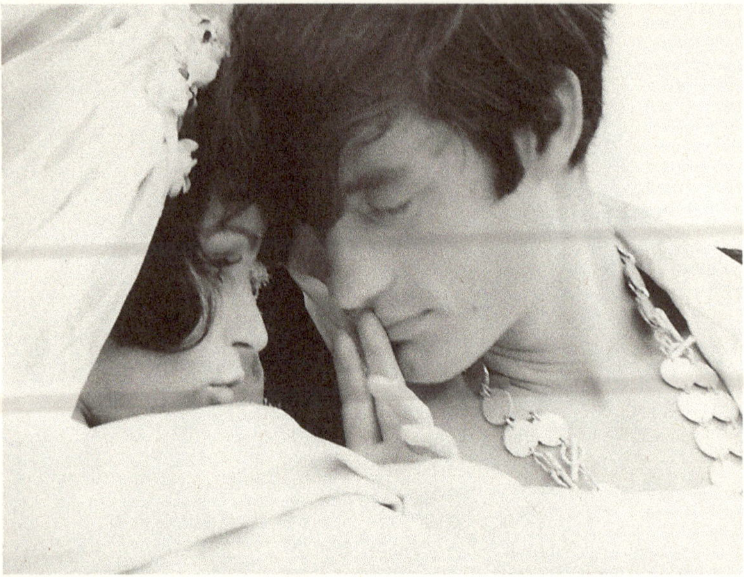

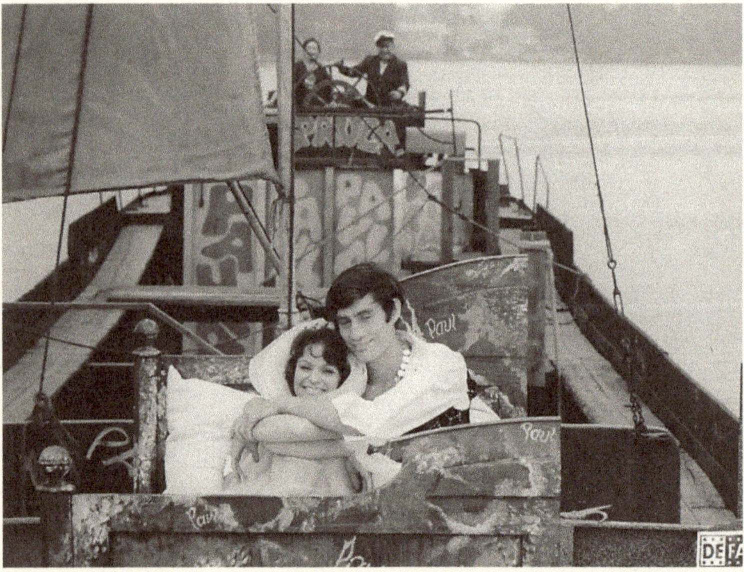
Paul
Paul

30. Das »Traumpaar« einmal anders: Mit Angelika Domröse in »Der goldene Elefant«, 1974

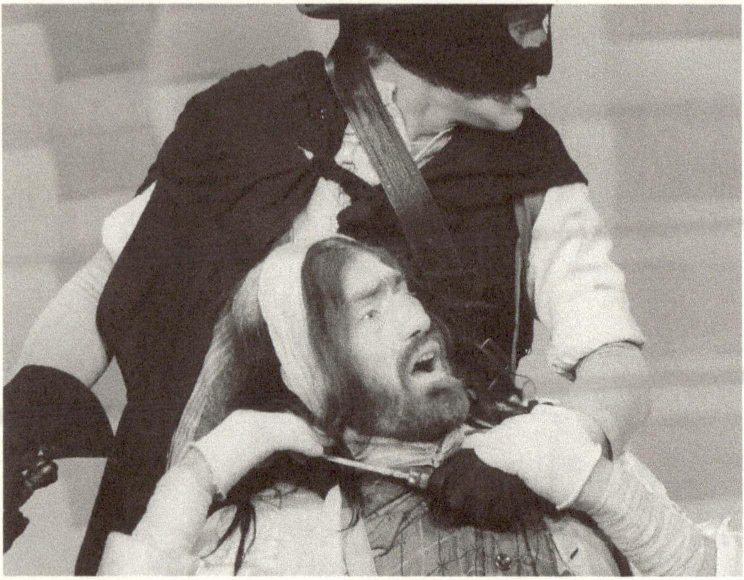

31. Als »Jacques« mit Hermann Beyer in »Wie es euch gefällt«, 1975

32. Szenenfoto aus »Till Eulenspiegel«, 1974

33. Mit Regisseur Rainer Simon während der Dreharbeiten zu
»Till Eulenspiegel«

34. »Till Eulenspiegel«

Winfried Glatzeder

35. Autogrammkarte, 1975

36. Mit Fred Düren in »Margarete in Aix« von Peter Hacks, 1976

37. Mit Hans Teuscher (links) und Marianne Wünscher (rechts) in den Kostümen Achim Freyers und dem Bühnenbild von Ezio Toffolutti in Benno Bessons Inszenierung »Der gute Mensch von Sezuan«, 1976

Anfang vom Ende

Was wäre, wenn? Hätte ich statt des syphilitischen Melancholikers Jacques jenen LPG-Vorsitzenden Druskat gespielt, hätte ich womöglich wie Krug, Thate und Domröse schon viel früher meine Koffer gepackt und nicht erst vier Jahre später.

Als die Biermann-Affäre mit der Ausbürgerung des Liedermachers am 17. November 1976 begann, war ich nicht in Berlin, sondern auf einer Tournee in Prag und Bratislava. Als ich zurückkam, war das Entsetzen der SED-Führungsclique, ausgelöst durch die Forderung zahlreicher namhafter Intellektueller, die Ausbürgerung zu überdenken und zurückzunehmen, da sie ein willkürlicher und undemokratischer Akt sei, in einen blindwütigen Aktionismus umgeschlagen. Die Unterzeichner dieser Petition, vor allem Schriftsteller, Maler, Schauspieler und Musiker, wurden in den folgenden Wochen massiv unter Druck gesetzt, ihre Unterschriften wieder zurückzunehmen. Die »Uneinsichtigen« wurden, wenn sie in der Partei waren, ausgeschlossen, andere aus dem Schriftstellerverband, aus den Hochschulen und Instituten entfernt. Vielen Künstlern entzog man bereits erteilte Aufträge, Konzerte wurden abgesagt und Projekte auf unbestimmte Zeit verschoben. Die Vielfalt des Strafenkatalogs schien unerschöpflich. Einige wenige waren durch ihren Bekanntheitsgrad geschützt. Sie durften in den Westen ausreisen – ohne den Umweg über die DDR-Gefängnisse nehmen zu müssen. Diese durch Biermann ausgelöste Konfrontation des Apparats mit seinen Bürgern zeigte auch mir unmissverständlich, dass der Einzelne in diesem Staat rechtlos war, dass es die behauptete Demokratie nur auf dem Papier gab und dass jeder, der es wagte, die Entscheidungen der Mächtigen zu kritisieren, um sein soziales und leibliches Wohlergehen fürchten musste.

Da ich zum Zeitpunkt der ersten Petition nicht in Berlin war, gehörte ich nicht zu den Unterzeichnern. Dass ich auch danach kein Verlangen hatte, Biermann den Weg zurück in die DDR zu erkämpfen, lag daran, dass ich ihn weder persönlich kannte noch etwas von ihm gelesen oder ihn öffentlich hatte auftreten sehen. Er war für mich auch kein willkommener Anlass, endlich einmal gegen jahrelang ertragene Drangsalierungen und Demütigungen zu protestieren. Ich wusste, dass mein Protest Biermanns Situation nicht verbessert, meine aber erheblich verschlechtert hätte. Meine damaligen Arbeits- und Lebensbedingungen waren zwar voller Konflikte, aber nicht unerträglich, was sich jedoch in naher Zukunft dramatisch ändern sollte.

Meine künstlerische Auseinandersetzung mit dem Widerspruch zwischen den Leitartikeln des »Neuen Deutschland« und dem Überlebenskampf der DDR-Bürger in einem vor sich hin modernden Tümpel, in dem sämtliche Organismen langsam, aber sicher ersticken mussten, fand in Matthias Langhoffs und Manfred Karges bissiger Inszenierung von Goethes »Bürgergeneral« statt. Unter dem Eindruck der Auswüchse der Französischen Revolution, entwarf Goethe die Figur eines aufgeklärten Monarchen, der es versteht, die Lebensbedingungen seiner Untertanen so zu gestalten, dass ihre Grundbedürfnisse wie Essen, Trinken, Arbeit und ein Dach über dem Kopf garantiert sind – dann hätte niemand mehr einen Anlass, gegen die Herrschenden aufzubegehren. Ich spielte einen wohlhabenden Bauern, der sein eintöniges Dasein gottesfürchtig erträgt. Bis der von der Französischen Revolution infizierte Barbier des Dorfes, der die Besitzverhältnisse auf den Kopf stellen will, ihn aus seiner Lethargie reißt. Chaos bricht aus, das ein Machtwort des Herzogs an seine Untertanen, mit dem er an ihre Bürgerpflichten appelliert, nach einer kurzen Zeit des Aufruhrs wieder beendet. Die dörfliche Ordnung wird wiederhergestellt, und alles bleibt scheinbar beim Alten. Diese Hoffnung hatten auch die Mächtigen der DDR und merkten in ihrem Altersstarrsinn nicht, dass ihnen nach und nach die Gunst und Geduld ihres Volkes abhandenkam.

Die aktionsreiche und bis ins Absurde gesteigerte Inszenierung von 1977 war kein Publikumserfolg. Vielleicht hatten wir zu sehr in der eiternden Wunde gebohrt, und das Lachen blieb den Leuten im Hals stecken. So wie bei Billy Wilders Kinopremiere von »Eins, zwei, drei« kurz nach dem Mauerbau, als niemand über diese Komödie lachen konnte, weil der Schock der in Beton gegossenen Teilung noch zu tief saß, und der Film erst dreißig Jahre später sein Publikum fand. Und so wie wir erst heute über all das Absurde, Kindische, Schreckliche und auch Schöne in jenem Land lachen können, das vierzig Jahre lang so etwas wie ein staatlich verordneter Kindergarten war.

Versuch, ein Experimentiertheater
zu gründen

Nachdem mich jener geheime Stasi-Regisseur im März 1976 aus seiner »Liebling«-Inszenierung mit dem Vermerk »unzuverlässig« hinausgeworfen hatte, geriet ich zwei Jahre später wieder auf seine Besetzungsliste. Ein neues Drehbuch wurde entwickelt, in dem sich folgende Notiz findet:

Aktenzeichen 54/78 ›streng geheim‹: Aktivitäten von Kunst- und Kulturschaffenden der DDR zur Schaffung eines sogenannten freien Experimentiertheaters in der Hauptstadt der DDR. Dem Ministerium wurde intern bekannt, daß derzeit eine Anzahl von Theaterschaffenden sich bemüht, freies Experimentiertheater in der Hauptstadt zu machen. Ihren geäußerten Vorstellungen entsprechend ist mit diesem Vorhaben beabsichtigt, alle Beteiligten an der Auswahl, Entscheidung und Inszenierung von Theaterstücken mitwirken zu lassen. (…) Zur Realisierung dieses Vorhabens wandten sich die Organisatoren, u. a. der Dramatiker Heiner Müller, an das Politbüromitglied Konrad Naumann, an den Minister für Kultur, an die Leiterin der Abteilung Kultur Ursula Ragwitz. (…) Dem MfS wurden bisher folgende Personen bekannt, die an der Mitarbeit innerhalb dieser internen Gruppe interessiert sind und bereits dazugehören.

Es folgen die Namen der Beteiligten, teilweise mit Charakterisierungen wie: Heiner Müller, »Unterzeichner einer Biermann-Petition, Verfasser mehrerer Theaterstücke, die wegen ihrer gesellschaftsschädigenden Aussage nicht zur Aufführung zugelassen werden«, B. K. Tragelehn, nach der Inszenierung von Müllers »Umsiedlerin« »1961 aus der SED ausgeschlossen, Unterzeichner einer Biermann-Petition«, Friedrich Dieckmann, »Dramaturg, Organisator von Zusammenkünften oppositioneller Kulturschaffender«, der Autor Lothar Trolle, der Regisseur Peter Konwitschny, der Bühnenbildner Horst Sagert und die Schauspieler Klaus Brasch, Jutta Hoffmann, Jörg Gillner, Jürgen Holtz und Winfried Glatzeder, »ehemaliger Angehöriger einer negativen Gruppierung am Hans-Otto-Theater Potsdam«.

Was in der Stoffsammlung des geheimen Regisseurs so dramatisch klingt, war der Versuch, in einer Zeit, als Besson seinen künstlerischen Schwerpunkt nach Paris verlagerte und sich an der Volksbühne wieder der alte konventionelle Mief ausbreitete, einen künstlerischen Freiraum ohne staatliche Fürsorge und Kontrolle zu schaffen. Das entsprach weniger einer politisch subversiven Absicht als unserem künstlerischen Überlebenswillen. Wir trafen uns in Tragelehns großer Altbauwohnung im Prenzlauer Berg, wo immer zahlreiche Gäste, Kinder und Katzen herumliefen und wir uns bei Rotwein und Schmalzstullen mit heißen Diskussionen die Nächte um die Ohren schlugen. Hin und wieder kam auch Heiner Müller dazu. Er war interessiert an einer Aufführung seiner »Macbeth«-Fassung. Gewöhnlich brachte er seinen Whisky und seine legendären kubanischen Zigarren Marke »Cohiba« mit, die er sich in Westberlin am Bahnhof Zoo für zwanzig Mark das Stück kaufte und mit den Worten rauchte: »Ich genieße es, die D-Mark verbrennen zu sehen.« Müllers Sarkasmus faszinierte mich und stieß mich zugleich ab. Die Mühen des DDR-Alltags mit seinen Verwerfungen interessierten ihn nicht, die Gegenwart war für ihn nur eine Materialsammlung, in der er nach Bestätigung für seine Theorie suchte, dass die Menschheit unbelehrbar sei. Er kam mir wie ein in den Lüften kreisender Adler vor, der sich mit scharfem Blick sein Opfer sucht, um es dann im Sturzflug zu packen und genüsslich zu zerfleischen.

Der Versuch, ein freies Experimentiertheater zu gründen, scheiterte schließlich an einer scheinbar so banalen wie notwendigen Forderung: Toiletten. Angeblich erfüllte kein einziger der Aufführungsräume, die wir immer wieder aufs Neue beim Rat der jeweiligen Stadtbezirke beantragten, die geforderten sanitären Voraussetzungen. Eine einfache, aber wirkungsvolle Ausrede. Außerdem wurde die »konterrevolutio-

125

näre Gruppierung« hinterhältig ihres Anführers beraubt, indem Tragelehn ein Arbeitsvisum für das Bochumer Theater bekam. So simpel und wirkungsvoll gelang es den hohen Kulturfunktionären und meinem geheimen Regisseur, unseren »konterrevolutionären« Elan zu ersticken. Und Heiner Müller musste mit seiner »Macbeth«-Uraufführung noch bis 1982 warten.

Am seidenen Faden

Es regnete in Strömen. Wir fuhren in unserem klapprigen Opel »Olympia«, aus dem immer noch das Benzin tropfte, durch einen heftigen Gewitterguss. Der dreijährige Robert brüllte auf dem Rücksitz, und auf Marions Arm schrie Philip, unser im April 1974 geborener zweiter Sohn. Ich war am Ende meiner Kräfte. »Marion, ich halte es nicht mehr aus, ich werde verrückt, das ewige Chaos. Immer muss ich irgendetwas im Haushalt machen, einkaufen, reparieren, zum Kindergarten und zum Arzt fahren. Ich kann mich nicht mehr konzentrieren, ich brauche Ruhe für meine Arbeit. Wenn Marlon Brando eine neue Rolle bekommt, lebt er nur für diese Rolle. Und das muss ich jetzt auch. Ich werde ausziehen.«

Marion sah mich entsetzt an und schwieg. Aber ich wusste wirklich nicht mehr ein noch aus. Ich war in der Endphase der Dreharbeiten zum »Till Eulenspiegel«, hatte mir das Fußgelenk verletzt und musste für »Der goldene Elefant« eine gewaltige Menge Text lernen. Obendrein hatten wir eine neue Wohnung in Aussicht, und ich sah schon umfangreiche Renovierungsarbeiten auf mich zukommen, denn Material und Handwerker waren in der DDR so rar wie Pinguine am Nordpol. Ich hatte Angst, niemandem mehr gerecht werden zu können, am wenigsten mir selbst. Wie ein Boxer vor einem wichtigen Kampf wollte ich in Ruhe trainieren können.

Marion sagte noch immer nichts. Sie beruhigte Philip auf ihrem Schoß und schaute auf die hin und her schwenkenden Scheibenwischer. Ich wusste, wie schwer sie es mit mir hatte. Und ihr war klar, dass ich vor allem mit meinem Beruf verheiratet war.

Robert und Philip hatten gerade aufgehört zu schreien, als

wir in die Lehderstraße einbogen, wo unser Haus, in dem ebenfalls gerade Bauarbeiten stattfanden, immer noch eingerüstet war und uns das markerschütternde Gekreisch der Kreissägen begrüßte.

»Mach, was du denkst«, sagte Marion endlich.

Ich blieb.

Kurz darauf wurde uns nach jahrelangem Warten eine kleine Dreizimmer-Neubauwohnung zugewiesen. Ich hatte sie dank meiner Popularität durch »Paul und Paula« aus einem Sonderkontingent für Wissenschaftler, Künstler und Funktionäre erhalten. Aber ich wollte nicht in eine Neubauwohnung ziehen. Ich wollte die Beengtheit meiner Kindheit in Lichtenberg nicht noch einmal erleben, sondern in einer Altberliner Wohnung mit hohen, großen Räumen und Holzfußböden wohnen. »Kann ich diese Neubauwohnung nicht vielleicht gegen eine Altbauwohnung tauschen – egal in welchem Zustand?«, fragte ich die Sachbearbeiterin beim Magistrat, die sich gerade mit den ausgefallenen Wünschen des in die DDR eingewanderten amerikanischen Protestsängers Dean Reed herumschlug. Und da sie ein kleines bisschen verliebt in mich war, lächelte sie mich an und meinte: »Ich hätte da was für Sie.«

Nach der Besichtigung von mehr als sechs riesigen Wohnungen, deren Lage uns nicht zusagte, zeigte uns die Mitarbeiterin des Magistrats eines Tages eine große Wohnung in einem Altbau am Pankower Amalienpark, wo unter dem Dach bis in die fünfziger Jahre hinein der Maler Paul Kuhfuss gearbeitet hatte. Als wir die riesige Fünfzimmerwohnung und den wunderschönen mit Jugendstilfliesen ausgelegten Wintergarten sahen, wussten Marion und ich sofort: Wir hatten ein neues Zuhause gefunden, auch wenn sich die Wohnung mit Kohlenheizung in einem erbarmungswürdigen Zustand befand. Vierzig Jahre lang war immer nur notdürftig repariert worden. Die Holz- und Parkettfußböden waren mit Linoleum überklebt. Die Vormieterin, Witwe eines Atomphysikers, der nach dem Krieg in die Sowjetunion deportiert worden war und dort in einem Kernforschungszentrum arbeiten musste, hatte nur einen einzigen Raum bewohnt.

Unser Glück war es, dass sich die Atomphysikerwitwe nichts sehnlicher wünschte als eine zentralbeheizte Neubauwohnung. In einem komplizierten Ringtausch mit noch einigen anderen Parteien wurden wir Mieter der Wohnung am Amalienpark und konnten im September 1974 mit den Renovierungsarbeiten beginnen.

Innerhalb von acht Wochen sanierte ich – zwischen Weißensee und Pankow hin und her pendelnd – in der knappen Zeit zwischen Theaterproben, Abendvorstellungen und den Dreharbeiten für »Till Eulenspiegel« die Wohnung, baute Doppelfenster ein, erneuerte die gesamte Sanitär- und Elektroinstallation, riss das Linoleum heraus, brannte die Farbschichten der Dielen zentimeterweise mit einem Bunsenbrenner ab, versiegelte sie und trug sämtliche Öfen ab. Außerdem kämpfte ich mit dem Magistrat um ein Gaskontingent. Die fünf Gasaußenwandheizer bekam ich schließlich nur, weil ich dem Handwerksmeister zusätzlich zur Bezahlung lebenslang Theaterfreikarten versprach. Wobei ich bei der Stückauswahl sehr vorsichtig sein musste, um ihn nicht mit einer ungeeigneten Inszenierung zu verschrecken. Mit Heiner Müllers »Schlacht« zum Beispiel hätte ich alle künftigen Reparaturarbeiten gefährdet. Es mussten Komödien sein, und da hatte ich mit dem »Goldenen Elefanten« etwas zu bieten.

Mitten in all diesem Chaos bangten wir nach tagelangen ununterbrochenen Schmerzensschreien um das Leben unseres kleinen Sohnes Philip. Marion war bereits mehrmals in die Weißenseer Kinderklinik zu Ruth Radvanyi gefahren, der Tochter von Anna Seghers, die man ihr als Kinderärztin empfohlen hatte. Aber auch sie war zunächst ratlos. Bis mich eines Morgens um drei ein entsetzter Aufschrei Marions aus dem Schlaf riss. Philips Windeln waren voller Blut. Er hatte eine lebensgefährliche Verschlingung des Darms, wie Ruth Radvanyi sofort und buchstäblich im letzten Moment erkannte. Fünf Stunden lang dauerte die komplizierte Operation im

Krankenhaus, die noch am selben Tag stattfand. Die Stunden, die ich wartend vor dem OP-Saal verbrachte, waren die längsten meines Lebens, da man uns zuvor wenig Hoffnungen gemacht hatte, dass Philips zarter kleiner Körper diese Tortur überstehen würde. Doch paradoxerweise wurde Philip gerade durch seine schwache Konstitution gerettet. »Ein kräftigeres Kind mit einer stärkeren Darmperistaltik hätten wir mehrmals operieren müssen«, sagte uns der Arzt. »Und das überstehen die wenigsten Säuglinge.«

Philip überlebte, aber er blieb unser Sorgenkind. Als er ein Jahr alt war, bekam er schweres Asthma. Wieder musste Marion, die gerade an die Humboldt-Universität zurückgekehrt war, ihr Studium abbrechen. Zwei Jahre lang verbrachte sie mit medizinischen Maßnahmen für Philip, machte Kneipp-Bäder, brachte ihn in die Klinik zu Schwefelinhalationen, spritzte Kortison und fuhr im Sommer zur Rehabilitation mit ihm an die Ostsee. Am Ende war Philip geheilt, und Marion konnte ihr Studium endlich abschließen.

Es war einmal an der Volksbühne

Woran merkt man, dass an einem Ensembletheater eine Ära zu Ende geht? Die guten Regisseure verschwinden. An der Volksbühne verschwanden sie immer kurz nach der Premiere und inszenierten in Paris, Amsterdam, Madrid, Zürich, Hannover oder Bochum. Einen Regisseur zu finden, mit dem einen viel verbindet, ist wie ein Lottogewinn. Besson war ein Hauptgewinn für mich. Während der Proben und späteren Vorstellungen zu »Sezuan« und »Wie es euch gefällt« habe ich den Beruf des Schauspielers auf eine glückliche Art und Weise neu entdeckt: dass jede Rolle zuallererst etwas mit mir zu tun hat – ob Mörder, Lüstling, Geizkragen oder idealistischer Phantast.

Benno Bessons Volksbühne war nicht nur ein Theater, es war ein gegen ideologische Bevormundung geschützter Überlebensraum, obwohl die meisten wussten, dass auch hier die Stasi ihre lange Nase in alles steckte. Doch damit konnten wir leben. Besson war der Patriarch, und wenn man Probleme mit der Obrigkeit hatte, konnte er sie meist lösen, ob es um ein Visum ging, eine Wohnung oder eine Freistellung von der Einberufung zum »Ehrendienst« in der Nationalen Volksarmee. Natürlich wandte man sich nicht direkt an ihn, sondern an den stellvertretenden Intendanten Dieter Klein, der Bessons Empfehlungen bei den offiziellen und inoffiziellen Institutionen vortrug. Das war eine perfekte Arbeitsteilung zwischen den beiden. Doch nach acht stürmischen Jahren legte sich Ende der siebziger Jahre mit Bessons Weggang der frische Wind, den er einst in die Volksbühne gebracht hatte, und das Ensemble fiel in trostlose Lethargie.

Bereits die »Spektakel-2«-Aufführungen von 1974, bei denen in allen Räumen des Hauses, auch in der Kantine, im

Zuschauerraum, auf der Straße und auf dem Kohlenplatz neben dem Theater zeitgenössische Stücke – unter anderen Heiner Müllers Einakter »Das Laken oder Die unbefleckte Empfängnis« und Volker Brauns »Hinze und Kunze« als Collage zusammen mit Müllers »Prometheus« und »Herakles 5« – uraufgeführt wurden, empfand ich eher als Flucht in einen äußerlichen Aktionismus, um von der künstlerischen Ratlosigkeit abzulenken. Da spielte ich zum Beispiel in Christoph Heins Stück »Vom hungrigen Hennecke« zusammen mit Schulkindern auf dem Müllplatz hinter der Volksbühne den von der Nomenklatur ausgezeichneten, aber von den Arbeitern als Verräter gehassten Normenbrecher Adolf Hennecke. Die Zuschauer waren begeistert von der Rummelplatzatmosphäre. Es gab Currywurst, Bier und Leierkastenmusik. Während die Regisseure und das Ensemble nach außen hin Volksnähe und Offenheit praktizierten, machten die Funktionäre das Theater allmählich zu einer Festung. Die Eingänge wurden mit Armierungsstahl verstärkt, eine Sicherheitsschleuse eingerichtet und die Bühnenpförtner zum Wachpersonal berufen. Die Regisseure störte das wenig. Für sie war die Volksbühne zu einem Umsteigebahnhof geworden. Besson probte in Paris und der Schweiz, Langhoff und Karge in Barcelona und Hamburg, Marquardt in Rotterdam. Wir Schauspieler hatten das Gefühl, sie erfüllten nur noch leidenschaftslos und missmutig ihre Verträge, um nach der Premiere so schnell wie möglich wieder verschwinden zu können. Die Idee, das Theater als einen Ort künstlerischer Auseinandersetzung mit privaten und gesellschaftlichen Widersprüchen zu begreifen, war auf der Strecke geblieben – das Ende jedes Theaters, wenn es an der eigenen Kunstfertigkeit erstickt.

Mein erster Konflikt an der Volksbühne begann 1976 mit Marquardts Inszenierung von Heiner Müllers »Die Bauern«. Ich sollte in dem 47-Personen-Stück über die Kämpfe und Fehlentwicklungen bei der Kollektivierung, die 1960 als beendet galt, einen FDJler darstellen. Dieser blauäugige Idealist interessierte mich nicht, und ich weigerte mich, die Rolle zu spielen. Es gab eine andere Figur in diesem Stück, die ich gern dargestellt hätte, die aber mit Michael Gwisdek besetzt worden war: den störrischen Großbauern Treiber, einen schlaksigen, langsam, aber geradlinig denkenden Sturkopf, der lieber sein Pferd absticht und sich aufhängt, als in die LPG zu gehen.

»Was heißt hier, du spielst den FDJler nicht?«, schnaufte Marquardt irritiert durch seinen Schnurrbart. »Du stehst auf der Besetzungsliste!« Egal, welche Argumente ich ins Feld führte, um ihn zu überreden, diese Entscheidung rückgängig zu machen, Marquardt gab sich keine Mühe, mich zu verstehen, und blieb stur: »Du spielst, und damit basta!«

Ich musste antreten, und jeder Probentag wurde zur Folter für mich. Allein das FDJ-Hemd zu tragen, bereitete mir geradezu körperliche Schmerzen. Ich hasste seit jeher Uniformen aller Art.

Nach drei Wochen beschloss ich, mich lieber selbst zu verstümmeln, als mich weiter dieser Tortur auszusetzen. Gegen starrköpfige Regisseure helfen nur Tricks. Ich ging ins Weißenseer Krankenhaus und ließ mir in der HNO-Abteilung die Mandeln herausschneiden. Die Wundschmerzen zu ertragen schien mir allemal besser, als drei Monate weitere FDJ-Qualen unter Marquardt zu erleiden. Als ich nach vier Wochen wiederkam, hatte Henry Hübchen den FDJler am Hals. Kurze Zeit später brach sich Michael Gwisdek während einer Vorstellung das Bein, und Marquardt bat mich nun, dessen Rolle des Großbauern Treiber zu übernehmen. Ich hatte mit ein bisschen Glück und dem sturen Vertrauen darauf, dass gewöhnlich nichts bleibt, wie es ist, mein Ziel erreicht, aber meine Freundschaft mit Marquardt hatte einen ersten schmerzhaften Riss bekommen.

Im selben Jahr inszenierte Besson »Hamlet«, und ich überzeugte ihn, dass ich die Idealbesetzung für den Ersten Totengräber wäre. Doch schon nach wenigen Proben fiel uns nichts mehr ein. Vielleicht waren wir beide ausgelaugt und kraftlos, so wie es die gesamte Atmosphäre um diese Zeit an der Volksbühne war. Und vielleicht interessierte Besson auch gar nicht mehr so sehr, was da auf der Bühne vor sich ging, weil er bereits in Gedanken wieder bei seiner Geliebten in Paris war. So schleppten wir uns von einer Probe zur nächsten. Schweigend und gelangweilt saß Besson im Zuschauerraum – das Schlimmste, was einem Schauspieler passieren kann. Die Spannung zwischen uns wuchs. Wenige Tage vor der Premiere eskalierte die Situation, als Besson bei einem Wortwechsel meinte, ich solle die Rolle doch wie einen Maulwurf spielen. Da wurde ich noch wütender. In »Wie es euch gefällt« hatte Bessons bildhafter Regieeinfall mit dem röhrenden Hirschen noch funktioniert. Aber mit dieser Anweisung für meine Rolle konnte ich einfach nichts anfangen. Vermutlich wusste Besson selbst nicht, was er damit meinte. Ein Wort gab das andere, wir brüllten uns an, und irgendwann schie ich: »Mit so einem blöden Einfall gehörst du zurück ans Regieinstitut!« Das war zuviel, denn Besson hatte nach Brechts Tod den Erbfolgekrieg am Berliner Ensemble gegen Manfred Wekwerth verloren, der statt seiner die Intendanz übernahm. Außer sich vor Wut sprang er auf und rannte durch die Reihen zum Ausgang, wobei er sich an einem heruntergeklappten Sitz das Schienbein verletzte. Sein Schmerzensschrei beendete unsere Zusammenarbeit. Zwei Tage vor der Premiere wurde ich umbesetzt. Fritz Marquardt übernahm meine Rolle, was mich sehr verletzte. Es war, als würde der Sohn vom Vater getötet, so wie Kronos seine Kinder fraß.

Das war's. Ich hatte ein ungeschriebenes Gesetz zwischen Schauspielern und Regisseuren gebrochen, indem ich offen rebellierte. Ich wusste, dass ich nun in Zukunft weder von Marquardt noch von Besson interessante Rollenangebote zu erwarten hatte. Mit dem Wunsch, den Totengräber zu spielen, hatte ich mein eigenes Grab geschaufelt. Um mir weitere Qualen zu ersparen, kündigte ich im September 1977 meinen eigentlich auf Lebenszeit abgeschlossenen Arbeitsvertrag bei der Volksbühne. Ich hatte dort sieben aufregende schöne Jahre erlebt. Sechs Monate später verließ Benno Besson die DDR und zog nach Paris.

Am Tag, als ich meine Kündigung im Büro der Intendanz abgab, sah ich in der Kantine Heiner Müller am Tisch sitzen. »Hallo Winne, wie geht's dir?«, begrüßte er mich nuschelnd mit der Zigarre im Mund.

»Schon viel besser«, antwortete ich und setzte mich zu ihm. »Ich habe gerade meinen Vertrag gekündigt.«

»Siehste«, sagte er, »ist doch komisch, und ich gehe gleich hoch, meinen unterschreiben.«

Neue Heimat DEFA

Am 15. Dezember 1977 unterschrieb ich bei Hans-Dieter Mäde, der ein Jahr zuvor zum neuen Generaldirektor der DEFA ernannt worden war, einen höchst lukrativen Sondervertrag, der am 1. Januar 1978 in Kraft trat. Er verpflichtete mich, pro Jahr einen Film zu machen, und das – vorausgesetzt, ich ließ mir nichts zuschulden kommen – bis an mein Lebensende. Das war das finanziell Attraktivste, was man damals als DDR-Schauspieler erreichen konnte. Dennoch war meine Situation nicht ungetrübt. Von der Volksbühne wegzugehen war für mich, wie meine vertraute Familie verlassen zu müssen, um zu einer Geliebten zu ziehen, die zwar gewisse Reize hatte, mich aber auch oft über ihre Absichten im Ungewissen ließ. Die Befreiung von der Willkür der Theaterregisseure war die eine Seite der Medaille, aber gleichzeitig hatte ich die wohltuende Nähe des Ensembles und einiger Menschen, die mir gute Freunde geworden waren, verloren.

In der DEFA fand ich nie eine künstlerische und emotionale Heimat, wie sie die Volksbühne für mich gewesen ist. Jetzt war ich ein Einzelkämpfer. Außerdem war Mäde kein Besson, selbst wenn mit seinem Amtsantritt für mich wie für viele Regisseure und Schauspieler des Filmstudios durchaus Hoffnungen auf einen Neubeginn verbunden waren.

Mäde war der Ruf vorausgegangen, als erfahrener Theaterregisseur ein entscheidungsfreudiger Pragmatiker zu sein, und wir hofften, dass er sich weniger zur Marionette machen ließ als sein Vorgänger, der keine Entscheidung in eigener Verantwortung fällte. Doch diese Hoffnungen erfüllten sich nicht. Der neu ernannte Generaldirektor erwies sich sehr schnell als treuer Erfüllungsgehilfe der Partei mit vorauseilendem Gehorsam. Ein nach der Wende aufgetauchtes geheimes Gesprächsprotokoll zwischen ihm und Honecker machte unmissverständlich klar, was man von ihm erwartete: Mäde solle all »seine politischen und persönlichen Erfahrungen« dafür einsetzen, »daß zukünftig Filme produziert werden, die unvermittelt die Klassenauseinandersetzung mit dem BRD-Imperialismus unterstützen. Dabei geht es nicht in erster Linie um das Machen von Kunst, sondern der agitatorische Effekt muß in den Filmwerken erhöht werden.« Störende Elemente seien dabei »rigoros abzudrängen«.

Keine guten Aussichten für das Filmstudio, von dem sich im Sommer 1977 Manfred Krug mit seinem Umzug nach Westberlin verabschiedet hatte. Woraufhin auf Betreiben der Hauptverwaltung Film seine Filme, allen voran sein mit Frank Beyer gerade fertig gestellter Beziehungsfilm »Das Versteck«, in dem er und Jutta Hoffmann die Hauptrollen spielten, in den DEFA-Kellern verschwanden. Frank Beyers als »Offener Brief« gedachter, programmatischer Protest gegen diese Art von Willkür wurde nicht veröffentlicht. In der Folge verließen viele Filmregisseure und Drehbuchautoren wie Frank Beyer, Egon Günther, Jurek Becker und Klaus Poche mit einem Arbeitsvisum die DDR.

Was die finanzielle Sicherheit betraf, war ich damit ab 1977 zwar auf einem Höhepunkt meiner Karriere angelangt, schauspielerisch befand ich mich jedoch in einer Sackgasse. Künstlerisch passierte nichts Interessantes mehr für mich. Erst bei Rainer Simons Kinofilm »Zünd an, es kommt die Feuerwehr« über eine um die Jahrhundertwende tatsächlich existierende Löscheinheit aus Sachsen, die aus Langeweile selbst Feuer legt, um endlich Heldentaten vollbringen zu können, gab es für mich wieder eine ernsthafte künstlerische Herausforderung. Nicht nur arbeitete ich mit einem Regisseur zusammen, mit dem ich schon bei den Dreharbeiten zu »Till Eulenspiegel« gute Erfahrungen gemacht hatte, mich interessierte auch die Subversivität des Stoffs, und ich spielte mit vielen großartigen Theaterschauspielern – Kurt Böwe, Renate Krößner, Jürgen Gosch, Klaus Brasch und Rolf Ludwig, der seine Umbesetzung als Yang Sun im »Sezuan«, an der ich nun wirklich unschuldig war, immer noch nicht verkraftet hatte und jede sich bietende Möglichkeit nutzte, mit mir in den Drehpausen Streit anzufangen. Rainer Simon hatte alle Mühe, die Spannungen unter uns Schauspielern auszugleichen.

Die Drehbedingungen waren miserabel. Wochenlang arbeiteten wir in eisiger Kälte an Szenen, die eigentlich im Sommer spielten, und waren froh, wenn wir uns in unseren überheizten Studio-Garderoben aufwärmen konnten, die schon sechzig Jahre Ufa- und DEFA-Geschichte auf dem Buckel hatten – ein abgenutzter Garderobenschrank, eine durchgelegene Liege, ein kaputter Stuhl, an den Wänden gelbstichige, rissige Tapeten. Wir hatten uns schon lange mit diesem Müll auf sechs Quadratmetern abgefunden. Nur einmal in der Geschichte der DEFA hatten die Verantwortlichen versucht, Abhilfe für diese Misere zu schaffen. Als der Regisseur Egon Günther den Weltstar Lilli Palmer in seinem Film »Lotte in Weimar« besetzte, wurden diese verheerenden Zustände urplötzlich entdeckt, und es brach Panik aus. Da rückten Maler, Polsterer, Tischler und sogar ein Klempner an, der in der für sie vorgesehenen Garderobe ein neues Waschbecken installierte und das Heizungsventil wieder funktionstüchtig machte. Jetzt war der Raum zwar vorzeigbar, aber immer noch kleiner als eine Gefängniszelle. Also kamen die Handwerker erneut und rissen die Wand zu dem winzigen Kabuff daneben ein. Doch diese umfassenden Bauarbeiten beschränkten sich selbstverständlich auf diese eine Stargarderobe. Alle übrigen Schauspieler mussten auch weiterhin mit dem morbiden Charme der zwanziger Jahre vorliebnehmen.

Auf dem Weg zur Premierenfeier in der »Möwe« überquerte ich zusammen mit Klaus Brasch, der wie Rolf Ludwig gern mal einen über den Durst trank, die Karl-Marx-Allee. Mitten im Gespräch fiel er wie ein gefällter Baum auf das Pflaster und war sekundenlang ohnmächtig, dann stand er wieder auf, als wäre nichts geschehen, um zehn Meter weiter erneut zusammenzuklappen. Diese »Aussetzer«, bei denen er die Kontrolle über seinen Körper verlor, aber bei klarem Verstand blieb, wiederholten sich mehrmals. Klaus Brasch, ein Bruder des Schriftstellers Thomas Brasch, litt darunter, dass er an der Volksbühne nur als Gast engagiert wurde und dort nie eine künstlerische Heimat fand, obwohl er sehr begabt war. Wie alle Brasch-Brüder, deren Vater stellvertretender Kulturminister gewesen war, fand er vor allem nach der Biermann-Affäre die Verhältnisse in der DDR immer unerträglicher. Die Brüder spürten diese Zerrissenheit besonders stark. Auf der einen Seite waren sie Teil der Nomenklatura und genossen deren Schutz, und auf der anderen Seite litten sie ebenso wie wir unter den Demütigungen des Apparats. Klaus Brasch zerstörte sich selbst. 1980, kurz vor seinem dreißigsten Geburtstag, starb er an einer Überdosis Alkohol und Tabletten. Bei seiner Beerdigung standen ebenso viele Stasibeamte hinter den Bäumen wie Trauergäste am Grab.

»Bevormundet und bewacht von der Wiege bis zum Grabe. Die Toten leben, indem sie uns mahnen«, kommentierte der Schriftsteller Kurt Bartsch, mit dem ich nach Braschs Beerdigung noch zusammensaß, das Geschehen sarkastisch. »Wenn das so weitergeht, ist die DDR zum Tode verurteilt. Sie geht zugrunde am Krebsgeschwür ihrer Angst.« Kurz darauf verließen auch er und seine Frau, die Dramaturgin Irene Böhme, mit einem Dauervisum die DDR in Richtung Westberlin.

Die Legende vom Glück hat ein Ende

Manchmal ist es, als würde sich plötzlich ein Vorhang öffnen, als würde jemand in einem abgedunkelten Zimmer die Jalousie hochziehen, und erst in diesem Moment erkennt man – mit fast schmerzhafter Klarheit –, welch ein unerträglich chaotischer Mief einen umgibt.

Wir hatten 1978 ein Haus gekauft – genauer eine Ruine –, eine über hundert Jahre alte, verfallene Gründerzeitvilla mit einem siebzehn Meter hohen Turm im Norden Berlins, umgeben von einem verwilderten Garten mit riesigen Eichen, die älter waren als das Haus selbst. Zwei Jahre lang hatte ich mit Kalle, dem Maurer, jede freie Minute auf dem Gerüst gestanden und die Hauswände verputzt, das Dach gedeckt, Öfen herausgerissen, Fußböden erneuert und Bäder gefliest. Wie Hunderte anderer DDR-Bürger hatte ich eine Nacht vor der Baustoffversorgung in der Heinersdorfer Idunastraße campiert, um Zement, Fliesen, Toilette und Waschbecken zu ergattern. So unerträglich der allgegenwärtige Mangel auch war, das Anstehen geriet mitunter zu einem fröhlichen Happening. Da wurde Feuer gemacht, Nordhäuser Doppelkorn getrunken, und man erzählte sich, wo andere Mangelware zu haben war. Manchmal bekam man auch Nummern, damit man bei der stunden- und nächtelangen Warterei zwischendurch nach Hause konnte. Bis der Container aus Boitzenburg am Morgen die ersehnten Fliesen brachte, die man anschließend wie auf einem russischen Basar untereinander tauschte.

Nicht nur ich, auch Marion, die inzwischen an einer Schule als Unterstufenlehrerin für Kunst und Deutsch angestellt war, ging in diesen zwei Jahren bis an die Grenzen ihrer Belastbarkeit. Oft dauerten die Renovierungsarbeiten bis nach Mitternacht, und morgens mussten wir früh wieder raus, brachten die Kinder in den Kindergarten, und ich wurde nach Babelsberg oder zu anderen Drehorten gefahren, während Marion zum Unterricht eilte. Ihr Klassenraum war kurioserweise eine ehemalige Leichenhalle, in der auch der Schriftsteller Hans Fallada einst vor seiner Beerdigung aufgebahrt worden war. Marion hatte zu Fallada eine ganz besondere Beziehung, nicht nur als Dichter, sondern auch weil er mit ihrem Vater kurz vor dessen Tod in Bad Berka im Lungensanatorium gewesen war.

Wir hatten uns mit dem Kauf dieser Hausruine einen romantischen Traum erfüllt. Doch als endlich die notwendigsten Bauarbeiten beendet waren und wir glücklich darin hätten leben können, war etwas mit mir passiert. Ich hätte die Jalousien unten lassen sollen, im Dämmerlicht schien alles erträglicher, obwohl die Luft zum Atmen immer stickiger wurde. Aber plötzlich sah ich mich und das, was in der DDR vorging, in einer so erbarmungslosen Schärfe, dass mir die Luft wegblieb.

Begonnen hatte mein Unwohlsein schon, als DEFA-Generaldirektor Mäde in einem persönlichen Gespräch mit mir und Ulrich Plenzdorf die Verfilmung von Plenzdorfs Erzählung »Die Legende vom Glück ohne Ende« ablehnte, der Fortsetzung unseres Paul-und-Paula-Stoffs. Darin ist Paul der alleinerziehende Vater von drei Kindern und arbeitet als »Mädchen für alles« in jener Kaufhalle, wo Paula einst an der Kasse gesessen hatte, und verliebt sich nach vielen Jahren in eine Frau, die wie Paula aussieht, tatsächlich aber eine Staatssicherheitsbeamtin ist, die Paul verführen und wieder auf den rechten Weg zurück ins Außenministerium bringen soll. »Nur über meine Leiche!«, hatte Mäde empört geschrien. Und dabei blieb es.

Kurz darauf, im Frühjahr 1980, bekam ich vom Wehrkreiskommando eine Vorladung zur Nachmusterung. Seit der ersten Musterung mit achtzehn Jahren hatte für mich festgestanden, dass ich den sogenannten »Ehrendienst in der Nationalen Volksarmee« nie antreten würde. Nicht nur, weil mein Vater ein Opfer militärischen Gehorsams wurde. Es war für mich eine unerträgliche Vorstellung, widerspruchslos Befehle ausführen zu müssen. Als Student wurde man nicht eingezogen, und bei der nächsten Einberufung hatte ich gerade am Potsdamer Theater angefangen und wurde vom Intendanten freigestellt. Die dritte Vorladung erhielt ich während meines Engagements bei der Volksbühne. Aber da retteten mich die Dreharbeiten zu »Paul und Paula«. 1975 sollte ich abermals eingezogen werden. Und weil ich gerade keinen neuen Film drehte und mich nicht allein auf den Schutz von Besson verlassen wollte, musste ich mir wie Felix Krull eine List ausdenken. An der Berliner Charité fand ich eine Hautärztin, dir mir ein endogenes Ekzem attestierte, das eine ständige medizinische Behandlung erforderte. Wieder war ich gerettet. Im Gegensatz zu meinem armen Kollegen Dieter Montag, der auf den Schutz der Volksbühne vertraut hatte und eines Tages dennoch zur Armee musste. Benno Bessons Einspruch half nicht in allen Fällen. Montag wurde für anderthalb Jahre in eine Kaserne gesteckt.

Fünf Jahre lang wurde ich in Ruhe gelassen und glaubte, dieses unerfreuliche Thema schon hinter mich gebracht zu haben, da begann das ganze Theater von vorn. Ich war fünfunddreißig. Nach einer Überarbeitung des Wehrdienstgesetzes hatten Männer, die noch nicht bei der Armee gewesen waren, bis zu ihrem fünfzigsten Lebensjahr zu befürchten, die anderthalb Jahre etappenweise ableisten zu müssen. Ein »untauglich« von einem Musterungsarzt zu erhalten war nahezu unmöglich geworden. Krankheiten waren kein Ausmusterungsgrund mehr, da die NVA verstärkt als Erziehungs- und Disziplinierungsanstalt genutzt werden sollte. Den Wehrdienst zu verweigern hätte beruflichen Selbstmord bedeutet. Selbst wenn man religiöse Gründe angab, landete man als Bausoldat hinter Kasernenstacheldraht.

Diesmal ließ ich mir von einem Neurologen eine endogene Depression attestieren. Es schien mir klüger, mit den Jahren die Diagnose zu variieren. Außerdem war ich für die militärischen Propagandisten zu einem Vorzeigebeispiel geworden.

Einen bekannten Filmschauspieler hätten sie besonders gern mit dem Maschinengewehr durch den Dreck robben lassen oder beim Appell auf dem Exerzierplatz fotografiert, um zu zeigen, dass alle Menschen im Sozialismus gleich sind. Ich befürchtete inzwischen das Schlimmste. Selbst das Gefängnis hätte ich der Gefahr vorgezogen, womöglich an der Mauer auf Republikflüchtlinge schießen zu müssen.

Dieses Mal wurde ich von einem NVA-Arzt gemustert, der mich nach allen Regeln seiner Kunst abhörte und abklopfte. Ich antwortete ihm so teilnahmslos wie möglich auf seine raffinierten Fragen, die meine Tauglichkeit für den Dienst an der Waffe testen sollten. Akribisch notierte er in einer Liste die Ergebnisse und schickte mich in einen kleinen Warteraum. Auf meine beiläufige Frage, ob die Punktezahl denn überhaupt für eine Einberufung reiche, antwortete er mild lächelnd: »Das wird die Kommission entscheiden.«

Eine halbe Stunde später stand ich – inzwischen frierend, denn ich war nach wie vor nur mit meiner Unterhose bekleidet – vor einem langen Tisch, hinter dem mich fünf Uniformierte mit hohen Rangabzeichen neugierig musterten. Als ich sah, dass der Vorsitzende mich anlächelte, setzte auch ich ein Lächeln auf, mit dem ich mich für all meine Behinderungen, die mir den Dienst an der Waffe unmöglich machten, vorauseilend entschuldigte.

»Herr Glatzeder, wir freuen uns, Ihnen mitteilen zu können, dass die Musterungskommission aufgrund der vorgelegten Befunde einstimmig beschlossen hat, dass Sie (mein Herz schlug mir in der Vorfreude auf die ersehnte Ausmusterung bis zum Hals) – wehrtauglich sind und innerhalb der nächsten vier Wochen mit einer Einberufung zu rechnen haben.« Ich stand da wie gelähmt, in meinem Kopf herrschte eine fassungslose Leere.

Ich hätte verweigert und wäre dafür schlimmstenfalls auch ins Gefängnis gegangen. Das blieb mir erspart, denn Horst E. Brandt verpflichtete mich kurze Zeit später für seinen Kinofilm »Die Kolonie«, in dem ich einen Journalisten darstellen sollte, der über die aus Deutschland nach Chile emigrierten Nazis recherchiert. Die Dreharbeiten fanden auf Jalta und in Havanna statt. Was ich dort an sozialen Ungerechtigkeiten und bürokratischem Schwachsinn erlebte, bildete den Höhepunkt meiner Befürchtungen über den real existierenden Sozialismus. Es waren scheinbar harmlose Äußerlichkeiten, die diese Auffassung für mich auf den Punkt brachten. Ein Weinberg in Jalta, der von Wachtürmen aus mit Maschinengewehren geschützt wurde, ein Eisencontainer, aus dem BHs im Zehnerpack an seit Stunden in einer langen Schlange wartende Frauen verkauft wurden, die danach in einem wilden Durcheinander die richtigen Größen untereinander tauschten. Oder die menschenleeren Obst- und Gemüsemärkte, wo Orangen, Granatäpfel und Weintrauben so teuer waren, dass kein Normalverdiener sie sich leisten konnte.

Im Hotel wohnten wir Tür an Tür mit Westdeutschen, Amerikanern, Engländern und Franzosen. Wir Filmleute wurden zwar bestaunt, aber miserabel behandelt, da wir keine harte Währung besaßen. Im Hotel hatte man die Frühstücksräume durch Sperrwände und die Strände mit Eisengittern abgeteilt, um die Ost- von den Westgästen zu trennen. Der Strand für die Besitzer von D-Mark, Dollar, Pfund und Francs verfügte über weiß gestrichene Liegen mit bequemen Schaumstoffauflagen, dort wurde alles jeden Morgen gesäubert und geharkt, und an einer Bar gab es kühle Drinks. Daneben befand sich der Strand für uns und die DDR-Nomenklatur. Wir lagen auf ausrangierten Holzpritschen ohne Auflage, und Getränke musste sich jeder selbst mitbringen. Im steinigen Strandabschnitt der russischen Funktionäre standen gar keine Liegen mehr. Und daneben, abgetrennt durch noch höhere Metallzäune, lag, spielte und badete das ganz normale Sowjetvolk zwischen Abfall, Abwasser und schwarzen klebrigen Öllachen, die aus dem nahen Hafenbecken angespült wurden.

Als ich von der landschaftlich so reizvollen Schwarzmeerinsel zurückkam, hatte ich endgültig genug. Ich konnte und wollte es nicht mehr ertragen, dass andere Leute über das bestimmen, was für mich gut ist, und dass noch im Altersheim am schwarzen Brett stehen würde: »Die Parteigruppe spricht«. Am 11. Februar 1981, einem Tag nach Abgabe meines Antrags auf Entlassung aus der Staatsbürgerschaft der DDR beim Stadtbezirk Pankow, Abteilung Inneres, und zahllosen vorausgegangenen Versuchen, ein mehrjähriges Arbeitsvisum für Westberlin zu bekommen, setzte der 1. Sekretär der SED-Bezirksleitung Berlin den 1. Sekretär des Politbüros der SED über meinen Entschluss in Kenntnis:

Lieber Genosse Honecker,

hierdurch möchte ich Dir folgendes mitteilen. Der Schauspieler Winfried Glatzeder hat für sich und seine Frau und seine beiden Kinder (Robert und Philipp) heute beim Rat des Stadtbezirks Pankow den schriftlichen Antrag auf Entlassung aus der Staatsbürgerschaft der DDR gestellt.

Seine Begründung dazu ist:

– gescheiterte Versuche, seine schauspielerische Karriere fortzusetzen;

– Auswirkungen der beruflichen Schwierigkeiten auf familiäre Situation;

– BRD-Verwandte.

Er verbreitet, sich angeblich mit folgenden Genossen konsultiert zu haben:

Genossen Kurt Hager

Genossen Hans-Dieter Mäde, Kandidat des ZK der SED,

Genossen Hans-Joachim Hoffmann, Minister für Kultur

Rechtsanwalt Vogel.

Diese Informationen konnten von mir noch nicht überprüft werden.

Mit sozialistischem Gruß

Konrad Naumann

Unser beinahe fertig saniertes Traumhaus hatte ich vorsichtshalber zwei Wochen zuvor an Freunde verkauft.

»Einverstanden! E.H.«

Es begann die Zeit des Wartens. Manche warteten ein paar Monate, manche ein Jahr, andere fünf Jahre oder mehr. Manch einer wartete im Gefängnis oder in der Psychiatrie, bis die Bundesrepublik ihn irgendwann freikaufte. Es gab keine Regeln, es gab nur tausend raffinierte Methoden, die Ausreisewilligen zu drangsalieren, um sie von ihrem Vorhaben abzubringen. Nie spürte ich meine Ohnmacht gegenüber dem Bürokratenapparat der DDR deutlicher. Ich hatte gehofft, dass meine Popularität mich schützen würde, dass ich selbst darüber entscheiden könnte, ob und wann ich ging.

Manchmal bereute ich, dass ich nicht wie Achim Freyer und viele andere einfach weggeblieben war, um mir die nun folgenden Demütigungen zu ersparen. Aber allein, ohne Marion und meine Söhne, hätte ich die DDR nie verlassen. Ein mehrjähriges Arbeitsvisum mit Wohnsitz in Westberlin, wie es Jurek Becker, Thomas Brasch, Angelica Domröse, Hilmar Thate oder Armin Mueller-Stahl hatten, wäre auch für uns die beste Lösung gewesen. Aber Kulturminister Hoffmann rollte bei einem persönlichen Gespräch kurz vor meinem Ausreiseantrag in seinem holzgetäfelten Arbeitszimmer am Molkenmarkt nur die Augen unter die Lider, so dass ich darin nur noch das Weiße sah, als ich ihn darum bat: »Tut mir leid, Herr Glatzeder. Vor einer Woche saß die Regisseurin Frau Berghaus hier, und die war auf Beschluss des Politbüros die Letzte, die ein Arbeitsvisum bekommen hat.« Er könne nur innerhalb der DDR meine Arbeitssituation verbessern helfen: »Sagen Sie mir, an welches Theater Sie wollen. Ich rufe sofort an« – er hatte den Telefonhörer schon in der Hand – »und Sie sind engagiert!« Er wollte einfach nicht begreifen. Jetzt blieb mir nur noch die Konfrontation.

Eine Woche nachdem wir den Ausreiseantrag gestellt hatten, wurden Marion und ich ins Rathaus Pankow vorgeladen. Im ersten Stock, am Ende eines langen, dunklen Gangs, klopften wir an die Tür des Büros für Innere Angelegenheiten. Auf dem Schild zum Nebenzimmer lasen wir: »Wiedereingliederung Krimineller«. Hektisch liefen zwei junge Männer hin und her, und ich wusste, nebenan wurden jetzt wie in einem Hörfunkstudio die Tonbänder angeschaltet. Hinter ihrem Sprelakart-Schreibtisch saß eine dicke Sekretärin, die mich mitleidig anschaute, während sie nervös einen Bleistift zwischen Daumen und Zeigefinger rollte. Vielleicht hatte sie ja meine Filme gesehen. Der Abteilungsleiter, ein ungepflegter kleingewachsener Mittfünfziger, sagte in sächsischem Kumpelton, als wären wir seit langem Nachbarn: »Ihr Antrag, Herr Glatzeder, hat keine Rechtsgrundage. Sie können die DDR-Staatsbürgerschaft nicht ablegen. Wenn Sie unbedingt die DDR verlassen wollen, können wir Ihnen eine Ausreise in unsere sozialistischen Bruderländer, die Sowjetunion, nach Polen oder Rumänien, ermöglichen, vorausgesetzt Sie können dort eine Arbeit nachweisen.« Es war das Spiel, das sie mit jedem Ausreisewilligen trieben. Lüge und moralischer Druck: Was man alles vom Arbeiter-und-Bauern-Staat in Anspruch genommen hätte, um sich nun, ohne ihm etwas zurückzugeben, einfach so aus dem Staub zu machen. »Ich sag Ihnen mal was, Herr Glatzeder«, lächelte er mich an. »Solange Sie Ihren Antrag nicht zurückziehen, und wenn das zehn Jahre dauern sollte, bekommen Sie hier keine Arbeit mehr. Und dann haben Sie genug Zeit, in Ruhe darüber nachzudenken, wie Sie ein positives Verhältnis zu unserem Arbeiter-und-Bauern-Staat entwickeln können.« Marion und ich verließen sein Büro in dem Bewusstsein, dass es sehr lange dauern würde, bis wir die Genehmigung zur Ausreise bekämen.

Pünktlich zu jedem Monatsanfang schickte ich dann per Einschreiben an Innenminister Dickel, Honecker, Hager, Naumann und Hoffmann je einen Durchschlag meines Ausreiseantrags. Ich wollte sie mit meinen Briefen so lange terrorisieren, bis sie mich einfach nur noch loswerden wollten.

Etwa ein Jahr später klingelte das Telefon. Eine Dame vom Ministerium des Inneren bat um einen Hausbesichtigungstermin. Das Dienstleistungsamt für ausländische Vertreter hätte erfahren, dass unser Haus zum Verkauf stünde. Ich informierte sie kurz angebunden darüber, dass wir unser Haus bereits vor einem Jahr verkauft hätten, und legte auf. Sofort rief ich Rechtsanwalt Wolfgang Vogel an, der den Kaufvertrag notariell beglaubigt hatte, und fragte ihn, was dieser merkwürdige Anruf bedeuten sollte. Erstaunt erfuhr ich, dass eine der Voraussetzungen für unsere Ausreise wäre, dass wir den Kaufvertrag rückgängig machten und unser Haus in Volkseigentum überführten. Eine fingierte Entschädigungssumme käme auf ein Sperrkonto, auf das ich nur bei meiner Rückkehr in die DDR Zugriff hätte. Wenn wir die DDR immer noch verlassen wollten, bliebe uns nichts anderes übrig, als diese Bedingung zu akzeptieren.

Aus Angst vor weiteren Repressalien nahm ich Kontakt zu Günter Gaus auf, dem Leiter der Ständigen Vertretung der Bundesrepublik in der DDR. Er war gerade beim Kofferpacken, da seine Dienstzeit beendet war und Klaus Bölling sein Amt übernommen hatte. Zwar konnte er nichts mehr für mich tun, aber allein schon die Tatsache, dass er mich empfing, bot mir einen gewissen Schutz, denn ich wusste, dass jeder Besuch bei ihm der Staatssicherheit sofort bekannt und unser Gespräch aufgezeichnet würde. Was ich jedoch nicht wissen konnte, war, dass bereits einen Monat nachdem wir unseren Ausreiseantrag gestellt hatten, über das Szenarium unseres Abgangs hinter den Kulissen entschieden wurde. Am 13. März 1981 hatte Honecker persönlich unsere Ausreise genehmigt: »Einverstanden! E. H.« steht quer über einem persönlichen Brief von Politbüromitglied Hager an Honecker. Hager hatte in seinem Auftrag meine Ausreisewilligkeit prüfen sollen und war zu dem Ergebnis gekommen, dass es besser wäre, mich gehen zu lassen, da ich sonst zu viele Unannehmlichkeiten bereiten würde. Mein Briefterror hat seine Wirkung offenbar nicht verfehlt. Mit der Einschränkung, dass die Ausreise nicht vor dem Sommer 1982 erfolgen sollte. Und das hatte ich wiederum dem Kulturminister zu verdanken, der mich aus bestehenden Verträgen mit der DEFA und dem Fernsehen nicht entlassen wollte. Die Kino- und Fernsehfilme sollten noch vor meiner Ausreise gezeigt werden: Neben Horst E. Brandts »Die Kolonie« Roland Oehmes Verwechslungskomödie »Asta, mein Engelchen« und Horst Seemanns mehrteiliger Fernsehfilm »Hotel Polan« über die wechselvolle Lebensgeschichte des jüdischen Schriftstellers Jan Koplowitz, in dem ich einen der Söhne des Hotelbesitzers spielte.

Auch wenn wir damals von den geheimen Absprachen nichts wussten, war uns klar, dass wir die DDR eines Tages verlassen würden. Es sollte noch anderthalb Jahre dauern, bis wir unsere Koffer endlich packen konnten. Die zermürbende Zeit des Wartens auf den Abschied intensivierte all unsere Freundschaften. Die klappenden Autotüren unserer Freunde wurden zu einem vertrauten Geräusch, das uns in der ersten Zeit in Westberlin sehr fehlen sollte. Eines Tages besuchte uns Siegfried Kühn, mein Regisseur von »Zeit der Störche«. Da ich wusste, dass alle Gespräche in meinem Haus abgehört wurden, machten wir einen langen Spaziergang über den nahen Friedhof. Auch er bedauerte, dass ich wegwollte. Für ihn kam das nicht in Frage. »Ich muss hier weiter kämpfen«, sagte er. »Aber ich trete aus der Partei aus.« Ich bewunderte seinen Mut. Wir kehrten zu unserem Haus zurück, vor dem wie jeden Tag scheinbar unauffällig in einem Wartburg meine Betreuer der Staatssicherheit jeden Besuch registrierten. Sie beobachteten und belauschten mich rund um die Uhr, ob beim Drehen in Polen, mitten in der heißen Phase der Solidarność, in der Theaterkantine oder zu Hause. So viel Aufmerksamkeit hatte man mir noch nie geschenkt. Aus Mitleid brachte Marion ihnen manchmal, wenn es sehr heiß oder kalt war, Getränke, was ich ihr vergeblich auszureden versuchte. »Die armen Hunde machen doch auch nur ihre Arbeit!«, sagte sie.

Marion genoss jede Minute, die wir noch in der DDR blieben. Sie wollte nicht in den Westen. »Da sind doch die ganzen alten Nazis. Was soll ich dort?« Anders als ich hatte sie keine Verwandten im Westen. Meine Mutter war schon Rentnerin und würde uns in Westberlin besuchen können. Meine Großmutter war 1980 gestorben. Marions Angehörige hingegen lebten alle im Osten, und ihre Eltern würden nach unserer Ausreise nicht zu uns kommen können und außerdem Repressalien ausgesetzt sein. Marion hatte die Lebensbedingungen in der DDR nie als so unerträglich empfunden wie ich. Sie und die Kinder waren glücklich in unserem Haus. Außerdem war unklar, ob sie in Westberlin als Lehrerin arbeiten können würde. Während etlicher schlafloser Nächte hatten wir das Für und Wider dieses Schrittes immer wieder diskutiert. Ich weiß nicht, was passiert wäre, wenn Marion sich nicht entschlossen hätte, mit mir zu gehen. Ob ich ihretwegen in der DDR geblieben wäre oder ob wir uns dann getrennt hätten.

Am 21. Juli 1982, einem drückend heißen Sommertag, überquerten wir in unserem bis unters Dach vollgestopften Auto den Grenzübergang Bornholmer Straße, ohne zu wissen, dass uns gleichzeitig ein zehnjähriges Wiedereinreiseverbot auferlegt worden war. Damit mich bei einem heimlichen Grenzübertritt auch jeder Hund sofort hätte identifizieren können, hatte die Stasi eine »Geruchskonserve« von mir angelegt, eine sogenannte »ergänzende Erfassungsangabe«, deren Zusammenstellung viel kreative Energie erfordert haben muss: eine meiner Unterhosen, mein Gebissabdruck, Finger- und sogar einen Fußabdruck, Sperma, Urin, Speichelsekret und Blut sowie eine Tonbandaufnahme meiner Stimme. Was hatte mir die dicke Sekretärin in Pankow beim Abholen unserer Ausreisepapiere zugeflüstert? »Nehmen Sie alle meine Hoffnungen und Träume mit, Herr Glatzeder. Viel Glück!«

IV

Ost-West-Gefälle

Unser neues Leben in Westberlin begann, wie das der meisten normalen Ostberliner, im Notaufnahmelager Marienfelde, dem ehemaligen Flüchtlingslager, wo meinen Großeltern und mir siebenunddreißig Jahre zuvor schon einmal geholfen wurde. Wir hätten auch bei Freunden oder Verwandten unterkommen können, aber Marion und ich waren uns einig: »Wenn schon Westen, dann fangen wir ganz unten an!« Außerdem war ich neugierig, was wir wie Hunderttausende vor und nach uns in diesem Lager erleben würden. Trotz einer perfekt funktionierenden Organisation erinnerte mich die Aufnahmeprozedur an meine Musterung beim Wehrkreiskommando. Als Erstes mussten wir uns entkleiden und wurden auf Ungeziefer und ansteckende Krankheiten untersucht. Anschließend verhörten uns die Beamten der Alliierten, kurz und unpersönlich, einer fragte, einer protokollierte: Wie wir ausgereist seien, mit wem wir Kontakt hatten, wo wir gearbeitet hatten, welcher Art von Drangsalierungen wir ausgesetzt gewesen waren und wer uns geholfen habe. Als ich Günter Gaus erwähnte, änderte sich ihr Ton schlagartig. Plötzlich wurden wir als Personen wahrgenommen, unsere Registriernummern bekamen nun Gesichter. Privilegien hatten wir dadurch jedoch nicht. Wie allen anderen wurde uns vier ein kleines Zimmer zugewiesen, das nach dem Abstellen unseres Gepäcks und dem Auspacken der Spielsachen für die Kinder innerhalb weniger Minuten so vollgestopft und chaotisch wie eine Rumpelkammer war. Mit leichter Übelkeit starrte ich auf die zwei Doppelstockbetten an der Wand. Robert und Philip hingegen waren begeistert und begannen sofort einen erbitterten Streit darüber, wer oben und wer unten schlafen dürfe.

Nachdem wir registriert waren, erhielten wir das uns zustehende Begrüßungsgeld und bezogen zwei Tage später ein Zimmer in einer prächtigen Gründerzeitvilla in Wilmersdorf, die noch kurz zuvor als Dialysezentrum genutzt worden war. Die nächsten drei Monate wurden wir wie Patienten behandelt, die eine schwere Krankheit überstanden hatten. Wir schliefen in Krankenbetten, an denen noch die Aufhängevorrichtungen für Infusionen befestigt waren. Das einzige Bad auf unserer Etage teilten wir uns mit sechs anderen Familien. Im ganzen Haus lebten deutschstämmige Aussiedler, darunter auch Russen, Tschechen und Polen. Früh, mittags und abends kam ein Fahrer vom Deutschen Roten Kreuz und brachte uns Essen, das wir gemeinsam mit den anderen in einem der früheren Salons, durch deren Bleiglasfenster die Augustsonne wie in eine Kirche fiel, einnahmen. Es gab einen Hausmeister, eine Putzfrau, und vom Sozialamt erhielten wir ein Taschengeld.

Die Gespräche unter uns »Patienten«, soweit wir uns überhaupt verständigen konnten, drehten sich alle um die gleichen Probleme: wie man eine Wohnung, Arbeit, einen Kindergartenplatz oder die geeignete Schule finden könnte. Marion, die unsere Schreibmaschine mitgenommen hatte und ein bisschen Russisch sprach, half einigen ausländischen Flüchtlingen beim Ausfüllen der zahllosen Anträge. Sie kümmerte sich auch um Robert und Philip, während ich mich auf Wohnungssuche begab.

Die Einbürgerung in die westdeutsche Gesellschaft erforderte mindestens ebenso viele Laufereien und bürokratischen Papierkram wie die Ausbürgerung aus der ostdeutschen. Wieder saß ich ungeduldig mit seitenlangen Anträgen in endlosen Behördenfluren, wo es nach Bohnerwachs roch und die angestellten Bürodamen geschäftig von einer Tür zur anderen stöckelten. In den Nächten wälzte ich mich schlaflos von einer Seite auf die andere. Mich belastete das erdrückende Gefühl der zu bewältigenden Aufgabe, unsere Lebenssituation in kürzester Zeit wieder zu normalisieren. In vierzehn Tagen sollten die Dreharbeiten zu meinem ersten Fernsehfilm beginnen, Robert und Philip mussten eingeschult werden, und natürlich brauchten wir endlich eine eigene Wohnung. Vier Wochen nach unserer Ankunft in Westberlin bekam ich eines Morgens hohes Fieber, Schüttelfrost und fühlte mich wie gelähmt. Mein Körper verweigerte seinen Dienst.

Als ich wenige Tage später wieder auf den Beinen war, sagte Robert plötzlich: »Mami, wann fahren wir wieder nach Hause?« Er hatte genug vom Abenteuerurlaub im Westen. Der so spannend begonnene Ausflug fing an ihn zu langweilen. Für uns aber hatte dieses Abenteuer im Dschungel eines fremden Landes, dessen Sprache wir zwar beherrschten, aber dessen Verhaltensmuster uns fremd waren, gerade erst richtig begonnen. Eine geeignete Wohnung noch vor Schulbeginn zu finden, schien nahezu unmöglich. Da ich wusste, dass der Westberliner Senat wie im Osten auch hier für Führungskräfte der Wirtschaft und für Künstler besonderen Wohnraum verwaltete, wandte ich mich an den zuständigen Beamten in der Senatskanzlei. Doch der lächelte nur müde: »Herr Glatzeder, es tut mir aufrichtig leid, aber ich kann nichts für Sie tun.« Wir gehörten offenbar nicht zu dem auserwählten Personenkreis, für den seine Dienststelle zuständig war. Im Schnellverfahren musste ich nun lernen, wie sich mühsam erlangte Popularität in Nichts auflösen kann. »Geh zurück auf Los«, heißt es bei »Monopoly«.

Ottilie und Manfred Krug gehörten zu den Ersten, die uns zu helfen versuchten. Eines Tages luden sie uns in ihre Schöneberger Wohnung ein, und Manfred gab uns bei einem saftigen Schweinebraten, den er für uns zubereitet hatte, viele praktische Ratschläge: in welche Verbände ich eintreten sollte, wie ich meine Altersversorgung organisieren musste. Sogar eine Wohnung konnte er uns anbieten. Zwei Stockwerke über ihm war gerade eine frei geworden. Er würde mit der Verwaltung reden, falls ich Interesse hätte. Wenn das Haus nicht an einer viel befahrenen Straßenkreuzung gelegen hätte, wären wir gern eingezogen. Krug hatte es in den sechs Jahren nach seiner Übersiedlung durch unermüdliche Arbeit in Kino- und Fernsehfilmen, Konzerten und Hörspielen, Lesungen und auf Theatertourneen geschafft, seine Popularität in der Bundesrepublik kontinuierlich zu steigern. Ich bewunderte seine enorme Energie, seinen trockenen Humor, seine Schlagfertigkeit und seinen Einfallsreichtum ebenso wie sein umfassendes Wissen.

Schließlich bezogen wir in seiner Nähe in der Pariser Straße eine Dreieinhalbzimmerwohnung im fünften Stock eines Neubaus zwischen schönen alten Gründerzeithäusern. Eigentlich hatte ich nie in einer Neubauwohnung leben wollen, in der ich mit den Händen an die Decke greifen konnte und den Kopf einziehen musste, wenn ich durch die Tür ging. Doch wir waren heilfroh, drei Monate nach unserer Ankunft hatten wir endlich wieder ein eigenes Zuhause, sogar mit Balkon, Fahrstuhl und Tiefgarage. Zur Ruhe konnten wir dennoch nicht kommen. Die Wände zu den Nachbarwohnungen waren dünn, und in den angrenzenden Häusern befanden sich zahlreiche Kneipen, aus denen bis morgens um drei grölend die Gäste torkelten, unten im Haus befand sich ein Supermarkt, vor dem ab sechs Uhr früh die LKWs entladen wurden und Müllautos mit ohrenbetäubendem Scheppern die leeren Flaschen entsorgten. Die Mieter pflegten ihre Mülltüten im Fahrstuhl abzustellen.

Eines Tages brannte es in der Wohnung unter uns. Die Kinder hatten ihre Puppenstube angezündet. Während die lieben Kleinen daraufhin schreiend die Treppe hinunterrannten, saß ihr taubstummer Großvater Zigarillo rauchend am Küchenfenster, bis er plötzlich die Feuerwehrleiter auf sich zukommen sah. Er hatte von all dem nichts mitbekommen.

Ein Jahr später zogen wir erneut um. Wir hatten eine lichtdurchflutete, geräumige Fünfzimmer-Altbauwohnung in Friedenau gefunden. In dieser zentrumsnahen, aber in einer wenig befahrenen Seitenstraße gelegenen Wohnung sollten wir die nächsten zwanzig Jahre bleiben. Wir genossen die Ruhe. Nur morgens hörten wir den pensionierten Bankdirektor, der über uns wohnte, im Bad laut jammern: »Wilma, rede doch mit mir!« Seine Frau war seit zehn Jahren tot.

Unsere Wohnungseinweihung verbanden wir mit einer Feier, die wir zum fünfzigsten Geburtstag meines Hamburger Onkels ausrichteten, dem wir viel zu verdanken hatten. Es war ein willkommener Anlass, um wichtige Kontakte zu knüpfen, denn dieser Onkel leitete beim Verlag Gruner und Jahr die Filmabteilung und kannte viele Prominente aus dem Kunst- und Medienbereich, die sich an jenem Abend alle bei uns einfanden: die Moderatorin Lea Rosh, der Regisseur István Szabó, der Oscar-gekrönte Produzent Manfred Durniok, Regisseure und Dramaturgen aus Berliner Theatern, aber auch Freunde wie Manfred Krug und Jurek Becker. Es wurde ein kurioses Fest, bei dem wir frisch Eingebürgerten wie exotische Käfer bestaunt wurden.

Unser kaltes Büfett hatte Marion wie immer liebevoll selbst kreiert: selbstgemachter Kartoffelsalat mit Wiener Würstchen, Nudelsalat, Knoblauchbrote, eine Ochsenschwanzsuppe, Radieschen, Tomaten-Gurkensalat, hart gekochte Eier mit Fischrogen und Gewürzgurken. Zum Dessert gab es rote Grütze mit Vanillesoße und einen selbstgebackenen Aprikosenkuchen sowie Himbeeren und Erdbeeren, was wir, da die Party im Januar stattfand, für besonders ausgefallen hielten. Aus dem Supermarkt hatte ich einen Kasten Radeberger Pilsner und ein paar Flaschen Bordeaux und Chablis angeschleppt. Weinsorten waren mir damals ein Buch mit sieben Siegeln – schließlich hatte sich die Auswahl in der DDR auf Rosenthaler Kadarka und lieblichen Rotkäppchensekt beschränkt – aber ich hatte gehört, dass diese Marken gut seien.

Natürlich mokierte sich niemand über die Schlichtheit unseres improvisierten Buffets. Etwas verkrampft und vermutlich schweigsamer als üblich saßen die Gäste um unsere mit weißen Laken bedeckten Truhen auf zerschlissenen Stühlen und Ledersesseln, die sie sicher für Sperrmüll hielten, und ließen ihre Teller mehr oder weniger leer.

Wie anders waren unsere Feste in Pankow gewesen, ungezwungen und fröhlich, selbst unser Abschiedsfest. Ein Jahr war es erst her. Unsere Möbel waren schon auf dem Weg nach Westberlin, als sich unsere Freunde am Nachmittag vor der Ausreise einer nach dem anderen in unserem vollkommen leeren Haus einfanden und unsere Gespräche von den Wänden widerhallten. Jeder hatte für uns eine Kleinigkeit zur Erinnerung an den Osten mitgebracht, Henry Hübchen eine Stange »Club«, Toni Krahl ein altertümliches Schreibtischset – falls ich einst meine Memoiren schreiben würde – und Gaby Gysi zwei Gläser ungarisches Letscho. Ein Haufen Kinder rannte durch alle Räume, kreischend rutschten sie auf einer übriggebliebenen Matratze vom oberen Stockwerk die Treppen hinab bis in den Keller und bespritzten sich quietschend im Garten mit dem Wasserschlauch. Am Abend umlagerten zwanzig Abschiedsgäste, darunter auch Henrys Frau Sanna, Tonis Frau Barbara, Hermann Beyer, Frank Castorf und Berndt Renne mit seiner Frau Petra, den Kamin, wo unter dem Holz zahllose verbrannte Briefe und Dokumente glühten. Marion hatte im »Delikat« fünfzehn Räucheraale erstanden, die allerdings beim Auspacken grünlich schillerten. Vielleicht der letzte Versuch der Stasi, unserer Ausreise mit einer Fischvergiftung noch eine dramatische Wendung zu geben. Marion tauschte die vergammelten Aale dann gegen in der DDR ebenso rare, frisch geräucherte Schweinelenden. Und irgendwann, wir hatten wohl schon einige Flaschen Nordhäuser Doppelkorn geleert, kam Barbara Krahl auf die Idee, den Anlass zu einer Typveränderung zu nutzen, und schlug vor, wir sollten uns die Haare schneiden, jeder bekam einen »Vokuhila«, vorne kurz und hinten lang. Mit ihrem Mann Toni fing sie an. Dann schnitt Gaby Gysi Frank Castorf und Henry Hübchen die Haare. Bis alle eine neue Frisur hatten, selbst die Kinder, nur Marion und ich nicht. Schließlich mussten wir den Lichtbildern unserer Ausreisedokumente entsprechen, um die Grenzbeamten nicht zu verwirren.

Diese Ausgelassenheit und Fröhlichkeit, auch wenn eine Situation noch so schwer war, fehlte mir in Friedenau und machte uns unsere Fremdheit umso schmerzlicher bewusst. »Der Abend war wunderbar«, flüsterte Manfred Krug uns beim Abschied ins Ohr. Doch wir ahnten, dass uns diese Geburtstagsinszenierung gründlich misslungen war. Mein Onkel bat uns jedenfalls nie wieder, ein Fest für ihn auszurichten.

Vom Regen in die Jauche

Wenn mich Journalisten nach den Gründen für meine Über-siedlung befragten, antwortete ich stets: »Weil ich ein Engage-ment am Schillertheater bekommen hatte.« Ich wollte mich nicht zu einem politischen Fall hochstilisieren lassen, denn das war ich tatsächlich nie. Und es stimmte auch insofern, als ich schon vor meiner Ausreise ein Engagement am Schiller-theater in Aussicht hatte. Dass dies nur ein kurzes Zwischen-spiel an einer der renommiertesten Bühnen im deutschspra-chigen Raum werden würde, konnte ich damals noch nicht ahnen.

Zuvor lernte ich erst einmal als Partner von Thekla Carola Wied in Peter Beauvais' Fernsehfilm »Der Kunstfehler« das westdeutsche Fernsehgeschäft kennen. Den Kontakt ver-dankte ich Helga, der Frau des Drehbuchautors Klaus Poche, die nach ihrer Ausreise aus der DDR als Redakteurin beim WDR arbeitete. Sie hatte Beauvais bereits auf mich aufmerk-sam gemacht, als ich in Ostberlin noch auf gepackten Koffern und Kisten saß. Zwar kannte ich den Regisseur noch nicht persönlich, aber ich wusste, dass er sich meist sozialkritischen Stoffen widmete und von Schauspielern geschätzt wurde. Ich spielte einen Stationsarzt, der seinen Chef dazu zwingt, einen von ihm verursachten Kunstfehler einzugestehen, in dessen Folge die Patientin ums Leben kam.

Mich reizte die Rolle dieses unangepassten Mediziners, ob-wohl das Drehbuch in seiner schlichten, vereinfachenden Sichtweise und den banalen Dialogen mich sehr an mittelmä-ßige DDR-Drehbücher erinnerte. Bei einem ersten Treffen vor Drehbeginn sagte Beauvais einen Satz, den ich nie verges-sen werde: »Das wird zwar kein Rennpferd, aber ein schnelles Schwein.« Wie oft habe ich seither an diese scharfsinnige

Charakterisierung des allgegenwärtigen Fernseheinheitsbreis denken müssen. Aus einem guten Drehbuch kann ein schlechter Film entstehen. Aber aus einem schlechten Drehbuch wird niemals ein guter Film. Und so wurde »Kunstfehler« ein schnelles Schwein. Im wahrsten Sinne des Wortes. Die Drehs absolvierten wir in einer so atemberaubenden Schnelligkeit, wie ich sie bisher nicht kennengelernt hatte. Hatten wir früher anderthalb Filmminuten am Tag geschafft, so waren jetzt sechseinhalb im Kasten. Dabei wurde am Set kaum diskutiert. Stattdessen hatte Peter Beauvais beim Drehen die seltsame Angewohnheit, Tempo-Taschentücher zu essen. Das war seine Methode, Stress abzubauen und sich zu konzentrieren. Bei einer Bettszene aß er besonders viele Taschentücher. Sechsundzwanzig Mal ließ Beauvais diesen Take wiederholen, bis Thekla und ich ihn baten, endlich Schluss zu machen. »Besser wird's nicht mehr, höchstens anders.« Er grinste nur und steckte enttäuscht die gerade geöffnete nächste Packung Tempo in seine Hosentasche zurück. Es geht übrigens die Legende, dass er einmal während seiner Dreharbeiten in die Apotheke ging, um neue Taschentücher zu kaufen, und der Apotheker gefragt habe: »Soll ich sie einpacken, oder essen Sie sie gleich?«

Das »schnelle Schwein« verfolgte mich noch Jahre später. Wir hatten den Film in jener Wuppertaler Klinik gedreht, die 1988, sechs Jahre nach dem Dreh, in die Schlagzeilen kommen sollte, als bekannt wurde, dass dort eine Schwester, »der Todesengel von Wuppertal«, siebzehn Patienten zum Tode verholfen hatte und dafür ins Gefängnis kam. Einmal war ich mit einer Stationsärztin im Gespräch den Krankenhausflur entlanggelaufen und hatte hinter einer angelehnten Tür ein seltsames Röcheln gehört. Auf meine Frage, wer sich denn da in dem abgedunkelten Krankenzimmer an den Apparaten und Schläuchen so quäle, hatte sie lakonisch geantwortet, das sei »der Ersatzteilspender«. Der arme Mann sei zweimal von der Autobahnbrücke gesprungen und liege seit einem Jahr im Koma. Das wahre Leben liefert immer noch die besten Geschichten.

Kurz nach Beendigung der Dreharbeiten von »Kunstfehler« begannen die Proben zu meiner ersten Inszenierung am Schillertheater: Ferdinand Bruckners »Krankheit der Jugend«. Alles lief von Anfang an falsch. Ich hatte den Vertrag mit dem Schillertheater zu einem Zeitpunkt gemacht, als dort die Regisseure Peter Zadek und Hans Neuenfels inszenierten und ich die Hoffnung hatte, mit ihnen arbeiten zu können. Aber als ich mit anderthalbjähriger Verspätung aus der DDR entlassen wurde, hatten die ihre Verträge dort längst wieder gekündigt. Nun wurde ich einem mir unbekannten Regisseur zugewiesen und sollte in diesem Stück über die Exzesse und Sehnsüchte der Jugend in den zwanziger Jahren mit Ende dreißig einen Achtzehnjährigen darstellen, ich fühlte mich vollkommen fehlbesetzt.

Vier Wochen nach Probenbeginn kündigte ich meinen Vertrag beim Schillertheater. Ich hatte gehofft, hier all das, was an der Volksbühne verlorengegangen war, wiederzufinden. Und nun war ich wieder an einem Theater engagiert, wo ein Intendant ohne Visionen mit beliebig engagierten Regisseuren einen Gemischtwarenladen betrieb und wo Schauspieler den Inszenierungen nach organisatorischen Zweckmäßigkeiten zugeteilt wurden. Dafür hatte ich meine Koffer in der DDR nicht gepackt.

Einladung nach Hollywood

Nach einem Bewerbungsmarathon bei Berliner, Münchner und Hamburger Produzenten erhielt ich vom Chef der Nova-Filmgesellschaft Otto Meißner eine Hauptrolle in Wolfgang Panzers Fernsehfilm »Gnadenlos«. Wir drehten ein Fernsehdrama über Goldgräber im Kanada der zwanziger Jahre bei minus dreißig Grad in einem Kälteloch im Kanton Graubünden. Von meinem Schauspielerkollegen Günter Lamprecht, der in diesem Film meinen Bruder spielte, lernte ich während der Dreharbeiten so einiges über die Möglichkeiten und Gefahren meiner nun beginnenden freien Schauspielerkarriere. Vor allem klärte er mich über das Netzwerk der über die ganze Bundesrepublik verteilten Film- und Fernsehproduktionsfirmen auf, die in engstem Kontakt mit den Redaktionen der Fernsehsender und Filmförderungsanstalten arbeiten.

»Du brauchst einen Agenten«, sagte Lamprecht, »denn das Wichtigste ist, an gute Projekte zu kommen.« Manfred Krug hatte mir hingegen vor Monaten gesagt: »Entweder bist du im Geschäft oder nicht. Ein Agent wird dir keine Arbeit besorgen. Der verhandelt nur deinen Vertrag.« Krug hatte nie einen Agenten, er hatte genügend Autoren, die für ihn Projekte entwickelten. Ich wollte dennoch meine eigenen Erfahrungen machen.

Mein erster Agent war Janusz von Pilecki, der unter anderen Klaus Maria Brandauer und Geraldine Chaplin unter Vertrag hatte. Sein Büro war zwar nicht in Berlin, sondern in München, aber ich verband damit die Hoffnung, dass Pilecki für mich Kontakte zu den Bavaria-Filmstudios knüpfen könnte. Doch schon nach kurzer Zeit merkte ich, dass er zwar meine Verträge abwickelte, aber – genau wie Krug vorausgesagt hatte – mir kaum neue Rollen verschaffte. Zwar schickte er mir immer mal wieder eine Projektidee, doch um die meisten Filme, die ich in den folgenden Jahren drehte, hatte ich mich selbst bemüht. Nach zwei Jahren beendeten wir unsere Zusammenarbeit, und ich wurde mein eigener Agent.

Nach »Gnadenlos« drehte ich mit István Szabó den Fernsehfilm »Bali«, der 1984 ausgestrahlt wurde. Darin spielte ich einen Fernsehregisseur, der über das Leben des deutschen Malers, Musikers und Choreographen Walter Spies einen Film macht. Spies war Ende der zwanziger Jahre auf die Insel Bali ausgewandert und kam 1941 bei einem japanischen Bombenangriff auf einem indonesischen Internierungsschiff ums Leben.

Diese Rolle hatte ich dem Filmproduzenten Manfred Durniok zu verdanken, der acht Jahre zuvor »Die Legende von Paul und Paula« in die bundesdeutschen Kinos gebracht hatte und mit István Szabó gerade in Hollywood für den Film »Mephisto« den Oscar erhalten hatte. Die Dreharbeiten sind mir aus mehreren Gründen bis heute unvergesslich. Obwohl wir bei glühender Hitze und hoher Luftfeuchtigkeit von Sonnenaufgang bis Sonnenuntergang arbeiteten, lernten wir diese Trauminsel kennen, wie sie kein Tourist jemals erleben wird. Die einheimischen Produktionspartner hatten Drehgenehmigungen in buddhistischen Klöstern, Polizeistationen, Wohnhäusern, Hafenanlagen und in entlegensten Dörfern bekommen. Wir durften sogar bei einer echten Beerdigungszeremonie mitdrehen, bei der die Leiche eines Großgrundbesitzers unter einem zentnerschweren, blumengeschmückten Baldachin in einer Prozession von vierzig jungen Männern durch die Straßen des Dorfes getragen und anschließend verbrannt wurde. Mich faszinierte besonders der übergangslose Wechsel zwischen spiritueller Konzentration und der ausgelassenen Fröhlichkeit der Trauergäste. Obwohl der ewig missgelaunte Regisseur bei den Dreharbeiten eine beklemmende Atmosphäre verbreitete, gab es noch genügend Möglichkeiten, diese einmaligen Eindrücke zu genießen. In solchen Momenten war ich glücklich, endlich den Mauern der DDR entkommen zu sein und ein selbstbestimmtes Leben führen zu können.

Dass diese Freiheit auch lebensgefährlich sein konnte, erfuhr ich an einem drehfreien Nachmittag beim Windsurfen, das ich dort mehr schlecht als recht erlernt hatte. Bei zunehmendem ablandigem Wind näherte ich mich einem dreihundert Meter vor dem Strand liegenden Korallenriff. Plötzlich kamen meterhohe Wellen auf mich zu, rissen mir das Segel aus den Händen, und ich fiel ins Wasser. In panischer Angst schwamm ich dem sich schnell entfernenden Surfbrett hinterher, das ich endlich hinter der Brandung des Riffs erreichte. Ich kletterte auf das Brett und stellte bald mit Entsetzen fest, dass es immer weiter aufs offene Meer hinaustrieb. Mir fiel eine Szene unseres Films ein, die wir noch nicht gedreht hatten. Dort sollte ich in einem winzigen Segelboot nach tagelanger Irrfahrt auf dem Ozean halb verdurstet und verhungert in letzter Minute von einer Militärstreife gerettet, aber damit auch gleichzeitig verhaftet werden. Nach einer halben Stunde schien mir meine Situation immer hoffnungsloser. Weit und breit war kein Schiff zu sehen, und der Strand entfernte sich mehr und mehr. Damit man mich überhaupt entdecken konnte, zog ich meine bunten Badeshorts aus, winkte und schrie verzweifelt um Hilfe. Doch niemand schien mich zu bemerken. Ich sah mich in der anbrechenden Dunkelheit schon als Fraß der Haie, da kam ein motorisiertes Schlauchboot auf mich zu und zog mich durch die Brandung zum Ufer zurück. Niemand hatte mich vermisst. Nur das Fehlen eines Surfbretts war dem Verleiher aufgefallen, als er schließen wollte. Das war meine Rettung.

Nach »Bali« drehte ich mit dem Regisseur Diethard Küster »Va Banque«, einen Gangsterfilm über die legendäre Berliner Hammer-Bande, die zahllose Geldtransporte mit Vorschlaghämmern geknackt hatte. Küster hatte eine kuriose Besetzung zusammengestellt: darunter den späteren Außenminister Joschka Fischer, der wie ich einen Taxifahrer spielte, und den US-amerikanischen Rock- und Bluessänger Willy DeVille.

Wie dessen Management glaubhaft versicherte, galt er auch als Billardprofi. Damit ich in einer Szene neben ihm ebenso glaubhaft bestehen konnte, organisierte die Produktionsfirma ein mehrwöchiges Billardtraining für mich. Am Drehtag im Billardsalon stellte sich heraus, dass Willy DeVille noch nie einen Queue in der Hand gehabt hatte. Das Training hätte ich mir also sparen können; der Kameramann musste demnach dieses Match, bei dem DeVille der Gewinner sein sollte, durch viele zusätzliche Einstellungen retten, um DeVilles angebliche Billardkünste vorzutäuschen. DeVille litt fürchterlich und erholte sich in den Drehpausen, indem er mit seinem Goldzahngrinsen vor den Kneipen und Puffs am Stuttgarter Platz zur Gitarre sang. Auch der »Ton Steine Scherben«-Sänger Rio Reiser war von Küster für »Va Banque« engagiert worden. Er saß in einer Szene am Flügel und spielte den extra für diesen Film komponierten »Piano Bar Blues«.

Mit diesen und weiteren Filmen, die ich in den Jahren nach meiner Übersiedlung einen nach dem anderen drehte, war ich beruflich voll ausgelastet. Dennoch fühlte ich mich lange nicht angekommen unter meinen westdeutschen Kollegen. Sie hatten andere Verhaltensmuster und waren es nicht gewohnt, offen ihre Meinung zu äußern. Anfangs war ich dadurch wie gelähmt, aber mit der Zeit lernte ich, meine Regisseure mit einer gewissen subversiven Direktheit zu provozieren, was sie irritierte, mir aber gewisse Freiräume bei der Gestaltung meiner Figuren verschaffte.

Da ich bei meinen Rollen im Westen anfangs wenig aus meinem eigenen Erfahrungsschatz schöpfen konnte und mir manchmal Regieanweisungen wie aus einer fremden Sprache übersetzen musste, setzte ich alles daran, möglichst viel in der Welt herumzukommen. 1985 öffnete sich mir durch einen Zufall sogar eine Tür nach Hollywood. Bei »Danger. Keine Zeit zum Sterben«, einer deutsch-amerikanischen Koproduktion von 1984 mit dem Regisseur Helmut Ashley, der viele Teile von »Der Alte« und »Derrick« drehte, hatte ich auf Java in Indonesien drei Stuntmen aus Los Angeles kennengelernt –

verrückte Typen, die schon in dem legendären Film »Apoka-lypse Now« mitgemacht hatten und selbst mit ernsthaften Verletzungen ihre halsbrecherischen Kunststücke ausführten. Beim Abschied luden sie mich nach Los Angeles ein. Ein Jahr später, im Januar 1985, nahm ich die Einladung an. Auf dem Flughafen in Los Angeles übergaben sie mir die Schlüssel zu ihrem Haus und einem ihrer Autos und verschwanden zu einem Job nach Hawaii.

Das Haus meiner waghalsigen Freunde lag unweit von Ve-nice Beach, wo sich auf einer kilometerlangen, asphaltierten Uferpromenade, die sich in Richtung Santa Monica erstreck-te, wie auf einem Rummel an den Wochenenden Hunderte Ausflügler vergnügten. Auf den Wellen des Pazifiks wimmelte es von bunten Surfern, Akrobaten jonglierten mit Motorket-tensägen, gestylte Rollerblader zogen in stoischer Gelassen-heit an mir vorbei, in Open Air-Fitnessstudios schwitzten Bo-dybuilder mit riesigen Eisenhanteln, daneben boten Maler wie auf dem Montmartre ihre Porträtkünste an. Auf einer Au-tofahrt nach San Francisco auf dem berühmten Highway 101 besichtigte ich das in die Felsen hineingebaute Schloss des Zeitungsmagnaten William Hearst, der Orson Welles zu sei-nem Film »Citizen Kane« inspirierte. Fassungslos ging ich durch die prunkvollen Anlagen dieses in dreißigjähriger Bau-zeit entstandenen Palastes mit römischen Bädern und Pools, Brunnen und unzähligen Skulpturen, einer beeindruckenden Kunstsammlung und einem riesigen Kinosaal.

Meine Stuntmen kamen zum Super Bowl Sunday zurück, dem Endspiel der Football-League, einer Art inoffiziellem Nationalfeiertag mit den höchsten TV-Einschaltquoten in ganz Amerika, bei dem im Freundeskreis auf den Spielaus-gang gewettet wird. Unzählige Gäste strömten ab Mittag in das Haus in Manhattan Beach, mit Chips und Cola unterm Arm, einige brachten sogar ihre Fernseher mit, die in allen Räumen aufgestellt wurden, selbst in den Badezimmern. Um sich nicht gegenseitig den Spaß zu verderben, saßen Männer und Frauen getrennt, in der Küche und im Schlafzimmer die

Frauen und im Wohnzimmer und am Pool die Männer. Alle wetteten mit zehn Dollar Einsatz pro *quarter*. Das war ein Riesenspaß, bei dem Whisky aus Fünfliter-Flaschen getrunken wurde. Ohne die geringste Ahnung von diesem Spiel zu haben, beteiligte ich mich mit vierzig Dollar an der Wette – und gewann! Ich hatte bei allen *quarters* richtig getippt. Die Männer waren nicht gerade erfreut, dass ausgerechnet ich mir den gesamten Wetteinsatz von über 360 Dollar unter dem Jubel ihrer Frauen in die Tasche stopfte.

Am nächsten Tag fuhr ich auf dem Golden State Freeway durch Los Angeles zu den Disney-Studios nach Burbank. Meine Stunt-Freunde hatten mir einen Termin mit den Produzenten und Castingchefs einer Arztserie vermittelt, die die Rolle eines deutschen Auswanderers besetzen wollten. Zuvor hatte ich noch einen Termin bei dem Schauspielagenten Paul Kohner, den Manfred Durniok mir vermittelt hatte. Sein Büro lag am Sunset Boulevard und war von oben bis unten mit Drehbüchern vollgestopft. Kohner lächelte mild, als ich ihn fragte, wie man in Amerika zu einer Arbeitserlaubnis käme. »Tut mir leid, aber ich kann Ihnen da wenig Hoffnungen machen«, sagte er. »Wenn Sie hier arbeiten wollen, müssen Sie mindestens auf einem A-Festival einen Darstellerpreis bekommen haben.« Auch Armin Mueller-Stahl hätte erst dann seine Greencard bekommen. Und selbst dafür hätte sein Produzent noch ins Weiße Haus telefonieren müssen, um von Ronald Reagan persönlich das Okay zu erhalten.

In den Disney-Studios in Burbank empfing man mich freundlich. Wie vor einer Musterungskommission taxierten mich zehn Produktionsmitarbeiter, ob und wie ich in das Besetzungsschema passen würde. Ich sollte in einer über mehrere Jahre angelegten Fernsehserie mitspielen. Mein Englisch mit deutschem Akzent hätte mir bei dieser Rolle eines aus Deutschland stammenden Arztes sogar von Vorteil sein sollen. Ich lächelte, so oft und so gewinnend ich konnte, sprach so wenig wie möglich und nickte viel, um den Eindruck zu erwecken, als verstünde ich alles, was selbstverständlich keineswegs der Fall war. Als ich in Ostberlin auf meine Ausreise wartete, hatte ich zwar ein Vierteljahr lang täglich vier Stunden einen Englisch-Kurs an der Volkshochschule besucht. Doch ich wusste, dass mir das hier nicht viel weiterhelfen würde. Wie man mir erklärte, umfasste das tägliche Drehpensum fünfundzwanzig Filmminuten. Ein Blick in das Drehbuch mit seitenlangen englischen Textpassagen versetzte mich in Panik. Außerdem wird die endgültige Textfassung bei einer Serie gewöhnlich noch bis einen Tag vor Drehbeginn, manchmal sogar während des Drehens verändert. Das schaffst du nie!, dachte ich. Textlernen war noch nie meine Stärke. Ich brauche viel Zeit dafür. Ich besitze nicht das fotografische Gedächtnis wie einige meiner Kollegen, die ihre Textpassagen nur einmal intensiv anschauen und schon abgespeichert haben. Ich brauche Tage dafür, schreibe die Texte mehrmals ab und lerne sie dann unterwegs, im Garten, auf der Toilette oder auf dem Friedhof. Und jetzt sollte ich das in einer Nacht schaffen und noch dazu auf Englisch?

»I can't play this doctor«, sagte ich bedauernd.

»Oh sure, you can! You can have a coach, if you want!«, munterte mich die Casting-Agentin auf.

»No, thank you«, sagte ich und verabschiedete mich. Goodbye Myladies. Goodbye Hollywood.

Ein ungleiches Team

Jurek Becker saß in unserer Küche. Er hatte mir gerade vorgeschlagen, bei der ARD-Anwaltsserie »Liebling Kreuzberg«, die demnächst gedreht werden sollte, Manfred Krugs Assistenten zu spielen. Ich blätterte das Drehbuch der ersten Folge durch und sah sofort, dass alle Szenen auf Krug zugeschnitten waren und mein Part nur der des Stichwortgebers gewesen wäre. Becker schaute Marion und mich erwartungsvoll an. Ich mochte ihn, seinen offenen Blick, sein leidenschaftliches Interesse an Menschen und seine unvoreingenommene Art, andere wahrzunehmen. Er sagte selten etwas nur so dahin, seine Gedanken und seine Sprache waren überaus präzise, jeder Satz hätte sofort gedruckt werden können. Und er hatte einen wunderbar subversiven Humor, der uns verband.

Der Produzent von »Liebling Kreuzberg« war Otto Meißner, der Regisseur würde Werner Masten sein, mit dem Krug seit Jahren die Fernsehserie »Auf Achse« drehte. Sie waren einander sehr ähnlich und ein eingespieltes Team. Becker und Krug, die sich seit ihrer frühen Jugend kannten, waren eng miteinander befreundet. Vermutlich erhoffte sich Becker, dass Krug als Rechtsanwalt Robert Liebling und ich als sein Assistent ein legendäres Paar würden, da wir beide sehr unterschiedliche Typen waren und uns gut hätten ergänzen können.

Ich hingegen befürchtete, dass dies eher zu einem Zweikampf mit Krug ausarten könnte, bei dem er allerdings über die besseren Waffen verfügte, da Becker die Drehbücher für ihn geschrieben hatte. Selbst nachdem Becker mir versprach, in den folgenden Teilen meine Rolle auszubauen, war mir klar, dass wir nie gleichberechtigt sein würden. So gut konnte er mich gar nicht kennen wie seinen Jugendfreund, bei dem es Becker leichtfiel, seine Stärken zu bedienen und selbst seine Schwächen dramaturgisch zu nutzen. Wir wären nie gleichwertige Partner gewesen, und nur das hätte mich an der Zusammenarbeit mit Krug und Becker interessiert.

»Ich kann dieses verlockende Angebot nicht annehmen«, sagte ich zu Becker und erklärte ihm meine Bedenken. Überrascht und ein wenig gekränkt verließ er uns. Ich hätte ihn gern zurückgerufen, aber ich wusste, dass ich mit dieser Arbeit nicht froh geworden wäre. Wahrscheinlich war es falsch abzusagen, vielleicht sogar genauso falsch, wie »Daniel Druskat« abzulehnen. Aber es ist mir immer sehr wichtig gewesen, die Entscheidung für oder gegen eine Rolle nicht mit Rücksicht auf meine finanziellen Verpflichtungen, sondern allein nach dem Gefühl für die schauspielerische Herausforderung zu treffen.

Kurz darauf rief mich Volker Canaris, der neue Generalintendant des Düsseldorfer Schauspielhauses, an. »Wollen Sie den Malvolio in ›Was ihr wollt‹ spielen, Herr Glatzeder? Unter der Regie von Tragelehn?« Ich wollte.

Traumrollen am Düsseldorfer Schauspielhaus

Endlich hatte ich wieder die Chance, mich über einen längeren Zeitraum hinweg in einem Team hervorragender Schauspieler und mit einem Regisseur, den ich kannte und dessen Gedanken und Humor ich verstand, intensiv mit einem Stück und einer Rolle auseinanderzusetzen. Bei Dreharbeiten wird dem Schauspieler immer nur wenig Zeit gelassen, sich einer Szene zu nähern, sie zu verwerfen oder neu zu entwickeln. Der Ehrgeiz aller Beteiligten besteht einzig und allein in der fehlerfreien Erfüllung aller Verabredungen und der gespannten Erwartung auf den erlösenden Ausruf des Regisseurs: »Gestorben!«, was bedeutet, dass die Szene im Kasten ist.

Das Düsseldorfer Schauspielhaus gehörte in den achtziger Jahren neben dem Hamburger Schauspielhaus, den Münchner Kammerspielen und der Berliner Schaubühne zu den aufregendsten und anspruchsvollsten Theatern in Deutschland. Volker Canaris, ein bekannter Theaterkritiker, hatte das Haus im Herbst 1986 übernommen. In seiner Antrittsrede formulierte er sein Verständnis von Theater: Anders als das immer kommerzieller werdende Fernsehen habe das Theater die Chance, Freiräume zu schaffen und sich auf »unangepasste Weise künstlerisch zu artikulieren«. Sein neuer Schauspieldirektor war ab 1987 B. K. Tragelehn. Mit ihm als Regisseur sollte ich in seiner Übersetzung von Shakespeares »Was ihr wollt« die Rolle des Haushofmeisters Malvolio übernehmen. Ich schloss einen Gastvertrag ab, denn nach meinen Erfahrungen am Schillertheater wollte ich nie mehr fest angestellt in einem Ensemble arbeiten. Ich wollte als Spezialist für ein besonderes Rollenfach eingekauft werden, aber auch die Möglichkeit haben, ein Angebot abzulehnen, wenn es mir nicht gefiel. Diese Freiheit war genau das, was ich in meinem neuen Schauspielerleben wollte: Nein sagen können.

Nach vier Jahren Bühnenentzug hatte ich an meinem ersten Probentag in Düsseldorf Lampenfieber wie vor einer Premiere. Ich fürchtete mich vor dem Gemustertwerden, dem Abschätzen, der Isolation durch die Kollegen – eine Situation, wie wenn ein neuer Hahn in den Hühnerstall kommt und erst einmal von allen anderen Hühnern gescheucht wird, selbst von den schwächsten, der nicht auf die Leiter gelassen wird und sich zum Schlafen in die äußerste Ecke verkriechen muss. Bevor er die erste Henne »treten« darf, hat er schon viele Federn lassen müssen.

Ich war morgens um drei mit dem vollbeladenen Auto in Berlin losgefahren. Um neun sollte die Probe beginnen. Ich war müde, zerstreut, musste nach dem Weg suchen und achtete kaum auf den Verkehr. Es kam, wie es kommen musste. Plötzlich fuhr mir beim Linksabbiegen mitten auf einer großen Kreuzung ein Kleinlaster mit einem Betonmischer in die Seite. Mein Auto hatte einen Totalschaden und ich einige tiefe Schnittwunden. Während die Polizei die Straße abriegelte, sammelte ich meine Sachen ein, die aus dem Wagen geschleudert worden waren und nun auf der ganzen Kreuzung verteilt lagen, lud alles in ein Taxi und fuhr zur Probebühne. Wie ein Penner stand ich mit blutverschmiertem Gesicht und all meinen Koffern, Taschen und Tüten vor meinen entsetzten neuen Kollegen, die seit einer Stunde auf mich warteten. Und da passierte das Wunderbare – statt misstrauisch gemustert, wurde ich von meinen neuen Kollegen liebevoll aufgenommen und bemitleidet, als ich ihnen von meinem Unglück erzählte.

Die Rolle des Malvolio war mein erster großer Erfolg am Düsseldorfer Theater. Tragelehn hatte Shakespeares erotische Verwechslungskomödie »Was ihr wollt« nicht als neckische Partnersuche, sondern als Kampf der Geschlechter, als pessimistische Zustandsbeschreibung seelischer Zerrissenheit und sozialer Abhängigkeit in der Beziehung zwischen Mann und

Frau inszeniert. Liebe als Alptraum. Wie für den Haushofmeister Malvolio, der im Glauben, seine Herrin, die Gräfin Olivia, liebe ihn, all seine Hemmungen und höfischen Anstandsregeln vergisst und sich in liebestoller Verzückung verliert, bis er schockiert erkennt, dass man ihn mit einem gefälschten Liebesbrief hereingelegt hat.

Mir gefiel die Widersprüchlichkeit des Malvolio: dieser eitle, strenge Haushofmeister, der die Einhaltung der Sitten mit leidenschaftlicher Strenge überwacht, sich über die Verfehlungen der Hofgesellschaft, deren Saufgelage und heimlichen Liebesverhältnisse empört und seine eigenen sexuellen Gelüste mit aller Gewalt unterdrückt. Als er sich schließlich doch gegen alle Verbote verliebt, schwebt Malvolio voller Verzückung über den Wolken und landet in einer stinkenden Jauchegrube. So ähnlich hatte ich es auch als Zwölfjähriger erlebt, als meine erste große Liebe enttäuscht wurde.

Nach dem Erfolg mit Malvolio war ich bei den festangestellten Kollegen des Düsseldorfer Schauspielhauses ein nicht nur geduldeter, sondern auch gern gesehener Gast.

Ein Jahr später holte mich Tragelehn erneut nach Düsseldorf. Diesmal zu seiner Inszenierung von Molières »Don Juan«. Die Interpretation der Figur des Don Juan als unansehnlicher, schwammiger und aggressiver Misanthrop, der nicht den üblichen jungenhaften Charme eines begnadeten Verführers hatte, irritierte das Publikum, das mit schroffer Ablehnung reagierte. Mich hingegen überzeugte diese realistische Sicht auf einen Adligen, der nur aufgrund seiner gesellschaftlichen Stellung und seines Vermögens von den Frauen begehrt wird. Sie erinnerte mich an den Satz einer befreundeten Kollegin, die mir einmal sagte, sie könne einen Mann nur lieben, wenn der wenigstens eine Million auf dem Konto hätte. Nicht nur der äußere Charme verführt die meisten Frauen, sondern auch Macht, Erfolg und Geld haben erotisierende Wirkung auf sie, auch wenn sie das nie zugeben würden. Ich spielte Don Juans Diener Sganarelle, der – ähnlich wie Malvolio – gewissermaßen die ideologische Festung in einem Sumpf sexueller Verstrickungen personifiziert und mit leidenschaftlicher Verbissenheit an die moralische Vernunft seines skrupellosen Herrn appelliert. Das Publikum belohnte meinen Spaß bei der Darstellung dieses hoffnungslosen Unterfangens: Bravorufe bei jeder Aufführung.

Eines Tages war Heiner Müller, der das Stück neu übersetzt hatte, der Einladung des Ensembles gefolgt, sich die Inszenierung anzuschauen. An jenem Abend spielten wir mit besonderer Hingabe. Umso überraschter war ich, als ich Müller beim Blick aus meinem Garderobenfenster statt im Zuschauerraum im Gartenrestaurant Zigarre rauchend und mit einem Glas Whisky in der Hand neben einer sehr hübschen jungen Frau sitzen sah.

Zwischen 1987 und 1995 spielte ich am Schauspielhaus Düsseldorf in sechs Inszenierungen als Gast mit, von der Kritik als einer gelobt, der sein Handwerk beherrscht, und vom Publikum begeistert gefeiert. Nach »Was ihr Wollt« und »Don Juan« mit Tragelehn spielte ich nach zwanzig Jahren wieder die Rolle des Schauspielers in Gorkis »Nachtasyl«, diesmal unter der Regie von Herbert König. Mein Verständnis für die tragische Situation eines gescheiterten Schauspielers, der seinen geliebten Beruf nicht mehr ausüben kann, war durch eigene schmerzvolle Erfahrungen und Misserfolge und die immer gegenwärtige Angst, eines Tages ein ähnliches Schicksal zu erleiden, mit der Zeit größer geworden. Auch das Problem dieses Schauspielers, nur im Alkoholrausch den Mut zu finden, auf die Bühne zu gehen, war mir längst nicht mehr fremd. Als ich wieder einmal vor einer Vorstellung zu viel getrunken hatte, mir mein Text nicht mehr einfiel und ich vor Schreck nicht einmal die Souffleuse hörte, schwor ich mir: »Nie wieder Alkohol während der Arbeit!« Aber wie das Leben so ist: Ab und zu verhilft ein Glas Rotwein mir auch heute noch zu spielerischer Leichtigkeit.

Mit Herbert König produzierte ich 1991 noch Samuel Becketts Komödie »Endspiel«. Trotz seines starken Diabetes', die ihn erst erblinden ließ und ein paar Jahre später das Leben kosten sollte, da er seine Gewohnheiten seiner schweren Erkrankung keineswegs anpasste, war König ein fröhlicher Mensch und das Arbeiten mit ihm ein Genuss. Gewöhnlich verließ er die Probe schon nach zwei Stunden, weil er zum Pferderennen wollte oder einen Termin bei der Dialyse hatte. Ich spielte neben meinem Partner Hans Schulze den Clov, wieder einen Diener, der mit seinem Herrn in einer eheähnlichen Zwangsbeziehung lebt und ihm am liebsten mit einem Hammer den Schädel einschlagen möchte, weil er ständig drangsaliert wird – so wie in einer langen Partnerschaft, wo jede Reaktion, jede Geste ritualisiert ist, wo man auf das kleinste Zeichen hin gehorcht und der andere einen manchmal so zur Weißglut bringt, dass man Angst hat zu ersticken. Becketts Text ist so gehaltvoll wie ein guter Fleischfond, den der Schauspieler nur mit seinen Erfahrungen auffüllen muss, damit der Zuschauer glaubt: ja, genau so habe ich es auch schon gespürt, ein Dialog der Zeichen, der Andeutungen, eine Übereinkunft mit denen, die auch schon gelitten haben. Jeder Satz trägt hundert Sätze in sich, wie ein Eisberg, von dem man nur die Spitze sieht und dessen größte Masse unter der Wasseroberfläche verborgen ist.

Acht Jahre war ich Gast in Düsseldorf. Bis Volker Canaris nach jahrelangem, kräfteraubendem Stellungskrieg mit Kritikern und Kulturdezernenten einen Herzinfarkt bekam und nach fünf Bypässen die Intendanz aufgab. Mein letztes Stück an diesem Haus war gleichzeitig der größte Publikumserfolg: »Samstag, Sonntag, Montag« von Eduardo De Filippo, drei Tage Mord und Totschlag in einer italienischen Großfamilie mit Pasta, Liebe und Eifersucht, wo jeder Schauspieler wie in einem Stück von Maxim Gorki sein komödiantisches Solo bekommt. Die deftige Inszenierung des in Bagdad geborenen Theater- und Opernregisseurs David Mouchtar-Samorai erinnerte an Buñuels Film »Viridiana«. Samorai war berüchtigt dafür, seine Schauspieler mit Sechzehn-Stunden-Proben zu quälen, oft ohne eine einzige Pause! Zu unser aller Erleichterung erlitt er kurz vor der Inszenierung einen Hörsturz, und die

Ärzte erlaubten ihm nur noch maximal vier Stunden am Tag zu arbeiten. Das war unsere Rettung.

Außerdem war ich ziemlich überrascht, als mich der Regisseur vier Wochen vor Probenbeginn anrief und eindringlich bat, auf keinen Fall auch nur eine Zeile des Textes vorher auswendig zu lernen. Er pflegte die Schauspieler mit Improvisationen behutsam an das Stück und ihre Rollen heranzuführen, weil er hoffte, so die individuelle Spontaneität des Einzelnen besser erkennen und für die Inszenierung nutzen zu können. Natürlich lernte ich dennoch meinen Text vorher auswendig und verwendete bei den Proben einen großen Teil meines Talents darauf, Samorai vorzuspielen, dass ich aus vollem Herzen improvisierte. Nach und nach bemerkte ich, dass meine Kollegen Gabriela Badura, Wolfgang Reinbacher oder Marianne Hoika den gleichen Trick anwandten. Wir alle wollten schon aus Selbstschutz dem Regisseur seine Illusion lassen. Nach drei Wochen Versteckspiel trat genau das ein, was ich befürchtet hatte. »So«, sagte Samorai eines Tages, »ab morgen könnt ihr euren Text!« Und wie durch ein Wunder hatte das gesamte Ensemble in den nächsten Tagen tatsächlich seine Rollentexte parat. Sechsundvierzig Mal habe ich den akkuraten und trotteligen Charmeur Luigi Ianniello vor ausverkauftem Haus gespielt. Die Zuschauer saßen sogar dicht gedrängt auf den Stufen des Zuschauerraums, für Düsseldorfer Verhältnisse eine grandiose Platzausnutzung von hundertzwei Prozent.

Wenn es am schönsten ist, soll man gehen.

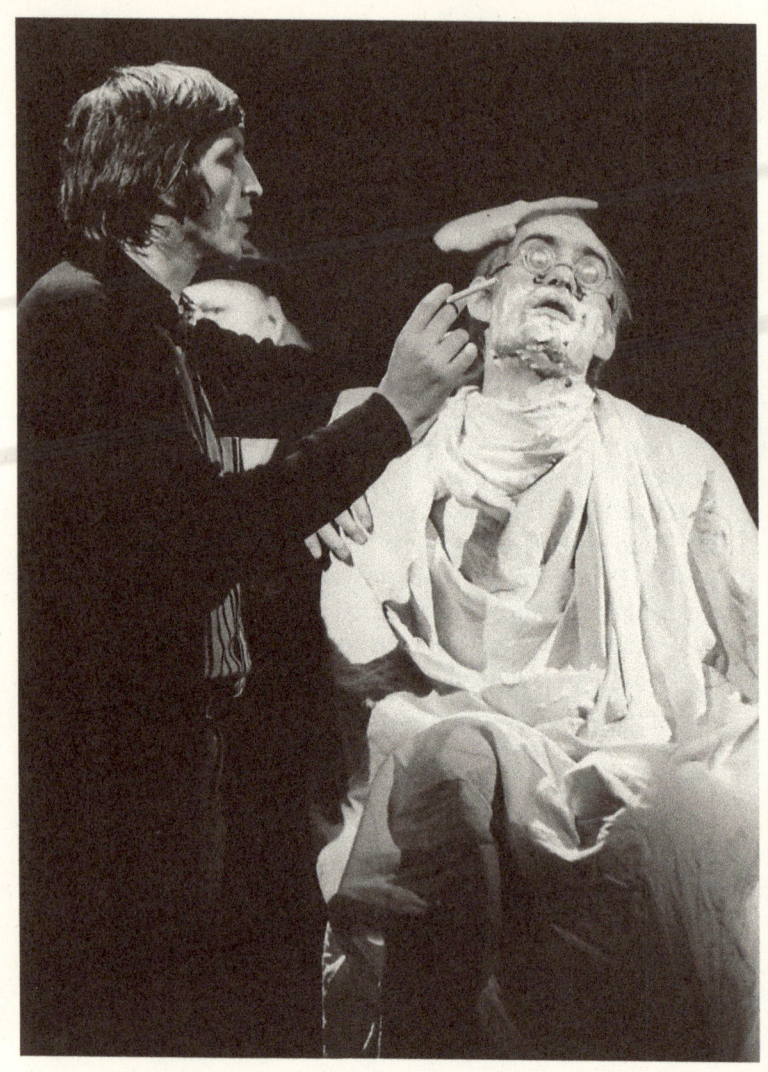

38. Proben mit Regisseur Matthias Langhoff für »Der Bürgergeneral«, 1977

39. Als »Erster Totengräber« mit Manfred Karge in »Hamlet«, 1977

40. Mit Philip an der Ostsee, 1980

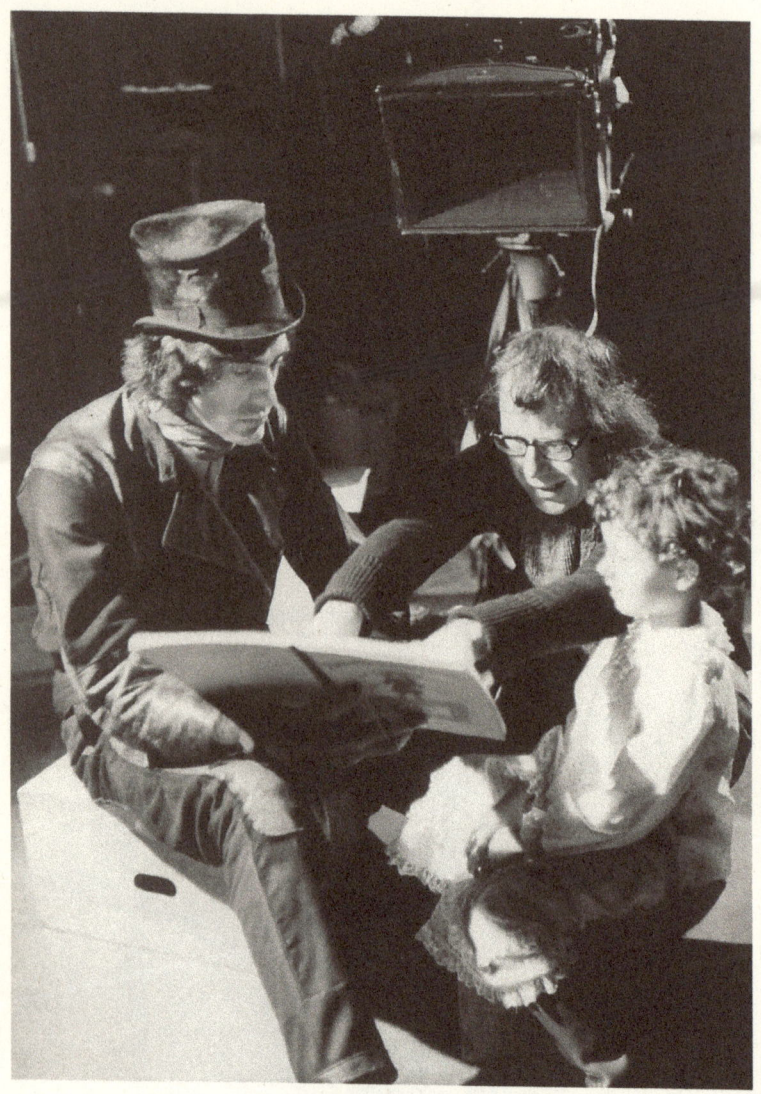

41. Mit Rainer Simon und dessen Tochter Jana am Rande der
Dreharbeiten zu »Zünd an, es kommt die Feuerwehr«, 1978

42. Kurz vor der Ausreise, 1982

43. Mit Robert und Philip, achtziger Jahre

44. Mit Marion in »III nach neun«, 1982

45. Als Goldgräber in »Gnadenlos«, 1983

46. Mit Marion während der Dreharbeiten mit István Szabó in Bali, 1984

47. Mit Joschka Fischer in »Va Banque«, 1985

48. Mit Thekla Carola Wied und Peter Matiæ in »Die Katze lässt
das Mausen nicht«, 1987

49. Als Malvolio in »Was ihr wollt« am Düsseldorfer Schauspielhaus, 1986

50. Mit Hannelore Hoger und Vadim Glowna in »Tandem«, 1991

51. »Das Land hinter dem Regenbogen, 1990

52. Als »Clov« mit Hans Schulze in »Endspiel«, 1992

53. Drehpause: »Tatort«, Berlin 1996

54. Werbekampagne für Windsor, 1997

55. Mit Elisabeth Wiedemann und Friedrich Schönfelder in »Mein
Freund Harvey«, Theater am Kurfürstendamm, Berlin 2000

56. Selbstmörderisches Abenteuer: als »Santer« in »Winnetou III«,
Bad Segeberg 2006

57. Mit Jutta Hoffmann und Gojko Mitić bei der Verleihung der
»Goldenen Henne«, 2006

58. Erneute Zusammenarbeit nach 35 Jahren: Mit Angelika
Domröse in »Filumena Marturano« am Hans-Otto-Theater
Potsdam, 2008

59. »Der verfluchte Schatz«, 2007

Heimkehr des verlorenen Sohnes

»Winne, wach auf! Die Mauer ist gefallen!« Marion rüttelte mich aus dem Schlaf und zerrte mich vor den Fernseher. Dort sah ich, noch schlaftrunken, Menschenmassen, euphorisiert wie bei einer Wallfahrt, durch die engen Grenzübergänge drängen, und eine Blech- und Plastekarawane zog hupend und schwarzrotgoldene Fahnen schwenkend unter den geöffneten Schlagbäumen hindurch in Richtung Ku'damm.

Marion war überwältigt von dieser grenzenlosen Freude und Euphorie. Mir hingegen machte das eher Angst, als würden Fluten durch einen gebrochenen Staudamm alles mit sich reißen. In den nächsten Wochen verfolgten wir atemlos die Live-Sendungen und konnten kaum glauben, dass plötzlich die Menschen der DDR den Mut dazu fanden, all das öffentlich zu kritisieren, was man früher nur innerhalb der eigenen vier Wände aussprach und was dennoch so manchem Oppositionellen langjährige Gefängnisstrafen eingebracht hatte. Und nun durchbrach das Volk die Grenzanlagen, an denen noch kurz zuvor Menschen im Maschinengewehrhagel gestorben waren, der Letzte im Februar 1989. »Endlich gibt es eine Chance auf Veränderung«, sagte Marion, da sie nach wie vor an die Reformierbarkeit des Sozialismus glaubte.

Was in den folgenden Monaten mit der Gesellschaft der DDR passierte, ging in einem so atemberaubenden Tempo vor sich, dass unsere Vorstellungskraft und Aufnahmefähigkeit den Ereignissen kaum folgen konnten. Da ich in dieser Zeit oft zu Dreharbeiten und Theatervorstellungen in Düsseldorf war und parallel dazu in Berlin die Kinderserie »Spreepiraten« und den zweiteiligen Fernsehfilm »Ron und Tanja« drehte, blieb mir wenig Zeit, die aufregenden journalistischen Enthüllungen der Unterdrückungsmechanismen in der DDR durch die kritische Berichterstattung der Sendung »1199« zu verfolgen, die spannender als jeder Krimi waren. Was mich in jener Zeit am meisten faszinierte, war, dass die ehemaligen hohen SED-Funktionäre plötzlich Fragen beantworten muss-ten, die noch wenige Wochen zuvor niemand gewagt hätte, öffentlich zu stellen. Wie sie sich verstellten, herausredeten, logen und sich rechtfertigten, immer mit der Absicht, ihre Pfründe und Privilegien zu verteidigen. Eigentlich gab es nur einen, den ich bei dieser öffentlichen Hinrichtung be-wunderte: Günter Schabowski. Wie ein Volkstribun oder Ma-fiapate stellte er seine ehemaligen Gefolgsleute bloß, be-schimpfte sie als Duckmäuser und Feiglinge und bot sich gleichzeitig dem aufgebrachten Volk als der wahre Messias für die Erneuerung der sozialistischen Gesellschaft an. Eine so konsequente Verlogenheit nötigte mir Respekt ab.

Als ich zwei Jahre später, im Oktober 1992, meine Stasi-Ak-ten las, musste ich feststellen, dass die Überwachung, Kon-trolle und Fremdbestimmung meines Lebens durch die Stasi noch meine schlimmsten Ahnungen und Befürchtungen übertraf. Selbst als ich bereits in Westberlin lebte, wurde ich im Auftrag meines geheimen Regisseurs bis 1989 observiert. Seine Gier nach Informationen war unersättlich. Er ließ meine Telefonate abhören, meine Briefe kopieren und bei Treffen mit Freunden und Kollegen in Westberliner Kneipen Gesprächsprotokolle aufzeichnen. Offensichtlich schien ihm mein Leben immer noch spannend genug für eine Fortset-zung seiner Stasi-Trilogie.

Nach dem Potsdamer »Unruhestifter« und dem verhinder-ten »Liebling« war ich nun der undankbare Sohn, dessen Mitwirkung in einem zweiteiligen Fernsehfilm der ARD ein besonderes Ärgernis war. »Schlüsselblumen« hieß Stephan Meyers respektlose deutsch-deutsche Spionage-Komödie von 1988, in der ich einen Stasi-»Romeo« spielte, der von seiner ostdeutschen Geliebten Anna (Mechthild Grossmann), die gleichzeitig seine Führungsoffizierin ist, in den Westen ge-schickt wird, um sich an eine unverheiratete Sekretärin des

Verfassungsschutzes heranzumachen, die Zugang zu wichtigen Geheimakten des Verfassungsschutzes hat. Als die Stasi von ihren Inoffiziellen Mitarbeitern in den bayrischen Bavaria-Filmstudios von meiner Besetzung in diesem Filmprojekt erfuhr und die SED-Propagandaabteilung darüber in Kenntnis setzte: »Glatzeder spielt die Hauptrolle in einem gegen das MfS gerichteten zweiteiligen Fernsehfilm«, verfügte eine gewisse Ursula R.: »Glatzeder ist aus allen Publikationen zu entfernen.«

1991 kehrte ich nach fast zehnjähriger Abwesenheit wieder in die Studios nach Babelsberg zurück, um Filme zu drehen, die angesichts der dramatischen Ereignisse jenseits der Kinosäle vom Publikum kaum noch wahrgenommen wurden, wie »Tanz auf der Kippe« von Jürgen Brauer, dem Kameramann von »Die Legende von Paul und Paula«, über das Scheitern eines Jugendlichen kurz vor dem Ende der DDR, dessen Vater ich spielte, Horst Seemanns Berliner Nachkriegsgeschichte »Zwischen Pankow und Zehlendorf« oder »Das Land hinter dem Regenbogen«. Herwig Kippings irrwitzige Abrechnung mit den fünfziger Jahren der DDR war einer der letzten Filme der DEFA und kam im März 1992 in die Kinos.

Die Dreharbeiten im Winter und Frühjahr 1991 lagen mitten in der Phase der Abwicklung der Studios, deren Mitarbeiter einer ungewissen Zukunft entgegensahen. Investoren aus ganz Westeuropa liefen über das 460 000 Quadratmeter große einstige Ufa-Gelände und taxierten seinen Wert, beantragten Fördermittel, phantasierten von Medienfreizeitpark, Multiplex-Kinos und Hotelbetrieb, eine Mischung aus Bavaria-Filmpark, Universal-City und Disneyland. Alle gierten nach dieser vermeintlichen Goldgrube, die man im schlimmsten Fall nach Ablauf der Sperrfrist ja immer noch als Bauland scheibchenweise gewinnbringend verkaufen könnte.

Andere Interessenten schauten sich nach hochqualifiziertem Personal um. Generaldirektor Mäde kam dafür nicht mehr in Frage, er hatte sich inzwischen »aus gesundheitlichen Gründen« aus dem Staub gemacht. Kostümbildner, Stukkateure oder Filmszenaristen hatten über Generationen das Studio mitgeprägt, von der Weimarer Ufa-Zeit über die Naziherrschaft und vierzig Jahre DEFA. Hatte auf dem Gelände einst ein lebendiges Gewusel geherrscht, war es nun von einer gespenstischen Atmosphäre bestimmt, die ein Holzkreuz auf einer Wiese mit der Aufschrift auf den Punkt brachte: »DEFA – Ruhe sanft! *1946 †1990?« Der Witzbold hatte sich nur um zwei Jahre verschätzt. 1992 übereignete die Treuhand den volkseigenen Betrieb samt Grundbesitz dem französischen Mischkonzern Compagnie Générale des Eaux, dem unter anderem die Pariser Filmstudios de Bologne sowie Anteile an dem französischen Fernsehsender »Canal plus« gehörten. Geschäftsführer wurde der Regisseur Volker Schlöndorff, der die Vision hatte, aus den Babelsberger Filmstudios ein Kreativzentrum zu machen, eine Art europäisches Hollywood. 2004 verkaufte die CGE die Studios, die mittlerweile 18 Millionen Euro Schulden angehäuft hatten, für den symbolischen Preis von einem Euro an die Beteiligungsgesellschaft FBB – Filmbetriebe Berlin Brandenburg GmbH.

Es war ein seltsam beklemmendes Gefühl, wieder in Babelsberg zu drehen. Im Kostümfundus begrüßten mich die Ankleiderinnen, die gerade wie tausend andere Mitarbeiter der DEFA-Studios ihre Kündigung erhalten hatten. Wir drehten »Das Land hinter dem Regenbogen«, einen Film über die Jugendsünden eines Staates, dessen diktatorische Führer, gegen die sich der Film richtete, es schon nicht mehr gab. Eine merkwürdige Stimmung von Endzeit und Aufbruch umgab mich. Der Film mit meinen Schauspielerkollegen Rolf Ludwig, Ulrike Krumbiegel, Axel Werner, Franciszek Pieczka und Swetlana Schönfeld sowie dem Kameramann Roland Dressel, mit dem ich 1978 »Zünd an, es kommt die Feuerwehr« gemacht hatte, floppte zwar beim Publikum, erhielt aber 1992 den Bundesfilmpreis.

Im selben Jahr kam ich noch einmal nach Babelsberg, für den ZDF-Fernsehfilm »Tandem« von Bernhard Stephan, der in der DDR »Für die Liebe noch zu mager« gedreht hatte.

Und diesmal war es für mich wirklich wie die Heimkehr des verlorenen Sohnes. Ich kehrte in eine Filmfamilie zurück, mit der mich wunderbare Erlebnisse verbanden, vor allem mit dem Kameramann Claus Neumann, mit dem ich in »Till Eulenspiegel« so viel Spaß gehabt hatte, der grandiose Bilder machte und mir von allen Kameramännern, mit denen ich bisher gearbeitet habe, der liebste ist. Oder den Maskenbildnern, Beleuchtern und Ankleiderinnen, die mich wie einen lange Vermissten mit offenen Armen empfingen. Im Kostümfundus kramte ich mir für meine Rolle die alte Lederjacke aus »Zeit der Störche« wieder hervor und in der Requisite die 250er BMW von damals.

Erstmals konnte ich für eine Rolle meine Ost- ebenso wie meine West-Erfahrungen einbringen. Die Geschichte dieser Komödie ist so kurios wie wunderbar: zwei Männer Rudolf (Vadim Glowna) und Robert (ich) lieben zu DDR-Zeiten die gleiche Frau (Hannelore Hoger). Sie sind eng miteinander befreundet und wollen sogar eine Ehe zu dritt führen, was ihnen jedoch nur ein ablehnendes und verständnisloses Kopfschütteln der Standesbeamtin einbringt. Sie müssen sich also schnell entscheiden, wer von den beiden Männern die Geliebte heiratet. Diese Entscheidung überfordert Rudolf so sehr, dass er sich in einer Regennacht versucht aufzuhängen. Sein Freund Robert rettet ihn, und daraufhin schließen die beiden einen Pakt: Der Gerettete bekommt die Frau für die ersten fünfundzwanzig Jahre, der Retter für die nächsten fünfundzwanzig. Dann verschwindet Robert ohne Abschied. Fünfundzwanzig Jahre, zur Silberhochzeit, die das zurückgebliebene Paar mit dem ganzen Dorf feiern will, erscheint Robert, um die nun ihm zustehende Frau zu holen. Rudolf hatte die Vereinbarung völlig verdrängt. Als seine Frau von dem Pakt erfährt, den ihr Mann ihr jahrzehntelang verschwiegen hat, beginnen die Verwicklungen von vorn. Am Ende fährt Robert mit der fünfundzwanzigjährigen Tochter der beiden (Nina Hoger), die ihrer Mutter aufs Haar gleicht, auf dem Tandem glücklich davon.

Als einer der Mitarbeiter des Innenministeriums vor meiner Ausreise zu mir sagte: »Machen Sie sich keine Illusionen, Herr Glatzeder, Sie werden im Westen nie richtig ankommen«, dachte ich, was bildet der sich eigentlich ein? Aber es stimmte – wenn auch in einem anderen Sinne. Ich war tatsächlich nicht im *Westen* angekommen, sondern in einer sich rasant verändernden Gesellschaft, in der die Menschen aus dem ehemaligen Osten und Westen mühsam lernen, einander zu verstehen. Und das empfinde ich bis heute neben der Tatsache, dass es seit sechs Jahrzehnten in Deutschland keinen Krieg gegeben hat, als größtes Glück.

Versuchskaninchen Kommissar Roiter

Von 1996 bis 1998 ermittelte ich für den SFB als »Tat-ort«-Kommissar Ernst Roiter zwölf Folgen lang gegen Verbre-cher, Drogendealer, Menschenhändler, Kunsträuber oder ehemalige Stasi-Agenten. Günter Lamprecht, mein Kollege aus dem Goldgräber-Drama »Gnadenlos«, war mein Vorgän-ger gewesen. Als ich das Angebot bekam, erhoffte ich mir endlich wieder eine kontinuierliche Zusammenarbeit mit einem Produktions- und Filmteam. Doch Lamprecht, der während seiner SFB-»Tatort«-Zeit die Bedingungen in diesem Sender kennengelernt hatte, prophezeite mir: »Mit denen wirst du dein blaues Wunder erleben!« Und er sollte Recht behalten.

Ich kam in einer Zeit zum SFB, als dort rigorose Sparmaß-nahmen durchgesetzt wurden, was zur Folge hatte, dass der Sender die Produktion nicht mehr selbst realisierte, son-dern sie zur Ausschreibung freigab, bei der das preisgüns-tigste Angebot den Zuschlag bekam. Was so weit ging, dass eine der »Tatort«-Folgen von einem Produzenten übernom-men wurde, der seine Wohnung zum Produktionsbüro de-klarierte, um Kosten zu sparen. Bei jeder Produktion wurde eine neue Crew zusammengestellt. Der schwachsinnigste Einfall des damaligen Intendanten Horst Schättle aber war der Einsatz von Videotechnik statt der bis dahin üblichen 16-mm-Filmkameras. Das »Tatort«-Format wurde so zum Versuchsballon für eine Aufnahmetechnik, mit der die Ka-meramänner damals noch kaum Erfahrung hatten und die letztlich so viel Zeit in Anspruch nahm, dass unter dem Strich nicht nur keine Kosten eingespart wurden, sondern mehr Geld verbraucht wurde. Drei Jahre später, als ich auf-gehört hatte, kehrte man wieder zur traditionellen Filmka-

mera zurück. Die kritische Beurteilung des SFB-»Tatorts«
richtete sich hauptsächlich gegen eben diese Fehlentscheidung.

Am problematischsten aber war für mich, dass ich in der
Redaktion keinen Ansprechpartner fand, der sich für unsere
Arbeit verantwortlich fühlte. Zwar hatte ich mich mit den
Redakteuren über mein Rollenprofil geeinigt. Ich wollte
einen praktisch veranlagten Mann spielen, mit Lederjacke,
unkonventionell und vielschichtig, der seine Fälle mit Leidenschaft, Neugier und Humor löst, ohne zu moralisieren.
Doch die von der Redaktion bestimmten Drehbuchautoren
kümmerten sich wenig um meine Vorstellungen. Auch waren
ihre Bücher oft noch unfertig, die Plots unrealistisch und
schlecht recherchiert, was wir in der kurzen Vorbereitungszeit mit dem jeweiligen Regisseur vergeblich zu verbessern
suchten. Ich erinnerte mich in jener Zeit oft an Peter Beauvais' so treffenden Satz vom schnellen Schwein. Und so
drehte ich zwölf Folgen lang mehr oder weniger lahme
Schweine.

Immerhin lernte ich bei den Dreharbeiten Berlin in all seinen Facetten kennen. Um mich auf die Rolle vorzubereiten,
begleitete ich den Berliner Chef der 5. Mordkommission H.,
einen bodenständigen, praktischen Typen in meinem Alter,
der wie ich alte Motorräder liebte, eher nachlässig gekleidet
war und einen galligen schwarzen Humor hatte. Mich beeindruckte seine Kombinationsgabe, die ihm wichtiger war als
der Gebrauch der Waffe. Er führte seine Sechs-Mann-Truppe
ruhig und bestimmt und hatte so gar nichts von einem amerikanischen Revolverhelden. Immer wieder erklärte er mir,
dass die Aufklärung eines Verbrechens nicht Sache eines einzelnen charismatischen, allwissenden Helden sei, sondern
eine langwierige, zermürbende Teamarbeit. H. erzählte mir
auch, dass die meisten Morde Beziehungstaten sind und dass,
wenn man es nicht schafft, in den ersten sechs Stunden einen
Fall aufzuklären, es in der Folgezeit immer komplizierter
wird. Deshalb geht man zum ersten »Angriff«, wie es in der

185

Kriminalistensprache heißt, mit besonders vielen Mitarbeitern an den Fundort der Leiche.

Einmal fand H. an einem heißen Sommertag in einer Wohnung einen toten Mann, der dort schon drei Wochen lang lag. Als er mit seinen Leuten das Zimmer betrat, war die Leiche von einer Art Heiligenschein aus Springmaden umgeben, die sich auf dem Toten bereits tausendfach vermehrt hatten. Am Stadium der Entwicklung dieser Maden könne man den Zeitpunkt des Todes ermitteln, erklärte er mir. Mehrmals nahm er mich auch in die Pathologie mit. Diese Mischung aus süßlichem Verwesungsgeruch und Desinfektionsmitteln werde ich nie vergessen. Ich sah zu, wie die Assistenten mit der Minikreissäge die Körper aufsägten, Leber, Herz und Niere herausnahmen, Köpfe spalteten und das Gehirn mit einer Kelle herausschöpften und der Pathologe die Befunde der Autopsie in sein Aufnahmegerät diktierte.

Nach drei Jahren und zwölf »Tatorten« mit einer Zuschauerquote von sechs bis acht Millionen beendete ich meinen Ausflug in die Welt der menschlichen Abgründe, die mir nebenbei auch ein Modelengagement bei dem teuren Modelabel Windsor eingebracht hatte.

Windsor, die für Werbezwecke auch Marianne Faithfull und Armin Mueller-Stahl angeworben hatten, nahmen mich für ihr neues Label »KandisMann« unter Vertrag. Mit Dieter Eikelpoth, dem Star-Fotografen der Zeitschrift »Vogue«, und einem Stab von zwanzig Mitarbeitern flog ich nach Wien, wo wir am Fuß des Riesenrads im Prater und im »Moulin Rouge« Aufnahmen machten. Zum Ende der vierzehnstündigen Fotosession sank ich völlig erschöpft in einen schmuddeligen Ledersessel und genehmigte mir einen doppelten Whisky. Als Eikelpoth mich so entspannt mit einem Streichholz zwischen den Zähnen in der Ecke sitzen sah, packte er seine Ausrüstung wieder aus und machte das entscheidende Foto, das später in allen europäischen Windsor-Filialen hing und in den wichtigsten Modezeitschriften veröffentlicht wurde. In London machte Eikelpoth mein Lieblingsfoto: KandisMann mit

Nadelstreifenanzug, weißem Hemd und wehendem Mantel vor den riesigen Öltanks einer alten Militärbasis, auf dem Plakat daneben der Spruch:

»Im Kopf: Nichts wie hin.

Im Bauch: Nichts wie weg.

Die Entscheidung: Alles oder nichts.

Ziehen Sie wenigstens an, was Sie wollen.«

V

Subversiv mit Knoblauch

Im Mai 1997 lud mich Alfred Biolek in sein Kochstudio nach Köln ein. Sobald man ein bisschen bekannt ist, wird man gebeten, öffentlich zu kochen. Zuschauer mögen Küchenklatsch. Sie möchten wissen, was einem Fernsehstar so alles schmeckt, was er gern kocht, und sie erfahren dabei etwas über sein Privatleben, auch wenn nicht in seiner eigenen Küche gekocht wird. Popularität hin oder her, ein bisschen Geheimnis sollte man wahren, jedenfalls so lange, bis man seine Memoiren schreibt. Da kann man wenigstens selbst entscheiden, welche Zutaten man hineingibt und welche man besser weglässt. Ein Starkoch gibt seine Geheimrezepte auch nicht preis.

An dem Angebot von Biolek reizte mich, den Kochguru mit einem besonders profanen Gericht an die Grenzen seiner Gourmettoleranz zu führen, denn meine Kochkünste beschränken sich eigentlich darauf, mit dem reichhaltigen Angebot an Tiefkühlkost zu experimentieren: Seezunge mit Blattspinat und Butterkartoffeln, Schweinekotelett mit Mischgemüse und Kartoffelbrei oder Lammkotelett mit Bohnen und Rosmarinkartoffeln. Gerichte, die mich gewöhnlich nicht mehr als zwanzig Minuten Zubereitungszeit kosten.

»Ich würde gern ein Knoblauchbrot machen«, sagte ich Biolek am Telefon.

Stille. »Ach du liebe Güte!! Knoblauch!«, seufzte Biolek. Ich wusste, dass er Knoblauch nicht ausstehen konnte, wie er fast in jeder Sendung seine Gäste wissen ließ.

»Wie kommen Sie denn darauf. Dabei gibt es doch nichts zu kochen!«

»Das hat etwas mit meinem Beruf zu tun«, klärte ich ihn auf. Beim Drehen gibt es nämlich die sogenannte »Schnaps-

klappe«. »Klappe 33/3/3 – für Glatzeder!«, heißt zum Beispiel: vom Bild 33, 3. Szene, 3. Wiederholung. Bei dieser Zah-
lenkombination schlägt der Assistent des Kameramanns die
Klappe, und derjenige, dessen Name dazu genannt wird, weiß
dann, dass er nach Drehschluss einen ausgeben muss, egal wo
man gerade dreht, ob in der Pathologie, auf dem Rummel
oder auf einer Müllhalde. Meist wird eine Lage Schnaps, Bier
oder Champagner ausgegeben. Manche Kollegen lassen obendrein Sushi kommen oder beauftragen eine Cateringfirma.

Meine »Schnapsklappe« bestand jahrelang in der Ausrich-
tung eines »Kindergeburtstags«, worin ich es über die Jahre zu
einer gewissen Perfektion gebracht hatte: Kartoffelsalat mit
Würstchen, rote Grütze und Vanillesoße, Parmaschinken und
Sachertorte, saure Gurken und »Negerküsse« oder Carpaccio
und Mousse au chocolat. Aber ob im Osten oder Westen, der
krönende Abschluss waren bei mir immer zwei oder drei meiner selbstgebackenen Knoblauchbrote: Weißbrote vom Vortag mit einer Füllung aus Butter, reichlich Knoblauch, Schafskäse, allerlei Kräutern und Walnüssen, die Marion schon zu
Hause vorbereitet hatte und ich dann nur noch aufbacken
musste. Ich war berühmt für meine Brote, die mir meine Kollegen jedesmal aus den Händen rissen, und ich war überzeugt, dass es auch den Assistenten in Bioleks Studio so ergehen würde.

Die Haute Cuisine hat mich selten satt gemacht. Ich werde
nie vergessen, wie ich mit Marion und meinen Söhnen 1982
auf unserer ersten Parisreise im noblen Restaurant »Le train
bleu« im Gare Saint Lazare unsere neue Freiheit feiern wollte.
Wir bestellten ein fünfgängiges Menü, und nach jedem Gang
sahen uns unsere Kinder mit immer größer werdender Verwir-
rung an. Es war ja fast nichts auf den Tellern, und von bunten
Klecksen wurden sie nicht satt. Unseren Hunger konnten wir
erst danach in einem Café nebenan stillen, wo wir uns mit
Tarte aux Pommes vollstopften. Erst zehn Jahre später setzte
ich wieder einen Fuß in ein Gourmetrestaurant, und auch das
nur für ein Interview.

Ich bevorzuge eher Hausmannskost: Bratkartoffeln mit Matjeshering und Zwiebelringen, Bouletten mit Mostrich, leicht angebrannte Kohlrouladen oder Pellkartoffeln mit Quark. Sollte ich mir einst eine Henkersmahlzeit wünschen müssen, würde ich mir Marions Bohneneintopf bestellen. Aber ich bin durchaus auch neugierig auf hierzulande eher ungewohnte Speisen wie Froschschenkel, Schnecken, Schlangen, Hunde oder Heuschrecken. Bei Austern allerdings bin ich inzwischen vorsichtig geworden. Die hätten Marion und mich 1987 bei den Dreharbeiten zu dem Fernsehfilm »Die Brücke am schwarzen Fluß« im Senegal beinahe das Leben gekostet. Ein Medizinmann mit schmutzigen Fingernägeln rettete uns damals nach tagelangen Fieberkrämpfen mit Kügelchen aus Mistkäferkot und anderen geheimen Kräutern aus der afrikanischen Savanne.

Ich kam an einem ungewöhnlich heißen Tag zu Biolek. Sein Fernsehstudio befand sich in einer ehemaligen Fabrikhalle mit einem schwarzen Teerdach, unter dem sich die Dekoration, die seiner privaten Küche nachempfunden war, erbarmungslos aufheizte. Hinter der Szene gab es eine Versuchsküche, in der drei vollschlanke Köchinnen die Gerichte zuvor penibel überprüften, die Zeiten stoppten und alles mit professioneller Schnelligkeit minutiös vorbereiteten. Schon bevor wir anfingen, lief mir der Schweiß aus allen Poren, obwohl die Scheinwerfer noch gar nicht angeschaltet waren. »Dass es hier so heiß ist, dürfen Sie keinesfalls während der Aufzeichnung erwähnen«, warnte mich Biolek, »die Sendung wird erst im Winter ausgestrahlt«, und führte mich in das Studio.

Auf dem Tisch lagen fein säuberlich geordnet die Zutaten. Doch wie erschrocken war ich, als ich statt dreier Brote à 750 Gramm, die ich erbeten hatte, dort nur drei mickrige, zerknautschte Baguettes liegen sah! Es war Samstagmittag, und die Läden in Köln würden jeden Augenblick schließen. »Ich muss sofort noch mal los«, sagte ich zu Biolek und bat den Requisiteur und den Produktionsfahrer, mit mir zum nächstgelegenen Bäcker zu fahren. Nach einer halbstündigen Irr-fahrt quer durch Köln fanden wir endlich in einer Backstube die richtigen Brote.

Als ich zurückkam, war Biolek in heller Aufregung, ob er seinen Drehplan – er produzierte immer drei Sendungen an einem Tag hintereinander, und nach mir wartete schon der nächste Gast – noch einhalten könnte. Unter den strengen Augen der korpulenten Köchinnen begann ich mit meinen Vorbereitungen, schnitt das Brot auf, zerkleinerte, wog und mischte die Zutaten für die Füllung. Eines der drei Brote musste fertig präpariert schon eine Viertelstunde vor Beginn der Aufzeichnung in den Ofen geschoben werden, damit ich es kurz vor Ende der Sendung zum Verkosten herausnehmen konnte. Währenddessen wurde die Szene eingeleuchtet. Schließlich begann die Aufnahme. »Ton ab. Läuft. Kamera ab. Läuft. Klappe 2/1, die erste. Bitte!«

Biolek war trotz seiner Knoblauchaversion freundlich wie immer. Mal liegt er vor einem Gast fast auf den Knien, mal ist er verschmitzt verliebt, gibt den Kumpel oder spielt den Beleidigten – den letzten Gestus wendete er mir gegenüber an, da er richtig vermutete, dass er ihn mit meinem Knoblauch-brot herausfordern wollte. Auf Rache sinnend, brutzelte er neben mir in siedendem Butterschmalz Apfelringe in Bierteig. Das Ganze wurde überhaupt eine recht fettige Angelegenheit. Die Butter, die seit Stunden in der überhitzten Produktions-halle auf dem Tisch gestanden hatte, floss mir förmlich durch die Finger, als ich sie in die Schüssel gab und sie dann zusammen mit den anderen Zutaten kneten wollte. Ich spürte Bioleks fassungslosen Blick auf meinen Händen. Doch er ließ sich seinen Ekel nicht anmerken.

Inzwischen war das zuvor präparierte Brot im Ofen fertig. Ich nahm es heraus, legte es beiseite und wollte das zweite, in Silberfolie verpackte in die Röhre schieben. In diesem Moment unterbrach mich Biolek mit seinem Wein. Wir pros-teten uns zu, er fragte mich wie verabredet nach meiner Schnapsklappengeschichte, und von da an ging alles durcheinander. Ich legte das Brot, das eigentlich schon fertig ge-backen war, wieder in den Ofen. Biolek fischte seine fetttrie-fenden Apfelringe aus dem Topf, legte sie auf einen Teller, bestreute sie mit Puderzucker und forderte mich auf, mein Brot zu präsentieren. Mit Entsetzen stellte ich nun fest, dass ich das bereits fertig gebackene Brot in den Ofen zurückge-schoben hatte. Was für ein Mist, dachte ich. Das Brot wird verbrannt sein. Aber ich hatte Glück. Ich hatte genau den richtigen Zeitpunkt erwischt. Es war goldgelb knusprig, und als ich es aufschnitt, durchzog eine schwere Knoblauchwolke die auf vierzig Grad aufgeheizte Halle.

Gespannt lauerte ich auf Bioleks Reaktion. Ich wusste ja, welche Überwindung es für ihn bedeutete, in das Knoblauch-brot zu beißen. Mit spitzen Fingern nahm er eine Scheibe, knabberte vorsichtig eine kleine Ecke ab und spülte sofort ein halbes Glas Rotwein hinterher. Stille. Keines seiner sonst in zahlreichen Tonlagen geflöteten »Hmm!«, kam über seine Lippen. Schließlich murmelte er kaum hörbar: »Sehr interes-sant!«, was so ziemlich die schlechteste Benotung war, die man von ihm erhalten konnte. Während ich mich zugleich überwand, von seinen klebrig-süßen Apfelringen zu kosten, und mich ernsthaft bemühte, sie glaubwürdig zu loben. Da-raufhin holte Biolek von hinten die nächste Flasche Wein sei-ner baden-württembergischen Winzergenossenschaft, diesmal eine zuckersüße Spätlese, von der ich sofort Sodbrennen be-kam. Sie passte weder zu meinem Knoblauchbrot und schon gar nicht zu seinen fettigen Apfelringen. Und nun sagte ich: »Sehr interessant. Aber dazu wär mir doch der trockene Rot-wein von vorhin lieber.« Womit ich wiederum seine Weinken-nerschaft zutiefst kränkte. So quälten wir uns gegenseitig. Und irgendwann standen wir uns mit zwei Gläsern in der Hand gegenüber und tranken abwechselnd roten und weißen Wein, aßen Knoblauchbrot und Apfelringe.

Der Aufnahmeleiter rief: »Gestorben. Abspann läuft!« Und sofort kamen die Kameraleute, Kabelträger, der Tonmeister und sein Assistent zum Tresen und stürzten sich wie erwartet auf die Reste meines Knoblauchbrots, während Biolek erschöpft in die Maske ging, um sich für die nächste Aufzeichnung wieder herrichten zu lassen.

Zur Überprüfung meiner umstrittenen Kochkünste gebe ich schweren Herzens Marions Geheimrezept der Öffentlichkeit preis.

Zutaten:

ein 750-Gramm-Weißbrot (möglichst vom Vortag)

250 Gramm Butter (Zimmertemperatur)

150 Gramm korsischer Schafskäse

Petersilie, Basilikum, Thymian, Majoran, Rosmarin, Oregano, Pimpinelle fein gehackt

4 bis 6 Knoblauchzehen

100 Gramm Walnusskerne

Zubereitung:

Das Brot zentimeterweise bis kurz über den Boden einschneiden. Den Schafskäse mit der Butter, den Kräutern und dem Knoblauch zu einer geschmeidigen Masse verkneten, anschließend die Walnüsse untermischen. Das Brot fächerartig aufklappen und jede Scheibe von beiden Seiten großzügig mit der Masse bestreichen. Die Scheiben fest zusammendrücken, und die überschüssige Füllung über dem Brot verteilen. Den Laib mit Alufolie fest umwickeln und 40 bis 50 Minuten bei 160 Grad (Umluft) im vorgeheizten Backofen backen.

»Pension Schöller« – eine wahre Tragödie

»Oh, schmönze doch dies annzu feste Fneisch/Zerging und nöst in einen Tau sich auf …!« 1997. Eugen Schöller kann, nachdem er in seiner Kindheit einen schweren Schock erlitten hat, kein »l« mehr sprechen, hat sich aber nichtsdestotrotz in den Kopf gesetzt, Schauspieler zu werden. Ich spiele Eugen Schöller im Berliner Theater am Kurfürstendamm. Kurz nach diesem »Hamnet-Monolog« ist das Stück zu Ende, und ich atme erleichtert auf. Um ein Haar hätten die Zuschauer das Theater schon vor der Vorstellung wieder verlassen müssen. Und zwar meinetwegen. Ich hatte schlicht und einfach übersehen, dass die heutige Sonntagsvorstellung schon um 18 Uhr beginnen sollte, und lag entspannt mit einem Buch in der Hand und einem Glas Wein neben mir im Garten, als das Telefon klingelte und der Inspizient mit ironischem Unterton fragte: »Wie wärs denn, wenn du mal ins Theater kämst? Die Vorstellung beginnt in einer Viertelstunde?! Hannelore Kohl ist übrigens auch gerade eingetroffen.«
Mit meiner silbernen Aprilia raste ich über rote Ampeln und Bürgersteige durch den Wedding, am Schloss Bellevue vorbei durch den Tiergarten zum Theater. Ich warf dem Pförtner meine Sachen zu und rannte, nur noch in Unterhose, weiter. Im Gang warf mir die Garderobiere mein Kostüm über, und ich stürzte keuchend auf die Bühne. Kaum hatte sich der Vorhang geöffnet, überraschte mich tosender Applaus. Den Zuschauern war erklärt worden, ich hätte eine Panne auf der Autobahn gehabt, und man hatte sie zur Entschädigung bis zu meinem Erscheinen zu einem Glas Sekt im Foyer eingeladen. Die Stimmung während der Aufführung war großartig, ein Szenenapplaus folgte dem anderen. In der Pause bedankte sich »Hannenore Kohn«, von ihren vier Bodyguards begleitet,

die einen überdimensionalen Eiskübel mit mehreren Flaschen Champagner schleppten, für diese »tonne Vorstennung!« Der Chef des Foyerrestaurants war glücklich, an diesem Abend ein Umsatzplus von 300 Prozent verzeichnen zu können, und flüsterte mir zu, er hätte nichts dagegen, wenn ich öfter zu spät käme.

In den folgenden zehn Jahren habe ich den Eugen Schöller über 770 Mal gespielt, am Berliner Ku'dammtheater, in der Komödie Dresden, der Hamburger Komödie Winterhuder Fährhaus und in vielen anderen Städten auf Tourneen durch ganz Deutschland. Und noch immer habe ich den Spaß an der Rolle dieses Kleinbürgers nicht verloren. Ähnlich wie in »Nachtasyl« treffen in »Pension Schöller« lauter gescheiterte Existenzen aufeinander, die nie das erreichten, was sie sich einmal erträumt hatten, aber den Glauben an sich nicht verloren haben. Es ist ein Haus voller Verrückter, tragisch und komisch zugleich. Einen »wahren Tragöden«, nannte mich einer der Kritiker. Die Komik des Stücks ergibt sich aus dem Missverhältnis zwischen dem, was wir sind, und dem, was wir zu sein meinen, dem, wovon wir träumen, und dem, was wir real erreicht haben. An diesem Missverhältnis verzweifeln wir. In der Realität gibt es keine Sicherheit, weder im Künstlerischen noch im Materiellen, schon gar nicht für einen Schauspieler. Wenn die Not am größten ist, ist die Rettung am fernsten, und der Teufel scheißt immer auf denselben Haufen.

Gegen schmerzhafte Absturzängste hilft nur der verzweifelte Glaube an sich selbst, auch wenn er manchmal widersinnig scheinen mag. So wie Eugen Schöller trotz seines Sprachfehlers gegen alle Vernunft und gegen den Willen seiner Familie fest daran glaubt, eines Tages als Schauspieler die Zuschauer zu begeistern. Für Eugen Schöller war das sprachliche Handikap auf dem Weg zur Bühne ein echtes Hindernis. Heute wäre wohl eher das Gegenteil der Fall. Lispeln, Nuscheln und Stottern gelten bei Schauspielern mittlerweile als Ausdruck höchster Authentizität. Wie die Zeiten sich ändern.

Nach acht Jahren Gastengagement am hochsubventionier-
ten Stadttheater Düsseldorf war die Arbeit an einem Privattheater eine ganz neue Erfahrung für mich. Im günstigsten
Fall kommen hier Regisseur und Schauspieler zusammen,
weil sie ein gemeinsames Interesse am Stück verbindet, um
in kürzester Zeit und mit größter Intensität eine Aufführung
zustande zu bringen. Das bietet zwar keine soziale Sicherheit und auch weniger Spielraum für Experimente, aber es
lässt auch weniger Selbstgefälligkeit und Bequemlichkeit bei
Schauspielern und Regisseuren zu. An einem Privattheater,
dessen Existenz von den Einnahmen abhängt, müssen alle
Beteiligten ihr ganzes handwerkliches Können einsetzen,
um die Zuschauer zu unterhalten. Langeweile und gähnend
leere Stuhlreihen sind zwar der Tod eines jeden Theaters,
doch ein Privattheater geht, anders als ein subventioniertes
Theater, in einem solchen Fall pleite. Dennoch liegt es auf der
Hand, dass eine reine Orientierung am Publikumsgeschmack
ebenfalls eine künstlerische Einengung ist. Eine Förderung
für Einzelprojekte an unterschiedlichen Bühnen oder anderen Aufführungsorten, wie es Peter Stein und Peter Zadek immer wieder versuchen, erscheint mir eine zeitgemäße Variante
des Theaters.

Zwei Jahre nach »Pension Schöller« inszenierte Jürgen
Wölffer die amerikanische Komödie »Mein Freund Harvey«
von Mary Chase zusammen mit den Kollegen Elisabeth Wiedemann und Friedrich Schoenfelder. Ich spielte den verrück-
ten Aussteiger Elwood P. Dowd, verträumt, immer freundlich
und sanft – einen subversiven Oppositionellen, der sich, um
seiner Familie und allen gesellschaftlichen Verpflichtungen in
einer ihm unerträglich erscheinenden Welt zu entgehen, in
den Alkohol flüchtet und sich einen zwei Meter großen, un-
sichtbaren Hasen namens Harvey zulegt, den er wie einen guten Freund behandelt und sich von niemandem ausreden und
auch von keinem Psychiater wegtherapieren lässt.

Dieser Elwood P. Dowd war eine Traumrolle für mich,
denn er hatte die perfekte Lösung gefunden für all die Pro-

bleme, mit denen auch ich mich täglich herumschlagen muss. Wie ich leidet auch er manchmal an der inneren Einsamkeit, der er nicht entfliehen kann. Aber statt sich deshalb etwas anzutun, flieht er in die Welt der Phantasie und schafft sich so wie ein Kind seine eigene Realität, die ihn den hektischen Alltag und die Aggressionen seiner Mitmenschen ertragen lässt. »Ich habe mich vierzig Jahre lang mit der Wirklichkeit herumgeschlagen und bin froh, dass ich sie endlich besiegt habe«, sagt Elwood einmal mit zufriedener Gelassenheit.

Zur Premiere schenkte mir meine Frau einen lebendigen weißen Hasen. Aber was sollte ich mit ihm anfangen? Mein Harvey ist das Theater. Die Figuren, die ich spiele, sind meine Therapie. Der weiße Hase fristete ein Jahr lang sein jämmerliches Dasein in einem winzigen Verschlag, den wir für ihn in unserem Garten gebaut hatten, um ihn vor den Mordanschlägen unseres Hundes Hugo zu retten. Bis wir ihn schließlich erlösten, indem wir ihn in die Obhut des Pankower Kinderzoos gaben.

Kleine Eheverbrechen

Ein Mann und eine Frau in den Vierzigern am Ende ihrer zwölfjährigen Ehe. Tom betrügt seine Frau Beth mit seiner zehn Jahre jüngeren Geliebten.

Tom: Sieh mich an! Sieh dir an, was du aus mir gemacht hast!

Beth: Sieh dir an, was du aus mir gemacht hast!

Tom: Ich könnte dich umbringen! Gleich jetzt könnte ich dich umbringen!

Beth: Versuch's doch.

Sie fallen übereinander her und verkrallen sich in einem heftigen Ringkampf, bis ihr Hassgefühl in Begierde umschlägt. Sie schlafen ein letztes Mal miteinander, bevor Tom wieder zu seiner Geliebten zurückkehrt.

Diesem Ehemann aus Donald Margulies' Stück »Freunde zum Essen«, den ich 2002 am Renaissance-Theater in Berlin spielte, war nach vielen Jahren gegenseitiger Umklammerung und Einengung die Liebe zu seiner Frau abhandengekommen, »wie andern Leuten ein Stock oder Hut«. Während seine besten Freunde, Gabe und Karen, die ebenso lange wie er verheiratet sind, es am Ende der Komödie schaffen, ihre frühere Verliebtheit in eine lebendige Partnerschaft zu verwandeln, deren Grundlage Zuneigung, Vertrauen und gegenseitige Achtung ist.

In diesem Stück wird keine Figur denunziert. Der Zuschauer pendelt ständig zwischen Zustimmung und Ablehnung hin und her. Mit großer Klarheit und ohne Besserwisserei zerstören die Margulies' Dialoge die brüchige Fassade moralischer Vorurteile über Liebe, Ehe und Freundschaft. Immer wieder suchen seine Figuren eine Antwort auf die Frage: zusammenbleiben oder auseinandergehen? Welchen

Preis haben Langzeitbeziehungen und welche Vorteile hat ein Neuanfang? Ist es denn schlecht, das zu genießen, was man gemeinsam erreicht hat und wofür man so vieles geopfert hat? Muss man alles von Grund auf umkrempeln, um sich wieder lebendig zu fühlen? Aus Angst vor dem Älterwerden ist man versucht, sich in einer neuen Liebe zu verjüngen. Für das, was wir alle schon oft gedacht, aber nie ausgesprochen haben, findet Margulies einfache und klare Worte, die nicht in Beziehungsrezepte münden und den Zuschauer dennoch nicht in trostlose Hoffnungslosigkeit entlassen.

Bereits bei den ersten Proben spürten Maria Hartmann, Sona MacDonald, Gerd Wameling und ich, dass diese Inszenierung nur gelingen kann, wenn wir bereit sind, uns zu öffnen und unsere eigenen Erfahrungen und Verletzungen preiszugeben. Nur dann wären wir in der Lage, zu einer Klarheit der Gedanken und glaubwürdigen Tiefe der Gefühle zu gelangen. Ein Kritiker verglich unsere Aufführung mit einer Feder, die vom Wind durch die Lüfte gewirbelt wird, atemberaubende Höhenflüge vollführt und am Ende sanft und leicht auf dem Asphalt landet.

Bis kurz vor der Premiere war ich verzweifelt und wollte mich schon aus dieser Inszenierung verabschieden. Der Regisseur Dietmar Pflegerl und ich fanden einfach keine gemeinsame Sprache, und im Verlauf der Proben wurden wir immer verkrampfter und blockierten uns gegenseitig. Wochenlang kämpfte ich darum, einen Weg aus dieser Sackgasse zu finden. Aber ich sah kein Licht am Ende des Tunnels. Nach der ersten öffentlichen Hauptprobe sagten Marion und mein Sohn Robert, der inzwischen selbst Schauspieler war, zu mir: »Was ist denn los mit dir? Du wirkst so hilflos und unentschlossen.«

Zwei Tage vor der Premiere war der Regisseur verschwunden. Er musste kurzfristig nach Klagenfurt, wo er Intendant war. Seine Abwesenheit löste alle meine Verspannungen. Endlich konnte ich wieder frei atmen. In den wenigen Stunden bis zur Premiere fand ich mit Unterstützung meiner Kollegen zu jener konzentrierten spielerischen Leichtigkeit, die die konfliktbeladene Figur des Ehebrechers Tom brauchte. In 350 Aufführungen begeisterten wir mit »Freunde zum Essen« die Zuschauer in Berlin, Wien und Klagenfurt sowie in der Schweiz und Liechtenstein. Der Publikumspreis der Berliner Theatergemeinde wurde uns verliehen, und eine Fernsehaufzeichnung hat diese Inszenierung vor der üblichen Vergänglichkeit der Bühne bewahrt.

Eine der größten Herausforderungen an Konzentration, Genauigkeit und Treffsicherheit bei Pointen mussten Maria Hartmann und ich 2005 in Eric-Emmanuel Schmitts Zweipersonenstück »Kleine Eheverbrechen« am Theater am Kurfürstendamm bewältigen. Für diesen zweistündigen Bühnenmarathon trainierten wir gemeinsam mit dem Regisseur Fred Berndt, der auch das Bühnenbild und die Kostüme entwarf – eine Kriminalkomödie über das Ende und den Neubeginn einer zwanzigjährigen Ehe.

Manchmal bleibt ein Theaterabend durch ganz andere als die beabsichtigten Mittel unvergesslich. Während einer der Vorstellungen von »Kleine Eheverbrechen« in Berlin hatten wir einen ungebetenen Gast. Der Vorhang ging auf, wir betraten die Bühne, und im Zuschauerraum breitete sich Unruhe aus. Ich überprüfte unauffällig, ob ich etwa meine Hose offen gelassen hätte. Aber das Publikum schaute über meinen Kopf hinweg auf das Treppengeländer unseres Bühnenbildes, auf dem eine Taube in aller Seelenruhe ihr Gefieder putzte. Was sollten wir tun mit unserer Beziehungskomödie, in der eine Frau ihrem Mann den Kaminleuchter über den Schädel schlägt, ihn aus dem Krankenhaus wieder in die gemeinsame Wohnung zurückbringt und, da er sein Gedächtnis verloren hat, die Chance wahrnimmt, ihn nach ihren Vorstellungen zu verändern?

Mit der Spontaneität und Unberechenbarkeit von Tieren und Kindern auf der Bühne hatte ich in den vergangenen vierzig Berufsjahren schon genügend Erfahrungen gesammelt. Da hilft nur die Flucht nach vorn, dachte ich.

»Hinter uns sitzt eine Taube!«, flüsterte ich Maria Hartmann zu, die mich daraufhin entgeistert anschaute. »Wir müssen etwas unternehmen!« Verstört schaute sie sich um und machte eine hilflose Geste.

»Meine Damen und Herren, Sie sehen, da oben sitzt eine Taube«, wandte ich mich daraufhin an die Zuschauer. »Es scheint für Sie viel interessanter zu sein, ihr zuzuschauen als uns, obwohl wir sechs Wochen geprobt haben und die Taube keinen Flügelschlag lang. Deshalb werden wir jetzt für fünf Minuten den Vorhang schließen, um dieses Problem zu lösen. Ich bitte um ihr Verständnis. Herzlichen Dank.« Das Publikum applaudierte amüsiert.

Der Inspizient, die Bühnenarbeiter, Beleuchter und Requisiteure versuchten vergeblich, die Taube einzufangen. Als die fünf Minuten um waren, prallte das arme Tier gegen einen glühend heißen 10 000-Watt-Scheinwerfer, und eine Rauchfahne hinter sich her ziehend, stürzte sie auf den Bühnenboden. Wir glaubten, damit sei das Problem gelöst. Doch als wir die Taube aufheben wollten, flog sie zu unserem Entsetzen wieder davon. »Wenn sie noch einmal runterkommt, dreh ich ihr den Hals um!«, sagte ich. »Das wirst du nicht tun, oder ich trete nie mehr mit dir auf!«, brüllte die tierliebende Maria und verschwand türenschlagend in Richtung Garderobe. Als wolle sie sich über uns lustig machen, setzte sich die Taube daraufhin auf eine der Stangen des fünfzehn Meter hohen Schnürbodens und schiss auf die Bühne.

»Okay, ein letzter Versuch«, sagte der Inspizient. »Ich lasse jetzt den eisernen Vorhang herunter, schalte das Licht im gesamten Haus aus und öffne die Rauchklappen im Dach.« Wieder ging die Hetzjagd los. Und endlich flog die Taube in die Abenddämmerung hinaus, und die Vorstellung konnte beginnen.

Ein selbstmörderisches Abenteuer

Diamanten! Die Gier nach den funkelnden Steinen treibt Santer und sein Bande hinauf in die Berge – dorthin, wo die Einwohner von Helldorf Settlement unter dem Schutz von Winnetou und Old Shatterhand in einer Mine schürfen. In einem letzten großen Gefecht treffen der Häuptling der Appachen und der Bösewicht Santer aufeinander. Winnetou geht in die ewigen Jagdgründe ein, und sein Mörder Santer stirbt bei der Explosion eines Dynamitlagers.

Es war ein Duell der alten Herren. Der sechsundsechzigjährige Berufsindianer Gojko Mitić, der 1992 Pierre Brice abgelöst hatte, gab 2006 mit »Winnetou III« bei den Karl-May-Spielen in Bad Segeberg seinen Abschied von der Prärie, ich hingegen mit einundsechzig Jahren mein Debüt. Ich hatte lange gezögert, ob ich dieses Angebot annehmen sollte. Mehr als dreißig Jahre lang hatte ich nicht mehr auf einem Pferd gesessen, und als Santer musste ich sieben Mal pro Woche jeweils zweieinhalb Stunden lang mit einem ziemlich feurigen Vollblutwallach zurechtkommen. Würde ich das ohne Genick- oder Beinbruch überstehen? Seit den Dreharbeiten zu »Till Eulenspiegel« wusste ich, wie lebensgefährlich Reiten sein kann. Damals war ein schweres Kaltblut in einer Szene mit brennenden Autoreifen durchgegangen, und ich konnte mich nur durch einen beherzten Sprung in einen Apfelbaum retten. Hätte es mich abgeworfen, wäre ich heute vermutlich querschnittsgelähmt. Bei so einem Indianerspiel wie in Bad Segeberg mit zwanzig Pferden auf kleinstem Raum, wo ständig etwas explodiert, eine Lokomotive dröhnend Dampf und Feuer speit, Häuser einstürzen und brennende Stuntmen schreiend durch die Manege rennen, Postkutschen herumrasen und ein Adler im Sturzflug dicht über die Köpfe der Zuschauer, Schauspieler und Pferde fliegt, könnte so allerhand passieren, befürchtete ich.

Da ich in jenem Jahr noch kein anderes Angebot in Aussicht hatte, sagte ich dennoch zu. Irgendwie lockte mich das Abenteuer der körperlichen Herausforderung auch. Ich war einfach neugierig, ob ich meinem Körper die einmal erlernten artistischen Fähigkeiten nach so vielen Jahren noch abverlangen könnte. Außerdem reizte es mich, die Figur des Santer als einen lustvollen und leidenschaftlichen Menschen darzustellen, der wie ein moderner Geschäftsmann oder cleverer Vorstandsvorsitzender ohne den Anflug eines schlechten Gewissens und kleinbürgerlicher Moral sein Unternehmen gewinnoptimierend führt, ein besessener Gangster, der durch Erfolg, Geld und Macht verführerisch, ja erotisch wirkt.

Die Hitze im Fußballsommer 2006 war mörderisch. In zehn Wochen spielten wir 72 Vorstellungen bei bis zu vierzig Grad tropischer Hitze oder sintflutartigen Regenfällen. Schon vor Vertragsabschluss hatte ich in weiser Voraussicht für mich und meinen Kollegen Volker Brandt, der einen ewig besoffenen Pater spielte, als Garderobe eine kleine »Kühlkammer« ausfindig gemacht, eine in den Felsen gehauene Grotte, um die uns später alle beneideten. Während die anderen in den Spielpausen hinter der Bühne schweißtriefend die Fußballweltmeisterschaft verfolgten oder irgendwo in der Dekoration Schatten suchten, lagen Volker Brandt und ich in unserer Katakombe auf Holzpritschen und hörten die Fliegen über uns summen. Leider war der Raum auch feucht und muffig. Wenn es regnete, stieg das Wasser knöchelhoch, und an den Wänden wucherten nach einigen Tagen Schimmelpilzkolonien, denen wir mit mehreren Luftentfeuchtern die Lebensgrundlage zu entziehen versuchten. Ich kam mir wie in einem Überlebenscamp vor. An besonders heißen Tagen beobachtete ich, wie Gojko Mitić zwischen den angeleinten Pferden und Eseln inmitten ihrer dampfenden Äpfel an einen Bretterzaun gelehnt saß. Bis ich mich eines Tages neben ihn setzte, um etwas mit ihm zu besprechen. Plötzlich spürte ich, dass ein kühler Lufthauch um meinen Rücken strömte. Die erfrischende Brise kam durch ein Loch in der Bretterwand, hinter der sich eine Felshöhle befand. Ein erfahrener Indianerheld weiß eben, wie man die Natur überlistet.

Eines Tages verletzte sich mein Schimmel Bonito auf der Koppel und musste eine Woche lang pausieren. Gerade hatte ich ein wenig Vertrauen zu dem störrischen Wallach gefasst, hatte ihn gestriegelt, seinen Schweif und seine Hufe gesäubert und ihn mit Möhren und Keksen gefüttert, in der trügerischen Hoffnung, mir seine Zuneigung erkaufen zu können. Mit Fleischstückchen hatte ich auch einst die Gunst unseres Hundes erlangt, damit er mich nach den Theatervorstellungen überhaupt ins Haus ließ. Bei meinem Pferd hatte das ständige Belohnen allerdings den unerwünschten Effekt, dass es ständig nach mir schnappte und ich nicht mehr gefahrlos in den Sattel kam. Bis die Reittrainerin mir in strengem Ton empfahl, die Möhren zu Hause zu lassen. »Ein Pferd hat keine Moral. Es muss überlistet werden.« Nach wenigen Tagen saß ich wieder im Sattel.

Als Bonito nach einer Erholungswoche auf der Sommerweide gesund und energiegeladen wiederkam, konnte ich ihn kaum bändigen. Und es passierte genau das, was ich die ganze Zeit befürchtet hatte. In einer kurzen Pause hinter der Bühne – ich blieb auf dem Pferd sitzen – rieb sich Bonito, der eine Schrunde am Nacken hatte, kopfüber an einer Bretterwand, wobei mein Knie zwischen seinem Körper und einem Eisenträger eingequetscht wurde. Das Gelenk schwoll sofort auf die Größe eines Fußballs an, und die Schmerzen wurden unerträglich. Aber an Aufhören war nicht zu denken, da es für keine Rolle eine Zweitbesetzung gab. Vollgestopft mit Schmerzmitteln spielte ich die Vorstellung zu Ende und wurde am nächsten Tag zu einem Physiotherapeuten in der Nähe gefahren, der bisher alle verletzten Turnierreiter des norddeutschen Raums durch magisches Handauflegen, Schröpfköpfe und Elektrostimulationen in kürzester

Zeit wieder aufs Pferd gebracht hatte. Nach zehn Anwendungen stellte mein Wunderheiler die Behandlung ein. »Wenn Sie jetzt noch Schmerzen haben, sind das Phantomschmerzen, und die sind nicht in ihrem Knie, sondern in Ihrem Kopf«, stellte er entschieden fest. Als aber die Schmerzen einfach nicht aufhören wollten, ging ich zu einem Sportarzt, der einen Meniskusriss diagnostizierte und mich eigentlich sofort aus dem Verkehr ziehen wollte. Auf meine eindringlichen Bitten hin und mit dem strengen Hinweis, dass er für diese Entscheidung keinerlei Verantwortung übernähme, verschrieb er mir schließlich einen titanverstärkten Stützverband für die restlichen drei Wochen. Zwei Tage nach Ende des Bad Segeberger »Winnetou III«-Spektakels, zu dem 282 000 Zuschauer gepilgert waren, lag ich auf dem OP-Tisch und verließ die Klinik auf Krücken.

Das Gespensterschiff

Lesungen kann man auch noch im Rollstuhl machen, dachte ich mir. Schon Ende der siebziger Jahre bat mich Ulrich Plenzdorf nach Ablehnung unseres gemeinsamen Kinoprojekts »Die Legende vom Glück ohne Ende«, wenigstens mit seiner Romanfassung dieses Stoffes auf Lesereise zu gehen. Damit entdeckte ich eine neue Erwerbsquelle, selbst in hohem Alter, wenn mein Geist und meine Zähne noch einigermaßen intakt sind, aber die Knie versagen, als Solist, nur mit Text, Brille und Lampe mein Geld zu verdienen. Mittlerweile habe ich einiges hinzugelernt und mich daran gewöhnt, allein vor dem Publikum zu sitzen. Nach anderthalb Stunden konzentrierten Vortrags ist mir, als hätte ich drei Stunden auf der Bühne gestanden. Als Aufputschmittel braue ich mir eine Stunde vor der Lesung mit einem Campingreisekocher einen Darjeelingtee, der in Farbe und Teeingehalt so stark ist, dass er ein Pferd umbringen würde und meinen Blutdruck in solche Höhen treibt, dass ich mich in den folgenden Nächten schlaflos im Bett wälze. Ein weiteres Problem ist die nicht immer ganz unproblematische Terminkoordination zwischen meinen Lesungen und den anderen Theaterengagements, die oft für ein oder zwei Jahre im Voraus vertraglich vereinbart wurden. Verpasst man dann eine Lesung, einen Theaterabend oder Drehtermin, muss man für den finanziellen Verlust des Veranstalters aufkommen.

Beinahe wäre mir das einmal mit dem Berliner Renaissance-Theater passiert. Ich hatte mehrere Zusatzvorstellungen von »Freunde zum Essen« zugesagt und dabei übersehen, dass ich zur gleichen Zeit schon für Lesungen in Hannover und Braunschweig engagiert war. In Hannover sollte ich in einem Hotel einen sehr speziellen E. A. Poe-Abend mit Gruselgeschichten zu einem mehrgängigen Menü geben. Die Veranstaltungen mit einem ärztlichen Attest absagen konnte ich nicht, da ich in Berlin »Freunde zum Essen« ja auf jeden Fall spielen musste. Mit viel Überredungskunst erreichte ich schließlich, dass der Intendant des Renaissance-Theaters die Vorstellung kurzfristig auf den Nachmittag verlegte. Kaum war der Vorhang geschlossen, rannte ich vom Theater zum Bahnhof Zoo.

Eine Minute vor der Abfahrt des Zuges nach Hannover fiel ich schweißgebadet auf meinen Platz. Wenig später kochte ich mir auf der Toilette erst einmal meinen Aufputschtee. Als ich am Veranstaltungsort in Hannover ankam, saßen die Hotelgäste bereits erwartungsvoll bei schummrigem Kerzenlicht inmitten von kleinen Särgen und Totenköpfen vor ihrem Hauptgang. Hinter mir schloss sich mit lautem Dröhnen eine eigens für diesen Abend installierte Stahltür. Ich begann mit der Erzählung »Grube und Pendel«. Während ich die schaurige Parabel über das Ausgeliefertsein eines zum Tode durch Folter Verurteilten las, klapperten Gabeln und Messer, klirrten Gläser und nahmen Kellner geschäftig Bestellungen entgegen. Ich hatte noch nie bei einem Diner gelesen und war irritiert über diese Geräuschkulisse und die Unaufmerksamkeit des Publikums. Euch wird der Appetit schon noch vergehen, dachte ich und servierte ihnen zum Dessert die Erzählung »Der schwarze Kater«, in der ein dem Alkohol verfallener Ehemann seinem einst heiß geliebten Kater im Vollrausch ein Auge aussticht, ihn an einem Apfelbaum aufhängt, anzündet und schließlich mit der Axt seine Frau erschlägt. Allmählich wurde es still, und als ich nach dem Ende der Geschichte aufschaute, sah ich, wie die Gäste, die für dieses Galadiner über hundert Euro bezahlt hatten, in ihren Soufflés, Crèmes brûlées und Sorbets herumstocherten. Der Appetit war ihnen offenbar abhandengekommen. Zur nächsten Erzählung kam ich nicht mehr. Der Veranstalter bat mich höflich, vor die Tür zu kommen. »Wenn Sie keine amüsantere Geschichte mehr zu bieten haben, sollten wir die Sache jetzt beenden.« Den Wettkampf mit einem Fünfgängemenü kann man nicht gewinnen.

Eine andere Erfahrung mit der in Mode gekommenen Eventkultur habe ich auf einer Kreuzfahrt gemacht. In der Vorweihnachtszeit, im Dezember 2006 führte mich eine Lesereise auf die »MS Deutschland«. Von Bridgetown aus fuhren wir entlang der Kleinen und Großen Antillen über Mexiko und Jamaika bis nach Kuba quer durch die Karibik. Zehn Inseln und sieben Lesungen in zwölf Tagen auf einem über die Meere fahrenden Altenheim, ein Gespensterschiff der modernen Art: Tausend Menschen auf 175 Metern Länge und 23 Metern Breite, davon die Hälfte deutsche, französische, englische und niederländische Passagiere zwischen sechzig und neunzig Jahren, auf die etwa die gleiche Anzahl Besatzung kam. Das Personal war in der ganzen Welt angeheuert worden: Der Kapitän und sein Erster Offizier entstammten der ehemaligen Volksmarine der DDR, die Zimmermädchen kamen aus Osteuropa, das technische Personal von den Philippinen und die Schiffsjungen aus Thailand. Durch die Wäscheberge arbeiteten sich die Chinesen und durch die Müllberge im Bauch des Schiffes Männer aus Sri Lanka. In der Küche schwitzten Köche aus Indien, und Boris, der Fitnesstrainer aus Russland, versuchte mit Joggen, Schwimmen, Hanteltraining und den Zehn Tibetern vergeblich, die durch das permanente Essen auf dieser vorweihnachtlichen Schiffspassage aufgeblähten Körper wieder halbwegs in Form zu bringen. Bordarzt Dr. Sorge wiederum kümmerte sich um Bluthochdruck, Diabetes und die gestörte Verdauung der reisenden Pensionäre. Sein Warteraum war immer überfüllt, allein schon deshalb, weil er mit der Wunderheilkraft seiner sogenannten »Lichtwellen-Tapes« warb – bunt eingefärbte Bandagen, die, auf die morschen Knochen geklebt, angeblich heilende Strahlen von sich gaben. Spätestens nach drei Tagen auf See gab es fast keinen Kellner, Zimmermädchen oder Reisenden mehr auf dem Schiff, bei dem nicht ein rotes oder blaues Pflaster auf der Halswirbelsäule, am Ellbogen oder dem Kniegelenk klebte. Auch ich testete gegen fünf signierte Autogrammkarten die Wirksamkeit der Tapes auf meinem frisch operierten, immer noch schmerzenden Knie. Fünf Tage lang wartete ich vergeblich auf das Wunder. Mir fehlte wohl der Glaube.

Für die geistige Erbauung der Kreuzschifffahrer war außer mir eine Ladung von dreißig Künstlern mit an Bord genommen worden, darunter drei Orchester mit »Musik zum Tanzen und Träumen« und ein sechzigjähriger Schweizer Eintänzer. Für spontane Eheschließungen an Bord oder etwa nötige letzte Ölungen sorgte ein Lüneburger Pfarrer. Ich hatte zusammen mit Maria Hartmann drei Programme vorbereitet, Friedrich Wolfs berühmte Geschichte »Die Weihnachtsgans Auguste«, Texte über Diego Riveras und Frida Kahlos Ehedrama sowie eine Lesung mit Kurzgeschichten von Gabriel García Márquez. Vor und nach dem Essen unterhielten wir unser Publikum. Den Rest der Zeit verbrachte ich auf einem nur über eine Feuerleiter zu erreichenden Deck, wo man zwar seine Ruhe vor den Pensionären hatte, dafür aber vom Qualm der Dieselmotoren, der sich mit dem Rauch der Müllverbrennung mischte, fast vergiftet wurde. Meist aber zog ich mich in meine winzige Kajüte zurück, deren Fenster nicht zu öffnen war und wo Wände und Boden vom Stampfen der Schiffskolben vibrierten.

Die schönste Zeit an Bord war der frühe Morgen, wenn ich über dem Meer die Sonne aufgehen sah, während die meisten der Passagiere noch schliefen, die thailändische Reinigungskolonne die hölzernen Schiffsplanken scheuerte und vereinzelte Jogger keuchend ihre Runden drehten. Es machte mir Angst, täglich so vielen Menschen ausgesetzt zu sein, denen ich auf engen Fluren, Treppen und Fahrstühlen kaum aus dem Weg gehen konnte.

Auch die Landausflüge waren alles andere als ein Vergnügen. Ob in St. Johns von Antigua, Spanish Town auf den Jungferninseln, im jamaikanischen Ocho Rios, im mexikanischen Cancún oder in Havanna, überall wurden wir in Busse

eingepfercht und erst einmal in einem Shoppingcenter aus-
geladen, bevor wir mit Hunderten von Passagieren anderer
Kreuzfahrtschiffe durch Wasserfälle, botanische Gärten und
Tierreservate geschleust wurden. Viel lieber hätte ich mir ein
Motorrad gemietet und wäre auf eigene Faust durchs Land ge-
fahren, so wie ich es von meinen Auslandsdrehs gewohnt war.
Aber da das Schiff jeden Tag eine andere Insel ansteuerte und
für den Landgang nur wenige Stunden vorgesehen waren,
wollte ich das Risiko, bei meiner Rückkehr vor einem leeren
Kai zu stehen, lieber nicht eingehen.

Nur in Havanna, unserem letzten Hafen, konnte ich endlich einmal allein mit Maria Hartmann die Stadt erkunden.
Es war ein seltsames Gefühl, nach über zwanzig Jahren die ku-
banische Hauptstadt, einen der letzten kommunistischen
Zwangsentwürfe, wiederzusehen. Ich hatte dort 1980 den
Film »Die Kolonie« gedreht. Die Stadt wirkte auf mich wie
eine furchtbare Vision der Zukunft der nicht mehr existierenden DDR: die Häuser trostlos grau und verfallen, die Menschen mutlos und lethargisch ihrem Schicksal ergeben, so
wie es vermutlich gewesen wäre, wenn die senilen Greise des
Politbüros noch Jahrzehnte länger ihr Volk in Geiselhaft gehalten hätten. Gab es schon damals wenig Hoffnung für die
Kubaner, so ist ihr Alltag heute nach knapp fünfzig Jahren
Castro-Diktatur ein Kampf ums Überleben. Fröhliche, unbe-
schwerte Menschen auf der Straße, wie sie in den meisten Rei-
seführern vorgeführt werden, sieht man selten.

Als ich wieder im nasskalten wintergrauen Berlin war,
musste ich an einen Satz von Immanuel Kant denken, den
die bordeigene Schiffszeitung als Motto für den Havanna-
Ausflugstag ausgegeben hatte: »Wir denken selten beim Licht
an Finsternis, beim Glück an Elend, bei der Zufriedenheit an
Schmerz; aber umgekehrt jederzeit.«

Einladung zu meiner vorgezogenen Beerdigung

Das einzig Schöne am Tod ist, dass zumindest am Tag der Beerdigung alle gut über einen reden. Das Dumme daran ist, dass man das nicht mehr mitbekommt. Deshalb habe ich vor, meine Beerdigungsfeierlichkeiten vorzuverlegen. Ich lasse mir einen Sarg aus duftendem Fichtenholz zimmern und stelle ihn im Wohnzimmer mit Blick in den Garten auf. Ein fröhliches Fest soll meine Beerdigung auf Probe werden, mit vielen Freunden. Überall hängen Luftballons und Girlanden, abends brennen Fackeln im Garten, im Kamin lodert Birkenholz, und aus dem Fenster des Turmzimmers leuchtet ein bengalisches Feuer.

Ich liege in meinem Sarg inmitten von Veilchen, Huflattich und Gemswurz, Hyazinthen, Narzissen und Tulpen und lasse in Gedanken mein Leben an mir vorüberziehen. Noch einmal fahre ich Dreirad, Tretroller und Fahrrad, knattere als Bohrarbeiter auf meiner alten BMW durch die Felder, treibe als Yang Sun die Arbeiter an, creme und pudere als Graffunda den Babypo von Deborah Kaufmann und schlage als Paul mit der Axt Paulas Tür ein, serviere als Till Eulenspiegel Kuhfladen, wälze mich als Malvolio im Liebesrausch auf der Bühne, deknamiere ans Eugen Schönner mit Inbrunst »Wannensteins Nager«, stelle mir vor, wie ich mit neunzig im Rollstuhl noch einmal den Melancholiker Jacques in »Wie es euch gefällt« spiele und wie ich eines Tages einem »kleinen Eheverbrechen« zum Opfer falle. Wenn Marion, Robert und Philip dann einen euphorischen Nachruf auf mich gehalten haben, steige ich aus dem Sarg, eröffne das Buffet und genieße das schrille Vergnügen, als Gast meiner eigenen Beerdigung beizuwohnen. Und ich spreche einen Toast: Auf das letzte Kapitel meines Lebens! Möge es lang und schmerzlos sein!

Die Welt ist eine Bühne
Männer und Weiber, alle, Schauspieler nur:
Sie haben ihren Abgang und Auftritte;
Und einer spielt in seiner Zeit viel Rollen
Seine Akte sieben Alter. Akt eins das Kind
Maulend und kotzend auf dem Arm der Amme.
Der greinende Schüler dann, mit seinem Ranzen
Und glatter Morgenlarve, im Schneckengang
Kriecht er zur Schule, ungern. Der Verliebte:
Seufzt wie ein Ofen ein elendes Lied
Auf seines Fräuleins Braue. Dann ein Soldat
Voll seltner Flüche, mit Leopardenbart
An der Ehre kitzlig, heiß, und schnell in Streit
Suchend die Wasserblase Ruhm
Im Maul der Kanone. Und der Richter dann
In schönem Bauch, gemästet mit Kapaun
Mit Augen streng und Bart von amtlichem Schnitt
Mit weisen Sprüchen voll und plattem Beispiel;
So spielt er seinen Part. Das sechste Alter
geht in Pantoffeln, dürr, als Pantalon
Die Brille auf der Nase am Gürtel sein Geld
Das Beinkleid seiner Jugend, gut erhalten
Und eine Welt zu weit seinem geschrumpften
Schenkel; und seine große Männerstimme
Ist umgekehrt zum kindischen Diskant
Pfeifend und quäkend. Letzte aller Szenen
Endend dies seltne vielgeschicht'ge Drama
Ist zweite Kindheit und Vergessen gänzlich
Zahn los, Blick los, Geschmack los, alles los.

(Shakespeare, »Wie es euch gefällt«, in der Übersetzung von
Heiner Müller)

Anhang

Bühnenverzeichnis

1967 Hochschule für Film und Fernsehen Potsdam
Jean Baptiste Molière *Die Gaunerstreiche des Scapin*
Regie: Fritz Marquardt, Rolle: Géronte

1968 Hochschule für Film und Fernsehen Potsdam
Heiner Müller *Wie es euch gefällt*
Regie: B. K. Tragelehn, Rolle: Probstein

1970 Hans-Otto-Theater Potsdam
Maxim Gorki *Nachtasyl*
Regie: Peter Kupke, Rolle: Schauspieler

1971 Volksbühne Berlin
Heiner Müller *Weiberkomödie*
Regie: Fritz Marquardt, Rolle: Blessierter

1971 Volksbühne Berlin
Bertolt Brecht *Der gute Mensch von Sezuan*
Regie: Benno Besson, Rolle: Yang Sun

1972 Volksbühne Berlin
Carlo Gozzi *König Hirsch*
Regie: Benno Besson, Rolle: Zauberer

1974 Volksbühne Berlin
Alexander Kopkow *Der goldene Elefant*
Regie: Fritz Marquardt, Rolle: Motschalkin

1975 Volksbühne Berlin
Heiner Müller *Wie es euch gefällt*
Regie: Benno Besson, Rolle: Jacques

1976 Volksbühne Berlin
Jean Baptiste Molière *Le Misanthrope*
Regie: Fritz Marquardt, Rolle: Géronte

1976 Volksbühne Berlin
Bertolt Brecht *Der gute Mensch von Sezuan*
Regie: Benno Besson, Rolle: Yang Sun

1976 Volksbühne Berlin
Peter Hacks *Margarete in Aix*
Regie: Benno Besson, Rolle: Sohn

1977 Volksbühne Berlin
Johann Wolfgang von Goethe *Der Bürgergeneral*
Regie: Manfred Karge/Matthias Langhoff, Rolle: Merten

1977 Volksbühne Berlin
Heiner Müller *Die Bauern*
Regie: Fritz Marquardt, Rolle: Treiber

1977 Volksbühne Berlin
Heiner Müller *Die Schlacht*
Regie: Manfred Karge/Matthias Langhoff, Rolle: Engel

1978 Volksbühne Berlin
William Shakespeare *Hamlet*
Regie: Benno Besson, Rolle: 1. Totengräber

1986 Schauspielhaus Düsseldorf
William Shakespeare *Was ihr wollt*
Regie: B. K. Tragelehn, Rolle: Malvolio

1987 Schauspielhaus Düsseldorf
Maxim Gorki *Nachtasyl*
Regie: Herbert König, Rolle: Schauspieler

1988 Schauspielhaus Düsseldorf
Jean Baptiste Molière *Don Juan*
Regie: B. K. Tragelehn, Rolle: Sganarell

1990 Schauspielhaus Düsseldorf
Ödön von Horváth *Zur schönen Aussicht*
Regie: Herbert König, Rolle: Karl

1992 Schauspielhaus Düsseldorf
Samuel Beckett *Endspiel*
Regie: Herbert König, Rolle: Clov

1994/95 Schauspielhaus Düsseldorf
Eduardo De Filippo *Samstag, Sonntag, Montag*
Regie: David Mouchtar-Samorai, Rolle: Luigi Janniello

1997–2007 Theater am Kurfürstendamm Berlin, Komödie
Dresden, Komödie Winterhuder Fährhaus Hamburg
Wilhelm Jacoby, Carl Laufs *Pension Schöller*
Regie: Jürgen Wölffer, Rolle: Eugen Schöller

1999–2000 Theater am Kurfürstendamm Berlin, Komödie
Dresden, Komödie Winterhuder Fährhaus Hamburg
Mary Chase *Mein Freund Harvey*
Regie: Jürgen Wölffer, Rolle: Elwood P. Dowd

2001/02 Theater im Rathaus Essen
Mary Chase *Mein Freund Harvey*
Regie: Jürgen Wölffer, Rolle: Elwood P. Dowd

2002 Komödie Berlin (Tournee)
Mary Chase *Mein Freund Harvey*
Regie: Jürgen Wölffer, Rolle: Elwood P. Dowd

2002–2004 Renaissance-Theater Berlin,
Stadttheater Klagenfurt/Kammerspiele, Theater in der
Josefstadt Wien
Donald Margulies *Freunde zum Essen*
Regie: Dietmar Pflegerl, Rolle: Tom

2005 Theater am Kurfürstendamm Berlin
Eric-Emmanuel Schmitt *Kleine Eheverbrechen*
Regie: Fred Berndt, Rolle: Gilles

2007 KomödieWinterhuder Fährhaus Hamburg
Eric-Emmanuel Schmitt *Kleine Eheverbrechen*
Regie: Fred Berndt, Rolle: Gilles

2008 Hans-Otto-Theater Potsdam
Eduardo de Filippo *Filumena Marturano*
Regie: Petra Luisa Meyer, Rolle: Domenico

Filmographie

1966 DDR *Der Onkel ist tot* (Hochschulfilm, HFF Potsdam)
Regie: Alfredo Lugo, Rolle: keine Angabe

1966/67 DDR *Geschichten jener Nacht*
Regie: Frank Vogel, Rolle: 2. Maurer

1966/67 DDR *Ein Lord am Alexanderplatz*
Regie: Günter Reisch, Rolle: keine Angabe

1967/68 DDR *Spur des Falken*
Regie: Gottfried Kolditz, Rolle: keine Angabe

1968 DDR *Wie heiratet man einen König*
Regie: Rainer Simon, Rolle: Knecht

1968 DDR *Jungfer, Sie gefällt mir*
Regie: Hanna Georgi, Günter Reisch, Rolle: Bauer

1969 DDR *Hart am Wind*
Regie: Heinz Thiel, Rolle: keine Angabe

1969 DDR *Dr. med. Sommer II*
Regie: Lothar Warneke, Rolle: Graswald

1969/70 DDR *Junge Frau von 1914*
Regie: Egon Günther, Rolle: Rekrut

1969/70 DDR/UdSSR *Unterwegs zu Lenin*
Regie: Günter Reisch, Rolle: Rolf Rosenow

1970 DDR: *Zeit der Störche*
Regie: Siegfried Kühn, Rolle: Christian Smolny

1970 DDR *Du und ich und Klein-Paris*
Regie: Werner W. Wallroth, Rolle: Student

1971 DDR *Der Mann, der nach der Oma kam*
Regie: Roland Oehme, Rolle: Erwin Graffunda

1971/72 DDR *Tecumseh*
Regie: Hans Kratzert, Rolle: keine Angabe

1972/73 DDR *Die Legende von Paul und Paula*
Regie: Heiner Carow, Rolle: Paul

1973 DDR *Das zweite Leben des Friedrich Wilhelm Georg Platow*
Regie: Siegfried Kühn, Rolle: Clown

1973/74 DDR *Till Eulenspiegel*
Regie: Rainer Simon, Rolle: Till Eulenspiegel

1975/76 DDR *Nelken in Aspik*
Regie: Günther Reisch, Rolle: Dr. Jonas

1976 UdSSR *Städte und Jahre (Goroda i gody)*
Regie: Alexander Sarchi, Rolle: Maler

1976/77 DDR *Die Flucht*
Regie: Roland Gräf, Rolle: Zeiske

1977 DDR *Trampen nach Norden*
Regie: Wolfgang Hübner, Rolle: Pastor

1977/78 DDR: *Zünd an, es kommt die Feuerwehr*
Regie: Rainer Simon, Rolle: Franz Kaden

1978/79 DDR/ČSSR *Der Katzenprinz (Kočiči princ)*
Regie: Ota Koval, Rolle: Zauberer

1978 DDR *Für Mord kein Beweis*
Regie: Konrad Petzold, Rolle: Hauptmann Lohm

1979/80 BRD/DDR *Johann Sebastian Bachs vergebliche Reise in den Ruhm*
Regie: Victor Vicas, Rolle: Postknecht

1980 DDR *Asta mein Engelchen*
Regie: Roland Oehme, Rolle: Regisseur

1980/81 DDR *Die Kolonie*
Regie: Horst E. Brandt, Rolle: Journalist Oswaldo Barray

1983/84 BRD *Didi – Der Doppelgänger*
Regie: Reinhard Schwabenitzki, Rolle: *Pete*

1984 BRD/Indonesien *Danger – Keine Zeit zum Sterben*
Regie: Helmut Ashley, Rolle: Jan van Clef

1984/85 BRD *Vergeßt Mozart*
Regie: Miroslav Luther, Rolle: Salieri

1985 BRD *Va Banque*
Regie: Diethard Küster, Rolle: Stephan

1985/86 BRD *Rosa Luxemburg*
Regie: Margarethe von Trotta, Rolle: Paul Levi

1990/91 BRD *Zwischen Pankow und Zehlendorf*
Regie: Horst Seemann, Rolle: Musiklehrer Börne

1990/91 BRD/DDR *Tanz auf der Kippe*
Regie: Jürgen Brauer, Rolle: Vater

1990/91 BRD *Das Land hinter dem Regenbogen*
Regie: Herwig Kipping, Rolle: Vater

1991 BRD *Gossenkind*
Regie: Peter Kern, Rolle: Karl Heinz Brenner

1995/96 BRD *Die Kaukasische Nacht*
Regie: Gordian Maugg, Rolle: Alexander Hofschneider

1998/98 BRD *Sonnenallee*
Regie: Leander Haußmann, Rolle: Nachbar von Miriam

2000/01 BRD *Pinky und der Millionenmops*
Regie: Stefan Lukschy, Rolle: Detektiv

2004/05 BRD *Die Boxerin*
Regie: Catharina Deus, Rolle: Vater

TV (Auswahl)

1970 DDR *Unbekannte Bürger*
Regie: Ulrich Thein, Rolle: Belmondo

1972 DDR *Die sieben Affären der Doña Juanita*
Regie: Frank Beyer, Rolle: Georg

1973 DDR *Das Untier von Samarkand*
Regie: Hubert Krenz, Rolle: Prinz/Untier

1976 DDR *Der Nachlaß/Auftrag für M & S*
Regie: Peter Deutsch, Rolle: Horst Plomann

1980 DDR *Hotel Polan*
Regie: Horst Seemann, Rolle: keine Angabe

1982 BRD *Der Kunstfehler*
Regie: Peter Beauvais, Rolle: Dr. Dorlach

1983 BRD *Gnadenlos*
Regie: Wolfgang Panzer, Rolle: Karl

1984 BRD *Bali*
Regie: István Szabó, Rolle: Michael Stern

1985 BRD *Hotel Excelsior*
Regie: Nenad Djapić, Rolle: Donald Duck

1986 BRD *Wasser für die Blumen*
Regie: Marcus Scholz, Rolle: Ingo Hauser

1986 BRD *Spielergeschichten*
Regie: Celino Bleiweiß, Rolle: keine Angabe

1986 BRD *Was zu beweisen war*
Regie: Peter Weck, Rolle: Hornung

1986/87 BRD *Schlüsselblumen*
Regie: Stephan Meyer, Rolle: Hartmut

1987 BRD *Wolf Dietrich von Salzburg*
Regie: Maria Neocleus, Rolle: Wolf Dietrich von Salzburg

1987 BRD *Die Katze läßt das Mausen nicht*
Regie: Gero Erhardt, Rolle: keine Angabe

1987 BRD *Rivalen der Rennbahn*
Regie: Stephan Bartmann, Rolle: Georg Waasing

1987 BRD *Die Brücke am schwarzen Fluß*
Regie: Berengar Pfahl, Rolle: Kantler

1987 BRD *Der Alte – Mord ist Mord* (Serie)
Regie: Zbyněk Brynych, Rolle: Werner Pohl

1988 BRD *Acht Tage in den Bergen*
Regie: Eberhard Itzenplitz, Rolle: Pietro

1988 BRD *Der Falke*
Regie: Rolf Silber, Rolle: Sellner

1988 BRD *Don Juan*
(TV-Aufzeichnung der Theaterinszenierung)
Regie: B. K. Tragelehn, Rolle: Sganarell

1988 BRD *Liebling Kreuzberg – Zweimal Entlassung* (Serie)
Regie: Werner Masten, Rolle: Bunzel

1989 BRD *Airport Düsseldorf* (Serie)
Regie: Werner Masten, Rolle: Simon

1989 BRD *Derrick – Folge: Die Kälte des Lebens* (Serie)
Regie: Helmut Ashley, Rolle: Bareck

1989/90 BRD *Spreepiraten* (Serie)
Regie: Henning Borgelt, Rolle: Klaus Kukowski

1989 BRD *Tam Tam oder Wohin die Reise geht*
Regie: Berengar Pfahl, Rolle: Conrad Grund

1990 BRD/Kanada/Österreich/Schweiz *Edgar,
Hüter der Moral* (Serie)
Regie: Rob Herzet, Rolle: Franz Alster

1990 BRD *Ron und Tanja* (Serie)
Regie: Rainer Boldt, Rolle: Pacul

1991 BRD *Die Männer vom K3 – Halali für einen Jagdfreund*
(Serie)
Regie: Dietrich Haugk, Rolle: Edwin Volkmann

1991 BRD *Tandem*
Regie: Bernhard Stephan, Rolle: Robert

1992/93 BRD *Sterne des Südens* (Serie)
Regie: Berengar Pfahl, Rolle: Matthias

1992 BRD/Italien: *Das Haus in der Toskana –
Der Runenmagier* (Serie)
Regie: Gabi Kubach, Rolle: Gernot

1992 BRD *SOKO 5113*
Regie: Kai Borsche, Rolle: Wegner

1992 BRD *Zwei Schlitzohren in Antalya* (Serie)
Regie: Marco Serafini, Rolle: keine Angabe

1993 BRD *Happy Holiday – Das Foto* (Serie)
Regie: Hans Werner, Rolle: Hendrik

1993 BRD *Kumulus*
Regie: Jürgen Brauer, Rolle: Dealer

1993 BRD *Der Alte – Korruption* (Serie)
Regie: Helmut Ashley, Rolle: Herbert Wolfberg

1993 BRD *Olli in der Unterwelt*
Regie: Jürgen Brauer, Rolle: keine Angabe

1993 BRD *Ur Ur Ur Großvater*
Regie: Nenad Djapić, Rolle: Großvater

1994 BRD *Kanzlei Bürger – Die Mauer* (Serie)
Regie: Heiner Carow, Rolle: Herr Müller

1994 BRD *Tatort – Jetzt und alles* (Serie)
Regie: Bernd Böhlich, Rolle: Ollenberg

1994 BRD *Ärzte – Weiß wie Schnee, rot wie Blut* (Serie)
Regie: Bernd Böhlich, Rolle: Prof. Peter Häusler

1994 BRD *Derrick – Gesicht hinter der Scheibe* (Serie)
Regie: Dietrich Haugk, Rolle: Kubanke

1995 BRD *Derrick – Mitternachtssolo* (Serie)
Regie: Helmut Ashley, Rolle: Benjamin Prasko

1995 BRD *Samstag, Sonntag, Montag*
(TV-Aufzeichnung der Theaterinszenierung)
Regie: David Mouchtar-Samorai, Rolle: Luigi Janniello

1996 BRD *Tatort – Tod im Jaguar* (Serie)
Regie: Jens Becker, Rolle: Kommissar Ernst Roiter

1996 BRD *Tatort – Köpenicker Libelle* (Serie)
Regie: Peter Ristau, Rolle: Kommissar Ernst Roiter

1996 BRD *Tatort – Golden Gate* (Serie)
Regie: Berno Kürten, Rolle: Kommissar Ernst Roiter

1996 BRD *Tatort – Buntes Wasser* (Serie)
Regie: Pete Ariel, Rolle: Kommissar Ernst Roiter

1997 BRD *Pension Schöller*
(TV-Aufzeichnung der Theaterinszenierung)
Regie: Hartmut Ostrowsky, Jürgen Wölffer, Rolle: Eugen

1997 BRD *Tatort – Schlüssel zum Mord* (Serie)
Regie: Sylvia Hoffmann, Rolle: Kommissar Ernst Roiter

1997 BRD *Tatort – Mordsgeschäfte* (Serie)
Regie: Jürgen Brauer, Rolle: Kommissar Ernst Roiter

1997 BRD *Tatort – Eiskalt* (Serie)
Regie: Kurt Ockermüller, Rolle: Kommissar Ernst Roiter

1997 BRD *Tatort – Geld oder Leben* (Serie)
Regie: Berno Kürten, Rolle: Kommissar Ernst Roiter

1998 BRD *Tatort – Der zweite Mann* (Serie)
Regie: Sylvia Hoffmann, Rolle: Kommissar Ernst Roiter

1998 BRD *Tatort – Die Schützen* (Serie)
Regie: Jürgen Brauer, Rolle: Kommissar Ernst Roiter

1998 BRD *Tatort – Ein Hauch von Hollywood* (Serie)
Regie: Urs Odermatt, Rolle: Kommissar Ernst Roiter

1998 BRD *Tatort – Berliner Weiße* (Serie)
Regie: Berno Kürten, Rolle: Kommissar Ernst Roiter

1999 BRD *Der Alte – Der Tod ist nur ein Augenblick* (Serie)
Regie: Helmut Ashley, Rolle: Norbert Tantau

1999 BRD *Polizeiruf 110 – Über den Dächern von Schwerin* (Serie)
Regie: Hans-Erich Viet, Rolle: Dr. Schwedler

2001 BRD *Victor, der Schutzengel – Wettlauf mit dem Tod*
Regie: Heidi Kranz, Rolle: Fahrgast

2004 BRD *Freunde zum Essen*
(TV-Aufzeichnung der Theaterinszenierung)
Regie: Dietmar Pflegerl, Rolle: Tom

2006 BRD *Karl-May-Spiele: Winnetou III*
(TV-Aufzeichnung der Festspielinszenierung)
Regie: Norbert Schultze jr., Rolle: Santer

2006 BRD *Die Flucht*
Regie: Kai Wessel, Rolle: Diener Dietrich

2007 BRD *Der verfluchte Schatz*
Regie: Diethard Küster, Rolle: Hinnerk

Personenregister

Bildnachweis

Dank

Meinen Dank, Manuela, für Deine unerschöpfliche Neugier, Deine grenzenlose Geduld und Dein herzhaftes Lachen. Und meine Verehrung an Franziska Günther.